中國學術思想 研究輯刊

十四編

林慶彰 主編

第3冊

顧炎武《左傳杜解補正》研究

張博成 著

花木蘭文化出版社

國家圖書館出版品預行編目資料

顧炎武《左傳杜解補正》研究／張博成 著 — 初版 — 新北市：
花木蘭文化出版社，2012〔民 101〕
目 2+198 面；19×26 公分
（中國學術思想研究輯刊 十四編；第 3 冊）
ISBN：978-986-322-013-8（精裝）
1.（清）顧炎武　2.左傳　3.研究考訂
030.8　　　　　　　　　　　　　　　　　101015183

ISBN-978-986-322-013-8

中國學術思想研究輯刊
十四編　第三冊　　　　　　　ISBN：978-986-322-013-8

顧炎武《左傳杜解補正》研究

作　　者　張博成
主　　編　林慶彰
總 編 輯　杜潔祥
出　　版　花木蘭文化出版社
發 行 所　花木蘭文化出版社
發 行 人　高小娟
聯絡地址　新北市永和區中正路五九五號七樓
　　　　　電話：02-2923-1455／傳真：02-2923-1452
網　　址　http://www.huamulan.tw 信箱 sut81518@gmail.com
印　　刷　普羅文化出版廣告事業
封面設計　劉開工作室
初　　版　2012 年 9 月
定　　價　十四編 34 冊（精裝）新台幣 56,000 元

顧炎武《左傳杜解補正》研究

張博成　著

作者簡介

張博成，1971 年 8 月生，台灣宜蘭縣人。東吳大學中國文學研究所碩士、博士。曾任中央研究院中國文哲研究所研究助理、蘭陽技術學院通識中心兼任講師、東吳大學中國文學系兼任講師，現任東吳大學中國文學系兼任助理教授。在學期間，師從林慶彰教授，專研經學、《春秋》學，以及《左傳》。主要著作有「姚際恆《春秋通論》研究」、「顧炎武《左傳杜解補正》研究」，以及〈童書業及其《左傳》研究〉等。另於《國文天地》評介姜廣輝教授主編的《中國經學思想史》，撰有〈一部嶄新的中國經學史——姜廣輝主編《中國經學思想史》評介〉一文。

提　要

　　在中國學術史上，顧炎武是極為重要的人物；而在《春秋》學史而言，其所撰作的《左傳杜解補正》亦佔有一席之地。雖然，顧氏而後的清儒乃至於近世學者如劉師培等，咸認為《左傳杜解補正》為有清一代研治《左傳》之濫觴，而給予明晰的定位，但是卻沒有更進一步的說明。而今人的研究，亦多從其《春秋》學的整體面向討論，少有單就《左傳杜解補正》一書作全面的闡述。

　　本文試圖從顧炎武撰作《左傳杜解補正》的動機，即顧氏的主觀想法——科舉制度對於經典詮釋的破壞，進而導致整體學術不彰，甚至亡國的角度切入，解釋其撰作此書的真正目的與想法——其所謂的救亡圖存、經世濟民的根本之道，乃在於從閱讀經典的基礎之學而起。

　　再者，由於顧氏居於學術史的樞紐位置，掌握著《春秋》宋學轉向而為《春秋》漢學的關鍵，因此在討論《左傳杜解補正》的詮釋內容而外，更著重其所扮演的「承其緒而衍其流」的歷史角色，即上承明代邵寶、陸粲、傅遜三位學者的解釋，下開清儒治理《左傳》之局，並使之（《左傳》）居於《春秋》研究的領導地位；以區區三卷的卷帙，而引導《春秋》學史之流變，對於此書再予定位，此則本論文之寫作宗旨。

第一章　緒　論

一、研究動機與前人研究成果之討論

在中國學術史上，顧炎武是極為重要的人物；而在《春秋》學史而言，其所撰作的《左傳杜解補正》亦佔有一席之地。至於為何能在著作宏富的《春秋》著述當中佔有一席之地？且看劉師培所說的一段話：

> 治《左氏》者，自顧炎武作《杜解集正》，朱鶴齡《讀左日鈔》本之。
> 而惠棟《左傳補注》、沈彤《春秋左傳小疏》、洪亮吉《左傳詁》、馬宗璉《左
> 傳補注》、梁履繩《左傳補釋》，咸糾正杜《注》，引伸賈、服之緒言，
> 以李貽德《賈服古注輯述》為最備。至先曾祖孟瞻公作《左傳舊注
> 正義》，始集眾說之大成，是為《左氏》之學。〔註1〕

劉氏所言，蓋謂《左傳杜解補正》為清儒研治《左傳》之濫觴，則亭林不僅是清代考據樸學之初祖，亦為《左傳》之學再興的關鍵人物，其重要性由此可見一班。

至於清朝以前《春秋》學史的發展，誠如《四庫全書總目·春秋類序》所言：

> 說經家之有門戶，自《春秋》三傳始，然迄能竝立於世。其間諸儒
> 之論，中唐以前，則《左氏》勝；啖助、趙匡以逮北宋，則《公羊》、
> 《穀梁》勝。〔註2〕

〔註1〕劉師培：〈近儒之春秋學〉，《經學教科書》（臺北：華世出版社，1975 年《劉
　　　申叔先生遺書》第 4 冊），第 32 課，頁 24。
〔註2〕【清】永瑢、紀昀等：《四庫全書總目》（臺北：藝文印書館，1997 年），卷 26，頁 1。

四庫館臣的這段說法，蓋謂《春秋》學史歷經兩次重要的變革，而要以中唐為界。

這兩次的變革，並不單純只是三《傳》間的勝負問題而已，而是就《春秋》學史的發展而言，所謂的變革即是因為前人在研究上產生一些亟待解決的問題，因而必須採取一些對應的研究方法。

首先，杜預之學在《五經正義》的支持下，取得《左傳》詮釋的主導地位，並從而宰制《春秋》學的局面。這種發展看似得力於其學說的周全有以致之，而其實則不然。在此之前，即有一些學者持賈逵、服虔之說以難杜預之學，此即顯示其學說並未臻於完備，只是在《正義》「疏不破注」的曲徇之下，這個問題未能引起學者們的關注。

其次，就《春秋》宋學而言，自啖、趙、陸（質）起始，其間說解《春秋》之能者繼起，至胡安國《春秋傳》出，一舉而成為元、明，乃至於清初的科考範式。胡《傳》雖長期主導《春秋》學的發展，然一則由於其說多傅會時事，而不合經旨，一則由於科舉流弊所及，至明乃以胡《傳》當一經，漸至於棄傳、注而不讀。因此，其所導致的問題也漸形擴大。

漢、宋學之說《春秋》各有其所長，也各有其衍生的問題。而到了顧炎武之時，其所面對的是《春秋》宋學已發展至於瓶頸，而有轉向求助於漢學的傾向。然而，當真正面對以杜預為首的《左氏》之學，則發現其中亦有一些亟待解決的問題。因此，顧炎武的《左傳杜解補正》，可說是漢、宋學相互激盪之下的產物。在此書中，他藉由解決《左氏》傳、注間的問題，而反映出其亟欲擺脫《春秋》宋學束縛的傾向，這種忠實映襯出漢、宋學交替的著述，自然能引起學者們的討論與關注，故而自此書一出，清儒多予以推重之，由此可見其貢獻與價值。

顧炎武的學術涵蓋層面甚廣，因此前人多以其學術思想的整體性研究為主，即使是分工稍細，也多就其最具成就的音聲考據之學入手，而討論其經學成就，亦往往併史學而合論之。總之，單就《左傳杜解補正》而論者，則為數尚少，而推究其原因，恐與該書僅三卷的篇幅有關。至於討論該書之重要者，有沈玉成《春秋左傳學史稿》、趙伯雄《春秋學史》、戴維《春秋學史》等以論述《春秋》研究史的專著。

沈玉成之論亭林，多就其《春秋》學之見解而發，以其學術根柢乃源自於朱熹，因此對於《春秋》經傳的見解，「大體沿襲朱熹的觀點而作出了許多

科學的論證。﹝註3﹞」而對於《左傳杜解補正》，沈氏在論亭林之《春秋》學時較少提及，反而在評述顧棟高《春秋大事表》時有這麼一段話：

> 顧氏這部書在方法上還處在承襲階段，他把宋人學風中優良的一面
> 發展到一個完善階段，但這畢竟只能意味著一個時代的結束，而不
> 能像顧炎武的《左傳杜解補正》以考據學的發凡起例開創出一個新
> 的時代。﹝註4﹞

沈氏所謂的「發凡起例」，到底所指為何？如若是書籍體例上，則規正杜《注》的著述凡例在南北朝即已有之，而近者如邵寶、陸粲、傅遜三位明代學者，亦有類似之作。若是指辨正杜《注》的方法而言，則邵、陸、傅三人亦在亭林之前。而無論就哪個方面，亭林皆有祖述的對象，則「發凡起例」之說，實有討論的空間。

戴維之作，論顧炎武《春秋》之學與《左傳杜解補正》各佔其半，對於《補正》僅作簡單的敘述，而總結地說：

> 顧炎武在《春秋》學上的造詣並不如他在音韻等其他學問上的造詣。
> 他在音韻學上那種引證廣博、議論精微的方式在《春秋》學上甚少
> 見，所以他在《春秋》學上的成就並不如其他學問高。﹝註5﹞

以上面引述之言，對照《左傳杜解補正》的內容，則戴氏所言，似有某種程度之符合。不過，在《補正》中引證廣博、議論精微之例雖如其所言不甚多見，但考證之精闢者並非沒有，顯見顧氏是不為也，非不能也。因此，與其述說其《春秋》學的成就不高，毋寧由其著作動機、宗旨的角度切入，或許更有探討之價值。

趙伯雄對於顧炎武《春秋》之學所述不僅較沈玉成、戴維為多，且單就《左傳杜解補正》專設一個小節論述。﹝註6﹞就其所述，則已就《補正》之所有內容，皆有所觸及，然受限於篇幅，也僅能作重點式的說明，且未就《補正》在《春秋》學史的發展角度而予以定位，此誠趙氏論述之缺憾。

此外，孫劍秋先生著有《顧炎武經學之研究》一書，其中〈第六章〉乃

﹝註3﹞ 沈玉成、劉寧：《春秋左傳學史稿》（南京：江蘇古籍出版社，1992 年），頁262。
﹝註4﹞ 《春秋左傳學史稿》，頁282。
﹝註5﹞ 戴維：《春秋學史》（長沙：湖南教育出版社，2004 年），頁427。
﹝註6﹞ 趙氏對《左傳杜解補正》的論述，見趙伯雄：《春秋學史》（濟南：山東教育出版社，2004 年），頁606～610。

就《日知錄》、《五經同異》、《左傳杜解補正》，及《亭林文集》之相關部份而論顧氏之《春秋》學。

該文分為三個部份：其一、通論顧氏對於《春秋》一經的幾項見解，如論《春秋》不始於隱公，而以《春秋》為闕疑之書；論《春秋》用周正而《左氏》用夏正，更以《春秋》無貶爵。其二、論亭林對《春秋》經、傳之考證。其三、論亭林《春秋》學之失。

孫先生文中最重要的部份，乃是指出亭林《春秋》學的缺失之處。由於人之學思有窮通之時，通則得，窮則失。因此在詮釋經典的過程中，常是得失互相摻雜。而得者有功於學術，失者將貽誤後學。以亭林如此博學之鴻儒，尚不免有貽誤後學之憂，而孫先生明確地指出其所失所誤，則於亭林《春秋》學之研究，甚為有功。

以上為專著之論及《左傳杜解補正》者，而單篇論文較重要者，如古偉瀛〈顧炎武對《春秋》及《左傳》的詮釋〉、劉家和〈從清儒的臧否中看《左傳》杜注〉、崔文印〈略談顧炎武在歷史文獻學方面的貢獻〉、陳增傑〈《左傳泓之戰》「大司馬固諫」注解質疑〉、郭翠麗、吳明松合撰〈《左傳杜解補正》的版本及特色〉等文。

古教授所作，側重於亭林闡述《春秋》大義與「夷夏之辨」的部分，而未就《左傳杜解補正》的其他內容作通盤的考察。劉家和〈從清儒的臧否中看《左傳》杜注〉一文，則從清儒對於杜《注》的觀照，對於杜《注》予以定位，其中有述及《左傳杜解補正》者，他說：

> 清儒批評杜注之書，始自顧炎武（1613～1682）《左傳杜解補正》。其用意在於補杜注所未備（例加「補云」，亦有不加者），並改正杜解之失誤（例如「改云」，或言「解非」，亦有只批評而不加以上用語者）。按二者比例說，所「補」居大多數，而「正」則為數甚少。顧氏這種對杜注既「補」又「正」的方法，以後一直為清儒所沿用。按顧氏補正所涉及內容來說，已經包括有曆法、地理、禮制、解經義例、文字訓詁諸方面。不過顧氏此書僅三卷，在明代邵寶、陸粲、傅遜等人的研究基礎上發展而成，在清代還是開創期的作者，未及作專門的分類研討。〔註7〕

〔註7〕劉家和：〈從清儒的臧否中看《左傳》杜注〉，《北京師範大學學報》（人文社會科學版），2001 年第 5 期（總第 167 期），頁 31。

劉氏所言：《左傳杜解補正》在清代乃是開創，而未及作專門性研究的角色，無論就《左傳杜解補正》的內容，或是就它在《春秋》學史的定位而言，都是符合實際情形的言論。然而，以「補」、「正」二者的比例而言，則根據筆者的觀察統計，「正」的比例，並不少於「補」者。

　　陳增傑〈《左傳泓之戰》「大司馬固諫」注解質疑〉一文，則單就《左傳》僖公二十二年「泓水之戰」：「大司馬固諫」一句申論。杜預於此，認為「固」是名，大司馬固即為宋莊公之孫公孫固。而顧炎武則以「固」乃堅辭，而以大司馬為司馬子魚作解（見《左傳杜解補正》，清康熙間潘耒遂初堂刻本，卷上，頁十五）。顧氏而後，清儒於此又多所辯證，惠棟、沈欽韓即否定顧氏之說，而朱鶴齡則同意顧說，兩說持論不一。陳增傑此文，蓋在闡明顧炎武之說為是，於亭林則又添一知音矣！

　　崔文印〈略談顧炎武在歷史文獻學方面的貢獻〉則是從歷史文獻方面，以解析亭林的學術貢獻，而在論「通古音，求古意，維護古籍之真」的小節中，舉《左傳杜解補正》為例，闡明其徵引古人經籍的為學態度。

　　郭翠麗、吳明松二人合撰的〈《左傳杜解補正》的版本及特色〉一文，乃就《左傳杜解補正》的成書時間，板本源流多所考述，最後更及於《左傳杜解補正》之特色與影響，使讀者更能清楚掌握《左傳杜解補正》之梗概。

　　目前討論《左傳杜解補正》者，當以陳颯颯《《左傳杜解補正》研究》最為全面。是書成於 2010 年 5 月，為華東師範大學人文學院古籍研究所碩士論文。

　　此書承繼前人的研究作為基礎，因此討論更為全面且精細，於《左傳杜解補正》的板本、注釋方法、特點、學術成就，及其於《左傳》杜《注》研究中的地位，均有所觸及；而單就《左傳杜解補正》的注釋特點，則分為十一點討論，由此可見其精細。如此討論，則《左傳杜解補正》看似再無探討之必要。不過，在深究其文之下，就會發現實則不然的狀況。茲舉數例以說明之，例如在論《左傳杜解補正》的注釋方法，說：

> ……因而顧氏在著述時，采用杜預的綱目，如隱公十一年，「齊襄公之二年，鄭瞞伐齊」條。對於「齊襄公二年」，顧亭林並未轉換成相應的魯公年份，極大秉承了《左傳》原文的風格，和杜預綱目保持一致。〔註 8〕

〔註 8〕陳颯颯：《《左傳杜解補正》研究》（上海：華東師範大學人文學院古籍研究所碩士論文，2010 年），頁 17。

案：「齊襄公之二年，鄭瞞伐齊」一條，乃魯文公十一年追述齊襄公二年所發生的「鄭瞞伐齊」之事。亭林之所以未予轉換成魯公年份（魯國紀年：隱公十一年）的緣故，乃基於《左傳》原文即是如此，實無必要爲與杜預綱目保持一致而轉換之。此等述說之語，可看出其於《左傳》追敘前事之例，不甚明瞭。同此，《補正》注釋特點的第六點：「統一注釋術語」，說：

> 綜觀全書，本書的注釋術語有按、補云、改云、據……改云、言、解……未是、解……解又云、解……非也、解鑿、解……恐無此事，解……似迂、解非、解可刪、解誤、解失之、解不合、解謬，則恐非是、杜氏誤等等。〔註9〕

事實上，其所謂的術語，皆是亭林視需要而隨文書寫之詞，並非統一的術語。而所謂「補云」、「改云」雖是該書中最基本的補正體例，實際上爲數也不甚多。「按」，則有考必有按，古人著書之常例也，何足以論？再者，單就「迂」之一例，尚有「解太迂」一詞，此則何來統一之謂？「恐無此事」在書中僅是孤例，不得據以說之。餘者亦如此類，於此不再贅言。

又如論《左傳杜解補正》的注釋特點，則有「兩種解釋並存」之說：

> 如卷上第四頁下，桓公六年，「接以太牢」條注釋。顧氏就羅列了杜解和傅氏的注釋兩種解釋，兩種解釋截然不同，但顧氏也未指出孰是孰非。〔註10〕

按《補正》之體例，凡列杜《注》於前，而舉他說於後，皆是杜《注》有所缺誤，而以他說補正之。事實上，「接以太牢」之條，亭林而後之清儒多已能辨之，其中尤以張聰咸之說爲最當。張氏所論同於傅氏之說，而以杜《注》爲非〔註11〕，因知亭林之羅列兩說，是以傅遜之說正杜《注》之誤，並非如其所言未知孰是孰非，而兩並存之。據此，可知其於《補正》之體例、《左傳》義理之考釋，均不甚明瞭。在「論《左傳杜解補正》的學術成就」中，作者以「歷史學角度」來觀照亭林之解釋：

> 卷上第八頁下，莊公二年，「姜氏會齊侯于禚」。杜解云：「夫人行不

〔註9〕《《左傳杜解補正》研究》，頁19。
〔註10〕《《左傳杜解補正》研究》，頁23。
〔註11〕張聰咸說：「此與〈內則〉文同，鄭氏註：『接讀爲捷。捷，勝也。謂食其母，使補虛強氣也。案：《記》云：『接子擇日。』蓋爲子接母，與《傳》義正同，杜解非是。」見【清】張聰咸：《左傳注辨證》（上海：上海古籍出版社，1995年《續修四庫全書》第125冊），卷1，頁20～21。

以禮，故還皆不書。」顧氏則指出：「非也。夫人之禮降于君，故書
行不書還，史之舊文。」顧氏用史之舊文來指出杜預的錯誤，體現
了其史學方面的積累之深厚。〔註12〕

觀其所述，明顯地執著於文中所述「史之舊文」一辭，從而以此認爲亭林運
用歷史學的角度來詮釋經義。事實上，此條乃論《春秋》之書法。顧氏尋繹
《春秋》上下經文，見上年有「夫人孫于齊」，而在此書曰：「會齊侯于禚」，
則據以推知夫人於「孫于齊後，必復還於魯」（《補正》卷一，頁五）。而其時
魯桓夫人文姜與其兄齊襄公通姦，因此杜預以「夫人行不以禮」作解，甚而
以此作爲《春秋》不書文姜還魯之因。顧氏則不然，他從「禮制」的角度解
釋，認爲夫人但書「行」而不書「還」，其理由乃在於夫人之禮降於君，以表
明其尊君之義。而《春秋》之所以如此書之，則是一仍「魯史之舊文」而已。
在此，亭林的考證乃就禮制、事理推斷，而「史之舊文」是其結論，並非指
考證方法而言。作者以其爲「歷史學角度」詮釋經義，實乃望文生義，且不
深究《春秋》書法與義例之所在，故有此說。

　　再如論《左傳杜解補正》正杜《注》之誤，開宗明義即言道：「《補正》
正誤數量不多。」〔註13〕事實上，《補正》的體例是遇杜《注》有缺則補，有
誤則正。而就筆者粗略的比勘統計，亭林正杜《注》之誤者，約有三百餘條，
在其近六百條的《補正》當中，所佔之比例且過半數，則何來「正誤數量不
多」之說？必是拘泥於顧氏所言「非也」、「解非」之語，方得視爲其正誤之
說，此或由於不詳察顧氏與杜預的說法差異，有以致之歟？

　　綜上所述而要言之，此書之最大優點在於考述《左傳杜解補正》之板本
源流甚爲詳晰，若再資以郭翠麗、吳明松的〈《左傳杜解補正》的版本及特色〉
一文，則學界於此當無再予討論的必要。至於其所短者，則除了對於《補正》
的體例及《春秋》經傳蘊含之義理的瞭解不夠透徹外，其內容於《補正》在
《左傳》、杜《注》的研究史上所扮演的角色雖約略提及，卻缺乏鳥瞰式的通
盤觀照，即《補正》如何承繼前人之說，又如何開創清儒研究《左傳》之局。
因此，對於《補正》之研究，當如其結論所言：「學界應當加大對《補正》的
研究和重視程度。」〔註14〕

〔註12〕《《左傳杜解補正》研究》，頁28。
〔註13〕《《左傳杜解補正》研究》，頁29。
〔註14〕《《左傳杜解補正》研究》，頁41。

二、研究次第與預期成果

本論文著重在《左傳杜解補正》「承先啓後」的學術價值，而透過章節的安排，呈現筆者的研究方法與次第。在此，簡略說明如下：

首章，〈緒論〉：說明《左傳杜解補正》在《春秋》學史的角色定位，而評述前人重要之研究成果，及本論文之研究次第與寫作宗旨。

第二章，〈歷代《春秋》學之發展情況〉：本章約略敘述歷代《春秋》學之發展情況，根據歷代詮釋《春秋》方式之不同，而以中唐爲界，將《春秋》學史別爲漢、宋學之分，從而論述其衍生的詮釋問題，以明《春秋》、《左傳》研究之演變軌跡。

第三章，論《左傳杜解補正》之寫作動機、撰述過程、體例及方法：雖然研究的首要，在於知其人，論其世，然而前人於亭林及其學術思想、活動、著述討論甚多，筆者無需再予贅言，因此略而弗論。其次，論《補正》之寫作動機。任何一部著作的產生，均有其目的與背後之動機，而亭林亦不外乎此。然而，以《補正》之序言僅寥寥百餘字耳，實無法明確得知其用心所在。因此筆者惟有將其〈序言〉一分爲三，各以其所言與《春秋》學史相互參照，期能闡明其著作用心之所在。

最後，論其撰述過程、體例與方法。前文述及學界於《補正》板本之研究已十分詳明，筆者亦無需於此多作討論，因此僅於撰述過程作一簡明之敘述，而針對前人研究的問題，提出一己之愚見。至於體例乃研究古籍之首要，欲得書中之綱領，必先明其體例，故詳論之。至於《左傳杜解補正》所運用之說解方法，即是參諸載籍而博證之，且輔以《左傳》之文義、事理，推衍而成，充分顯示其漢、宋學術背景交互影響下的學術風格。在此，筆者歸納其大要而論述之。

第四章，論《左傳杜解補正》之內容：陳颯颯《《左傳杜解補正》研究》將《補正》之內容，以分工極細的方法，別爲「注釋方法」與「注釋特點」以討論，例如論其特點，即有十一項之多。事實上，《補正》之內容即是對於杜《注》之缺失，作一全面通盤的考訂補缺工作，此即日後之清儒，亦不跳脫其外。因此，陳氏所作，分類過於細碎，流於望文生類，爲分而分。在此，筆者僅就《補正》之原則大要，分門別類而論述之，以闡明亭林於《左傳》、杜《注》所作爲何。

第五章，論《左傳杜解補正》對於前人之承襲：《左傳杜解補正》的撰作，

多參考明人邵寶《左觽》、陸粲《左傳附注》、傅遜《左傳注解辨誤》等書而成，此亭林在其〈自序〉即有言明，而學者盡皆知之。至於亭林如何去取三人經說，以及承襲之法，則前人的研究似無更進一步的討論。本章即透過三人說法與顧氏的比較，而顯其異同，以釐清彼此相承之脈絡，進而探討撰作此書之用心。

第六章，論《左傳杜解補正》的學術定位：《左傳杜解補正》著成後，其影響力之大，已超越其內容所能涵攝者。它帶動一股用考據方法以全面考訂《春秋》經傳的研究風潮。顧氏而後的學者承其一緒，即衍爲一專門之學，而在諸流匯聚之下，卒使清廷罷用胡安國《春秋傳》，終止其長達數百年的宰制局面。在本章最後，更透過《補正》說法與清儒的對照，將《左傳杜解補正》在《春秋》學史上予以定位。

第七章，〈結論〉：綜合以上各章，對於《左傳杜解補正》作一簡要的評述，以闡明其價值所在。

古人在詮釋經典的過程中，常因見解之不同，而有分歧的看法，《四庫全書總目》對《左傳杜解補正》即云：

> 惠棟作《左傳補注》，糾正此書「尨涼」一條、「大司馬固」一條、「文馬百駟」一條、「使封人慮事」一條、「遇艮之八」一條、「豆區釜鐘」一條，然其中「文馬」之說，究以炎武爲是。〔註15〕

根據四庫館臣所言，即如亭林之擅考據者，亦難免爲後儒所訾議。學海無涯，人終有所蔽，不能以數條之差誤，即抹滅其書的價值。況且，就實際層面而言，《左傳杜解補正》在經學史上的價值，超越其內容上的價值甚多。因此，本論文無意在其說法之得失多予著墨，而著重《補正》在《春秋》學史上所扮演「承其緒而衍其流」的歷史角色，此爲本論文之寫作宗旨，亦爲筆者之期望。

〔註15〕〈左傳杜解補正提要〉，《四庫全書總目》，卷29，頁6。

第二章　歷代《春秋》學的發展概況

　　從經學史的發展角度而言，經典與作者、附屬傳記的關係是不容分割的。因此，討論《春秋》學史，或是《左傳》學史，也不能將孔子、《春秋》，以及《左傳》之間的關聯進行切割；若強行予以分割，則兩千年來的《春秋》學與《左傳》學的研究，將沒有可以定位的立足點了。

第一節　中唐以前的《春秋》、《左傳》研究

　　魯哀公十一年（西元前 484 年），孔子結束了十四年周遊列國的生涯，而返回魯國。自此，夫子潛心於教育與著述，而在人生的最後階段，完成了《春秋》一書。

　　關於《春秋》之作，儒家其他經典如《詩》、《書》、《禮》、《易》各經，均無明載，即如直接紀錄孔子言行的《論語》，所記亦付之闕如，而提及孔子撰作《春秋》者，當以孟子為最早，他說：

> 世衰道微，邪說暴行有作。臣弒其君者有之，子弒其父者有之。孔子懼，作《春秋》。〔註1〕

又說：

> 王者之迹熄而《詩》亡，《詩》亡而後《春秋》作。晉之《乘》、楚之《檮杌》、魯之《春秋》一也。其事則齊桓、晉文，其文則史，孔子曰：「其義則丘竊取之矣。」〔註2〕

〔註 1〕 【漢】趙岐章句、【宋】孫奭疏：《孟子注疏・滕文公下》（臺北：藝文印書館，1993 年影印嘉慶二十年江西南昌府學刊本），卷 6 下，頁 4。

〔註 2〕 《孟子注疏・離婁下》，卷 8 上，頁 12。

根據上述所引，姑且不論《春秋》的性質及其「取義」的內容爲何，孟子已直接點明《春秋》乃孔子所作，而在孟子的基礎上，司馬遷更將孔子作《春秋》的說法推進一步，他說：

> 孔子明王道，干七十餘君莫能用，故西觀周室，論史記舊聞，興於魯而次《春秋》，上記隱，下至哀之獲麟，約其辭文，去其煩重，以制義法。〔註3〕

又說：

> 子曰：「弗乎！弗乎！君子疾沒世而名不稱焉。吾道不行矣，吾何以自見於後世哉？」乃因史記作《春秋》，上自隱公，下迄哀公十四年，十二公。據魯、親周、故殷，運之三代，約其文辭而指博，故吳、楚之君自稱王，而《春秋》貶之曰：「子」；踐土之會實召周天子，而《春秋》則諱之曰「天王狩於河陽」。推此類以繩當世。貶損義，後有王者舉而開之。《春秋》之義行，則天下亂臣賊子懼焉。〔註4〕

在此，史遷亦同於孟子，肯定《春秋》爲孔子所作，具有使亂臣賊子懼的功能，所不同者，乃多了「據魯、親周、故殷」的《公羊》之說，而重點在於司馬遷認爲《春秋》的核心價值，乃在於「約其文辭」的「貶損之義」，故能繩墨當世，爲天下準則，而《春秋》經的研究，也由此而展開。

孔子修作《春秋》，於字句損益之間，頗爲用心，即使是孔門深於文學者如子游、子夏等人，猶不能贊一辭〔註5〕，可見其精審。夫子殁後，儒分爲八〔註6〕，而弟子於群經各有所受所記，以《春秋》一經爲例，司馬遷在《史記》也記載著這種情形：

> 是以孔子明王道，干七十餘君莫能用，故西觀周室，論史記舊聞，興於魯而次《春秋》。……七十子之徒口受其傳指，爲有所刺譏褒諱挹損之文辭不可以書也。魯君子左丘明，懼弟子人人異端，各安其意，失其眞，故因孔子史記，具論其語，成《左氏春秋》。〔註7〕

〔註3〕【漢】司馬遷：《史記・十二諸侯年表》（北京：中華書局，1982年），頁509。
〔註4〕《史記・孔子世家》，頁1943。
〔註5〕司馬遷說：「至於爲《春秋》，筆則筆，削則削，子夏之徒不能贊一辭。」《史記・孔子世家》，頁1944。
〔註6〕【清】王先愼：《韓非子集解》（北京：中華書局，1998年），頁457。
〔註7〕《史記・十二諸侯年表》，頁509～510。

《左傳》的作者是否爲左丘明，尚有待商榷，可以先不作討論。弟子「口受其傳指」，而造成「人人異端，各安其意」，則呼應了「儒分爲八」的事實，也與《春秋》一經而多傳的情況十分符合。而根據班固《漢書・藝文志》的記載，漢初流傳的《春秋》傳說計有：《左氏傳》、《公羊傳》、《穀梁傳》、《鄒氏傳》、《夾氏傳》等五家之多。〔註8〕

　　漢武帝聽從董仲舒的建議，罷黜百家，獨尊儒術，使儒家經典的地位大爲提升，而就《春秋》學史而言，眞正將《春秋》視爲一部經典，而加以研究、詮釋，也於焉開展。由於《鄒》、《夾》二氏傳說，一則以無師，一則以未有書，故兩家經說皆不傳〔註9〕。當時言《春秋》者，首推《公羊傳》，而董仲舒、胡母子都二人更於景帝時並爲博士〔註10〕。《穀梁傳》則以皇帝所好，於宣帝時立爲博士，而《左傳》則終漢朝之世，僅於平帝時得立於學官〔註11〕，造成《公羊》、《穀梁》兩家獨盛於官學的局面。

　　《左傳》雖於官方備受壓抑，卻在民間頗爲流傳，《漢書・儒林傳》說：

> 漢興，北平侯張蒼及梁太傅賈誼、京兆尹張敞、太中大夫劉公子皆修《春秋左氏傳》。誼爲《左氏傳》訓故，授趙人貫公，爲河間獻王博士，子長卿爲蕩陰令，授清河張禹長子。禹與蕭望之同時爲御史，數與望之言《左氏》，望之善之，上書數以稱說。後望之爲太子太傅，薦禹于宣帝，徵禹待詔，未及問，會疾死。授尹更始，更始傳子咸及翟方進、胡常。常授黎陽賈護季君，哀帝時待詔爲郎。授蒼梧陳欽子佚，以《左氏》授王莽，至將軍。而劉歆從尹咸及翟方進授。由是言《左氏》者，本之賈護、劉歆。〔註12〕

這段記載雖未能將《左傳》在西漢傳衍的情形一述而盡，但也足以說明《左傳》流傳於非官方認可的學術領域。逮及東漢，今文經學式微，而古學卻愈

〔註8〕　【漢】班固：《漢書》（北京：中華書局，1995 年），頁 1715。

〔註9〕　《漢書》，頁 1715。

〔註10〕　《漢書・董仲舒傳》：「董仲舒，廣川人也。以治《春秋》，孝景時爲博士。〔……〕，其傳，公羊氏也。」頁 295。〈胡母生傳〉：「胡母生字子都，齊人也，治《公羊春秋》，爲景帝博士，與董仲舒同業。」頁 3615。

〔註11〕　《漢書・儒林傳贊》：「至孝宣世，復立大小夏侯《尚書》、大小戴《禮記》、施、孟、梁丘《易》、《穀梁春秋》。至元帝時，復立京氏《易》。平帝時，又立《左氏春秋》、《毛詩》、《逸禮》、《古文尚書》。所以罔羅遺失，兼而存之，是在其中矣。」頁 3621。

〔註12〕　《漢書》，頁 3620。

發勃興，賈徽、賈逵父子、鄭興、鄭眾父子、馬融、服虔、潁容等皆以《左傳》而名於當世。根據程南洲先生的考察，東漢有《左傳》著述可考者，計有陳元、賈徽、賈逵、鄭興、鄭眾、孔奇、孔嘉、許慎、馬融、鄭玄、服虔、彭汪、延篤、謝該等十五人。〔註13〕

面對《左傳》興盛的狀況，東漢官方也作出回應，而由皇帝詔令議立《左氏春秋》博士。爭論的結果，《左傳》雖終未被立為學官，然而在漢章帝建初八年（西元83年）下詔：「令群儒選高才生，受學《左氏》、《穀梁春秋》、《古文尚書》、《毛詩》，以扶微學。」〔註14〕這不啻是對於《左傳》有著宣示性的肯定作用。

雖然歷經多次的論爭，《左傳》終究未能取得官方認可的地位，然而在《春秋》詮釋地位上，卻愈形重要。由於學術特性與利祿需求的束縛，使得今文經師謹守師說，而古文經師則無此限制。前面述及的學者，或兼習《公羊》、《穀梁》，或少習今文經，而其共通點則為善於《左傳》，由此更有鄭玄會通今古文經說，混同家法，而遍注群經；於《春秋》則宗《左氏》之說，作《發墨守》、《箴膏肓》、《起廢疾》，卒使當時《公羊》學代表－何休大發「康成入吾室，操吾戈，以伐我」之嘆〔註15〕。由是《左傳》終取得《春秋》詮釋的主導地位，其學也因而大興。

東漢而後，《公》、《穀》二傳衰微，而習《左氏》者日眾，至魏遂行於世。當此之時，通《左傳》者，於魏有王朗、王肅、曹髦、嵇康、樂詳、董遇、賈洪、魚豢；於吳則有士燮、張昭等人；於蜀則有尹默、李譔、來敏、李密等，皆是當世研治《左傳》之名儒，由此可見《左傳》興盛之概況。

在《左傳》學史上，杜預佔著極為重要的地位。他不滿於東漢《左氏》學者膚引《公羊》、《穀梁》配合《左傳》解經的現象，因此專取丘明之《傳》以釋《經》，為《春秋左氏經傳集解》三十卷；又集諸例，顯其異同，從而釋之，而為《春秋釋例》十五卷。

杜預的著作具有時代性的意義：首先，在著述的體裁方面，杜預列舉劉歆、賈氏父子（賈徽、賈逵）、許淑、潁容等人的違異，分《經》之年與《傳》

〔註13〕 參程南洲：《東漢時代之春秋左氏學》（臺北：國立政治大學中國文學研究所博士論文，1978年），頁28。

〔註14〕 【南朝宋】范曄：《後漢書·章帝本紀》（北京：中華書局，1995年），頁145。

〔註15〕 【漢】何休：〈公羊解詁序〉，《春秋公羊注疏》（臺北：藝文印書館，1997年影印嘉慶二十年江西南昌府學刊本），卷前，頁3。

之年相附，比其義類，各隨類而解之，展現出經學著作的「集解」性質。其次，在詮釋的內容方面，他在集合眾人經解的基礎上，透過其所謂「三體五情」的詮釋手法，不僅使他在研究《左傳》的成果超越前人甚多，也使得《左傳》義理更爲深化。〔註16〕

自杜預《集解》一出，《左傳》與《公》、《穀》兩傳的消長更爲明顯，此後六、七十年間，僅有范寧所撰的《春秋穀梁傳集解》稍能與之並論，其餘皆不足與之頡頏。而就總的意義來說，杜預的《左氏》學已從《春秋》學轉變而爲《左傳》專門之學，研究重心從《經》轉移至《傳》了。

南北朝經學因地域的不同，而有南、北學之分，其經說好尚亦有所不同，《北史・儒林傳序》言道：

> 大抵南北所爲章句，好尚互有不同。江左，《周易》則王輔嗣，《尚書》
> 則孔安國，《左傳》則杜元凱。河・洛，《左傳》則服子慎，《尚書》、
> 《周易》則鄭康成，《詩》則並主毛公，《禮》則同於鄭氏。〔註17〕

根據這段文字的記載，可知南北朝於《春秋》一經，仍以《左傳》學爲最盛，而大抵言之，南朝宗杜預之學，北朝主服虔之說。

南北朝學者於《左傳》雖各宗主杜預、服虔二人，然亦有不一味盲從者，如《南史・儒林・王元規傳》所載：

> 自梁代諸儒相傳爲《左氏》學者，皆以賈逵、服虔之義難駁杜預，
> 凡一百八十條，元規引證通折，無復疑滯。每國家議吉凶大禮，常
> 參預焉。〔註18〕

又如《北史・儒林・李業興傳》所云：

> 姚文安難《左傳》服虔七十七條，名曰《駁妄》。崇祖申明服氏，名
> 曰《釋謬》。〔註19〕

上述所引，皆是研治《左傳》學者，各以所崇尚的學說相互攻訐辯難，激烈

〔註16〕杜預在〈春秋左傳序〉中謂：「發傳之體有三，而爲例之情有五：一曰微而顯，〔……〕。二曰志而晦，〔……〕。三曰婉而成章，〔……〕。四曰盡而不汙，〔……〕。五曰懲而勸善，〔……〕。推此五體，以尋經傳，觸類而長之，附於二百四十二年行事，王道之正，人倫之紀備矣。」【晉】杜預、【唐】孔穎達：《左傳注疏》（臺北：藝文印書館，1993年影印嘉慶二十年江西南昌府學刊本），卷1，頁16～18。

〔註17〕【唐】李延壽：《北史》（北京：中華書局，1995年），頁2709。

〔註18〕【唐】李延壽：《南史》（北京：中華書局，1995年），頁1756。

〔註19〕《北史・儒林・李業興傳》，同註17，頁2725～2726。

的程度，甚至引起朝廷的關注，如：

> 思同之侍講也，國子博士遼西衛冀隆爲服氏之學，上書難杜氏《春
> 秋》六十三事。思同復駁冀隆乖錯者十一條，互相是非，積成十卷。
> 詔下國學，集諸儒考之，事未竟而思同卒。卒後，魏郡姚文安、樂
> 陵秦道靜復述思同意。冀隆尋亦物故，浮陽劉休和又持冀隆説。至
> 今未能裁正焉。〔註20〕

賈思同、衛冀隆兩人各以所尙的服、杜之學，互相是非，乃需由皇帝親下詔
書裁正，爭辯的激烈程度，由此可見。更甚者，即使賈、衛二人均已物故，
其他諸儒如姚文安、秦道靜、劉休和等人，又繼之而起，爭論不休。學説的
強烈對立，已顯而可見。

　　諸如此類的學者，其較著者，南朝如崔靈恩、沈文阿、王元規之流，北
朝如徐遵明、樂遜、劉炫之輩；或申服難杜，或申杜難服，雖各有不同，然
要而言之，咸宗於《左氏》一門。

　　隋文帝開皇九年（西元589年）統一了天下，結束了南北朝對峙的局面，
同時也消弭了學術對立的狀況，皮錫瑞說：

> 隋平陳而天下統一，南北之學亦歸統一，此隨世運而轉移者也；天
> 下統一，南并於北，而經學統一，北學反并於南，此不隨世運而轉
> 移者也。〔註21〕

據上可知，在政治上，北方政權終結南方政權；而在學術上，北學反爲南學
所并。而《春秋》之學亦復如此，兼併的結果，竟乃至於「杜氏盛行，服義
及《公羊》、《穀梁》浸微」的境地。〔註22〕

　　唐朝建立後，積極從事於經書的整理，唐太宗貞觀七年（西元633年），
以「經籍去聖久遠，文字多訛謬」的理由，詔令顏師古考定五經文字，完成
了「正經文」的工作。貞觀十二年（西元638年），又以「儒學多門，章句繁
雜」的緣故，詔令孔穎達與諸儒撰定《五經正義》。唐高宗永徽二年（西元651
年），又詔令諸臣考證損益，至永徽四年（西元653年）修成，並頒行於天下。
至此，「正經義」的工作亦告完成。

　　《五經正義》於《春秋》一經，專取《左氏》，而於先儒舊注，捨賈、服

〔註20〕【北齊】魏收：《魏書・賈斯同傳》（北京：中華書局，1995年），頁1616。

〔註21〕【清】皮錫瑞：《經學歷史》（北京：中華書局，2004年），頁135。

〔註22〕【唐】魏徵：《隋書・經籍志》（北京：中華書局，1994年），頁933。

而就杜說〔註 23〕；其體例乃雜揉南北朝諸儒所為之義疏，秉持「疏不破注」的原則，對於《春秋》、《左傳》，以及杜《注》加以訓解、疏通，成為唐朝至宋朝初年數百年之間，《春秋》官學惟一的典範之作。

　　《五經正義》定《左傳》為一尊，又明令明經科考試一以《左傳正義》為準，遂使《左傳》在三《傳》中的地位更顯突出，而使得原本已日漸式微的《公羊》、《穀梁》兩傳，在兩相對照之下，更顯雪上加霜，甚而於玄宗開元年間，《公》、《穀》二傳殆將絕廢〔註 24〕。又，《正義》於群注當中，盡取杜預而棄賈、服，亦使得東漢先儒經說衰微，漸至隱沒……。

第二節　中唐以後的《春秋》、《左傳》研究

　　《五經正義》雖集合六朝以來義疏之大成，並成為唐朝「明經」取士的範本，但由於「雜出眾手」，又秉持著「疏不破注」的原則，只是對於漢魏六朝諸儒的訓解，加以調和團糅，因此在其說解的體制上，漏洞百出，而為後人所譏，如皮錫瑞即曾論道：

> 議孔疏之失者，曰彼此互異，曰曲循注文，曰雜引讖緯。案著書之例，注不駁經，疏不駁注；不取異義，專宗一家；曲循注文，未足為病。讖緯多存古義，原本今文；雜引釋經，亦非巨謬。惟彼此互異，學者莫知所從；既失刊定之規，殊乖統一之義。〔註 25〕

皮氏論《正義》之失有三：一、彼此互異，二、曲循注文，三、雜引讖緯。而此三點缺失，皆是反映《正義》在體例上有雜出眾手、團糅諸說的現象。因為《正義》採用一家經說，曲徇於該家的注文，乃是極為合理的事，也是必然的結果。更基於此種緣故，《正義》理應不會產生彼此互異的矛盾情形。由此可看出眾手、諸說是如何成就《正義》，而「雜引讖緯」則是將此一情形說得更為清楚明白。其結果，則是調和諸說不成，僅是將眾經說團揉在一起，

〔註 23〕孔穎達〈春秋正義序〉：「其前漢傳《左氏》者，有張蒼、賈誼、尹咸、劉歆，後漢有鄭眾、賈逵、服虔、許惠卿，〔……〕，晉世杜元凱又為《左氏集解》，專取丘明之傳，以釋孔氏之經；所謂子應乎母，以膠投漆，雖欲勿合，其可離乎？今校先儒優劣，杜為甲矣。」《左傳注疏》，卷前，頁 2。

〔註 24〕唐玄宗開元十六年（西元 728 年），國子祭酒楊瑒上奏云：「今明經習《左氏》者十無二三，又《周禮》、《儀禮》、《公羊》、《穀梁》殆將絕廢，請量加優獎。」引自【日】本田成之：《中國經學史》（臺北：廣文書局，1990 年），頁 234。

〔註 25〕《經學歷史》，頁 141。

而形成疊床架屋式的詮釋體系，林師慶彰遂將這種「疊床架屋」的訓解方式稱之為「煩瑣經學」〔註26〕。

這種煩瑣的解經方式，對原本企圖藉由《正義》扶助經學的想法，反而成為導致經學衰微的禍源。以《春秋》一經為例，除了原先未獲扶持而面臨衰微窘境的《公羊》、《穀梁》外，《左傳》的處境亦不甚好。首先，由於唐朝明經取士，將經典分為大、中、小三等，而《左傳》列為大經，因此士子們苦其卷帙浩繁，而多不願選以為試，乃至玄宗開元年間，習《左傳》者已十無二三〔註27〕。再者，由於經學本身具有封閉性，且《五經正義》又將經說予以統一、固定，並用之於科考取士，這不僅排斥外來的理論進入，甚而連自身內部也無從討論，使經學毫無創造力可言。

相對於官方經學的遲滯不振，私家著述則較顯活絡，王元感撰作《尚書糾繆》十卷、《春秋振滯》二十卷、《禮記繩愆》三十卷，皆是針對官方經學的反彈〔註28〕。這些質疑、批評的舉動，皆由中唐以後新經學的建立，帶來了示範性的效果。

唐玄宗天寶十四年（西元755年），安祿山叛變，這一變亂，不僅使唐朝政治情勢丕變，更使得經學的研究趨勢也隨之而變。此時的經學研究，著重於《春秋》之學，而在《春秋》著述之中，又頗多「尊王」之論，其最著者當屬由啖助、趙匡、陸質（淳）三人所形成的啖助學派。

啖助等人解釋經典，不依照《五經正義》以《左傳》為主的規範，謂《左氏》解經淺於《公》、《穀》，又以《左傳》非左丘明所作，說：

> 今觀《左氏》解經，淺於《公》、《穀》，誣謬實繁，若邱明才實過人，豈宜若此？推類而言，皆孔門後之門人，但《公》、《穀》守經，《左氏》通史，故其體異耳。且夫子自比，皆引往人，故曰「竊比於我老彭」，又說「我則異於是」，並非同時人也。邱明者，蓋夫子以前賢人，如史佚、遲任之流，見稱於當時耳。〔註29〕

趙匡認為孔子稱譽他人時，皆稱引過往之賢者，而左邱明正是其中的一位。

〔註26〕林師慶彰：〈唐代後期經學的新發展〉，收入《中國經學史論文選集》（臺北：文史哲出版社，1992年），上冊，頁671。

〔註27〕《中國經學史》，頁234。

〔註28〕【後晉】劉昫：《舊唐書》（北京：中華書局，1995年），頁4963。

〔註29〕【唐】陸淳：《春秋集傳纂例·趙氏損益義第五》（臺北：大通書局，1970年《經苑》第5冊），卷1，頁10。

若以邱明爲才實過人之賢者，也必不致落於解經淺於《公》、《穀》，誣謬實繁的地步，因此他認爲《左傳》之作者當爲孔門後之門人。

　　雖然啖、趙、陸三人認爲《公羊》、《穀梁》在解釋《春秋》上深於《左傳》，但是猶有不足之處，啖助說：

> 《公羊》、《穀梁》，初亦口授，後人據其大義，散配經文，故多乖謬，
> 失其綱統。〔註30〕

既然《公》、《穀》二傳解經多所乖謬，而失其綱統，因此啖氏主張「取舍三傳短長」的解經方式，他說：

> 予輒考覈三傳，舍短取長，又集前賢註釋，亦以己意，裨補闕漏，
> 商榷得失，研精宣暢，期於渉洽，尼父之志，庶幾可見。〔註31〕

這種考覈三傳，取舍短長，以裨補闕漏，而達成回歸《春秋》原典的主張，與當時的官方專主《左氏》經義的規範大爲不合。這種變三《傳》專門之學爲通學的解經方式，使他們在當時搏得「異儒」的稱號〔註32〕，而韓愈所謂「《春秋》三傳束高閣，獨抱遺經究終始」〔註33〕，正是形容此種研究方式的最佳寫照。同時，這也標識著《春秋》學，乃至於《左傳》學史的重大變革。

　　「棄傳從經」的治經方式，爲宋人所承襲，雖然宋儒與啖助一派並無直接的傳承關係，但在《春秋》的研治上，其精神甚爲契合，因此皮錫瑞說：

> 蓋宋人之説《春秋》，本啖、趙、陸一派。〔註34〕

雖然治經理念相合，但是在宋朝建立之初，無論官方規範與私家著述，在經義的解釋上，大抵株守前人故訓，而不妄加穿鑿附會之說，王應麟即說道：

> 自漢儒至慶曆間，談經者守訓故而不鑿，《七經小傳》出，而稍尚新
> 奇矣。至《三經義》行，視漢儒之學者若土埂。〔註35〕

而陸游也說：

> 唐及國初，學者不敢議孔安國、鄭康成，況聖人乎？自慶曆後，諸

〔註30〕《春秋集傳纂例·三傳得失議第二》，卷1，頁4。
〔註31〕《春秋集傳纂例·啖氏集傳注義第三》，卷1，頁6。
〔註32〕《舊唐書·陸質傳》：「質有經學，尤深於《春秋》，少師事趙匡，匡師啖助。助、匡皆爲異儒。」同註28，頁4977。
〔註33〕【唐】韓愈：〈寄盧仝〉，收入《全唐詩》（北京：中華書局，1960年），第10冊，頁3809。
〔註34〕【清】皮錫瑞：《經學通論·春秋》（臺北：商務印書館，1989年），頁59。
〔註35〕【宋】王應麟、【清】翁元圻：《翁注困學紀聞》（臺北：臺灣商務印書館，1965年），頁774。

儒發明經旨，非前人所及。然排〈繫辭〉，毀《周禮》，疑《孟子》、譏《書》之〈胤征〉、〈顧命〉，黜《詩》之〈序〉，不難於議經，況傳注乎？〔註36〕

根據王、陸二氏的說法，以為在宋仁宗慶曆以前，學者不敢訾議前儒，亦不敢以己意妄加穿鑿。慶曆以後，則排擊前人，疑古議經之風，已蔚然而起，且愈趨激烈。而當時在《春秋》的研治上，則是「讀《春秋》未知十二公，已謂三傳可束之高閣」的情形〔註37〕，而這種狀況，更可以呼應陸游所謂「不難於議經，況傳注乎」的說法了。

時代背景的需要，使宋人在研治儒家經典上，於《春秋》為最盛。也由於時代背景的緣故，宋人在《春秋》研究的特色上，亦有所不同。大抵而言，北宋懲於黃袍加身之戒，因此特別調「尊王」，其最著者為孫復的《春秋尊王發微》；南宋則鑒於靖康國難之禍，故而強調「攘夷」，其代表者為胡安國的《春秋傳》。其他如孫覺、劉敞、崔子方、葉夢得、呂本中、張洽、呂大奎、家鉉翁等，皆宋人說《春秋》之較著者，而其治理《春秋》的方式，多以宗《經》為主，而不專主一家之傳說。

由於宋人多採取直解經義的方式研治《春秋》，因此反映在他們的著述上，多強調《春秋》二字，而不以春秋某傳為名，例如王哲《春秋通義》、胡瑗《春秋口義》、劉敞《春秋權術》、孫覺《春秋經解》、呂本中《春秋解》、葉夢得《春秋考》等。其甚者，更有以「傳」自居者，如程頤、葉夢得、胡安國、鄭樵的《春秋傳》等。這代表宋儒亟欲擺脫三傳，並企圖以己身的撰作取而代之的想法。

而在這種風潮下，某些學者研究《左傳》，多從其敘事出發，也就是從「史」的觀念切入，而不以經學的「傳」的概念去看待，如朱熹所言：「《左氏》是史學，事詳而理差。」〔註38〕又如葉夢得在其《春秋傳・序》所說：

《左氏》傳事不傳義，是以詳於史。而事未必實，以不知經故也。〔註39〕

〔註36〕《翁注困學紀聞》，頁774。

〔註37〕【宋】司馬光：《司馬文正公傳家集・論風俗箚子》（臺北：臺灣商務印書館，1968年），頁539。

〔註38〕【清】朱彝尊：《經義考》（臺北：臺灣中華書局，1979年影印《四部備要》本），卷169，頁4。

〔註39〕《經義考》，卷183，頁7。

既有這種的認知，則從《左傳》所載的人事多所發揮，例如呂祖謙論魯隱公元年的「鄭伯克段于鄢」，其《左氏傳說》云：

> 序鄭莊公之事，極有筆力。寫其怨端之所以萌，良心之所以回，皆可見。始言「亟請于武公」，「亟」之一字，母子之相仇疾，病源在此。後言「姜氏欲之，焉辟害？」此全無母子之心。蓋莊公材略，盡高叔段也。然莊公此等計術，施于敵國則爲巧，施于骨肉則爲忍。大凡人于兄弟骨肉分上，最不可分彼我曲直，才分一個彼我曲直，便失親親之意。觀莊公始者欲害段，而有「姜氏欲之，焉辟害」之語，則是欲曲在姜氏，直在莊公；及其欲伐段而待其惡大，亦欲曲在叔段，直在莊公，所以伐之無辭。〔註40〕

同樣一件事，亦見於其《東萊左氏博議》：

> 釣者負魚，魚何負於釣？獵者負獸，獸何負於獵？莊公負叔段，叔段何負於莊公？且爲鉤餌以誘魚者，釣也；爲陷穽以誘獸者，獵也。不責釣者而責魚之吞餌，不責獵者而責獸之投穽，天下寧有是耶？〔註41〕

這種因史立論，以臧否人之賢愚善惡，事之成敗得失，是研究《左傳》較爲特殊的方式。

　　唐代修成《五經正義》，並以之爲明經取士的標準，逮及宋初，猶一仍舊制。宋神宗時，王安石改定科考辦法，以《春秋》爲「斷爛朝報」，又以三傳不足深信，且未得經旨，因此將《春秋》排除於其所推行的《三經新義》之外。南渡之後，胡安國以侍讀而講《春秋》，爲高宗所喜〔註42〕，遂令其纂修《春秋傳》。書成，高宗又頗讚賞之。自此，胡《傳》的勢力籠罩宋、元、明三代，而有《春秋》第四傳之稱。〔註43〕

〔註40〕 【宋】呂祖謙：《左氏傳說・看左氏規模》（臺北：大通書局，1971年影印《通志堂經解》本第22冊），卷前，頁3。

〔註41〕 【宋】呂祖謙：《左氏博議》（臺北：臺灣商務印書館，1983年影印《文淵閣四庫全書》本第152冊），卷1，頁1～2。

〔註42〕 【元】脫脫：《宋史・胡安國傳》：「高宗曰：『聞卿深於《春秋》，方欲講論。』遂以《左氏傳》付安國點句正音。〔……〕。高宗稱善。尋除安國兼侍講，專講《春秋》。」（北京：中華書局，1985年），頁12913。

〔註43〕 【清】永瑢、紀昀：《四庫全書總目・春秋集傳釋義大成提要》：「考元俞皋《春秋集傳釋義大成》，始三傳之後，附錄胡《傳》。吳澄〈序〉稱其『兼列胡氏以從時尚』，而四傳之稱亦即見於澄〈序〉中。」（臺北：藝文印書館，1997年），卷28，頁2。

　　胡安國的《春秋傳》雖然未被南宋官方訂爲科舉定本，但是影響深遠。進入元朝之後，蒙古人雖以外族之姿入主中原，然對於強調「攘夷」的胡《傳》卻未予禁止，反而將其扶持爲科舉定本，使其在官方學術取得正式地位。《元史・選舉志》即記載元仁宗皇慶二年（西元 1313 年）十一月有關科舉內容與方法的詔令：

> 考試程式：蒙古人、色目人，第一場經問五條、〈大學〉、《論語》、《孟子》、〈中庸〉內設問，用朱子《章句集註》。其義理精明，文辭典雅者中選。第二場第一道，以時務出題，限五百字以上。漢人、南人，第一場明經經疑二問，〈大學〉、《論語》、《孟子》、〈中庸〉內出題，並用朱氏《章句集註》，復以己意結之，限三百字以上；經義一道，各治一經，《詩》以朱氏爲主，《尚書》以蔡氏爲主，《周易》以程、朱氏爲主，已上三經，兼用古註疏，《春秋》許用三傳及胡氏《傳》，《禮記》用古註疏，限五百字以上，不拘格律。〔註44〕

根據上述，可知元代的科舉內容以程、朱之學爲主。而於《春秋》的定本上，一以程子書甚闕略，一以朱子也無成書，而「以安國之學出程氏」〔註45〕，因此胡《傳》得以雀屏中選，取得官方的認可。

　　民間學者對於官方將胡《傳》與三《傳》並列的作法，普遍表示贊同，例如曾震說道：

> 國朝設科，以胡氏與三《傳》並用，立法之意，至爲精詳。〔註46〕

李廉也持同樣的看法：

> 方今取士，用三《傳》及胡氏，誠不易之法。〔註47〕

由於在官方取得與三《傳》並駕齊驅的地位，且普遍獲得民間學者的認同，使得有關《春秋》經解的書籍在體例上產生一些轉變，例如俞皋的《春秋集傳義大成》，四庫館臣描述其體例說：

> 經文之下備列三傳，其胡安國《傳》亦與同列。吳澄〈序〉謂「兼列胡氏以從時尚」，而四傳之名亦權輿澄〈序〉中。胡《傳》日尊，此其漸也。〔註48〕

〔註44〕【明】宋濂等：《元史》（北京：中華書局，1995 年），頁 2019。
〔註45〕《四庫全書總目》，卷 32，頁 49。
〔註46〕《經義考》，卷 195，頁 6。
〔註47〕《經義考》，卷 197，頁 3。
〔註48〕《四庫全書總目》，卷 28，頁 2。

同樣的意見，也見於不著撰人的《春秋四傳》之中，因知當時《春秋》經解的體制，乃採四傳並列，而吳澄也應流俗風尚所趨，始以四傳為名稱之。

除了在著書體例上擁護胡《傳》外，亦有在內容上以羽翼胡《傳》為主，而在眾多羽翼胡《傳》的《春秋》著述中，更有為其作「疏」者，如汪克寬的《春秋胡氏傳纂疏》。

就儒家經典的詮釋體系而言，孔子所作稱之為「經」，孔子弟子及其後學為研究經典而撰作「傳」。漢武帝罷黜百家，獨尊儒術後，研究儒家經典者的「注」與日俱增，而隨著時間的推移，至唐代修成《五經正義》後，儒家經典「經、傳、注、疏」的詮釋體系方告成立。而汪氏為胡《傳》作疏，等於顯示對於胡《傳》研究所累積的資料，已達到十分成熟且足夠的地步，方能出現類似三《傳》的注本──《春秋集傳纂疏》，由此亦可見胡《傳》在元朝勢力的拓展及延續。

而在胡《傳》勢力的籠罩下，學者們多著重在胡《傳》或《春秋》四傳對經義的闡發，因此對於《左傳》甚少著墨，惟有師承黃澤的趙汸對於《左傳》十分注重，認為「學《春秋》者，必自《左氏》始」，他說：

> 夫得其事，究其文而義有不通者有之，未有不得其事，不究其文，而能通其義者也。故三傳得失雖殊，而學《春秋》者，必自《左氏》始。〔註49〕

又說：

> 學《春秋》只當以三傳為主，而三傳之中，又當據《左氏》事實，以求聖人旨意之所歸，蓋於其中自有脈絡可尋，但人自不肯細心推求耳。〔註50〕

趙氏「必自《左氏》」的概念，乃就性質而言，由於《春秋》乃其事則齊桓、晉文，其文則史，而《左傳》所記載的事實，用之以求聖人作經之旨，尤能通曉，因而有此主張。

由於趙汸在《春秋》諸傳之中，特重《左傳》，遂有《春秋左氏傳補注》之作。該書凡十卷，以《左傳》說《春秋》，取杜預通《左傳》；於經義有所

〔註49〕 【元】趙汸：《春秋左氏傳補註・序》（臺北：大通書局，1970 年影印《通志堂經解》本第 26 冊），卷前，頁 1。

〔註50〕 【元】趙汸：《春秋師說・論學春秋之要》（臺北：大通書局，1970 年影印《通志堂經解》本第 26 冊），卷下，頁 2。

不及，則以《公羊》、《穀梁》之說補《左氏》；杜《解》所未及者，則採陳傅良《左傳章旨》通之。因此，趙氏之說《春秋》，所論甚爲持平，《四庫總目》評之曰：「不獨有補於杜《解》，爲有功於《左傳》。即聖人不言之旨，亦灼燃可見。」〔註51〕又，此書既以《左傳》、杜《解》爲主，猶可視之爲杜預《左傳》學再興之濫觴。

此外，趙汸又以諸傳例未得聖人筆削之旨，此用《禮記‧經解篇》「屬辭比事，《春秋》教也」爲說《春秋》之綱領，以取代歷代諸家傳例之說，成果亦有可觀，因此在普遍羽翼胡《傳》的元人著作中，得到皮錫瑞「鐵中錚錚，庸中佼佼」的評價。〔註52〕

明初經學，大致因仍元人學風，其科舉制度，亦承襲元朝舊制，《春秋》並用三《傳》及胡《傳》：

> ……四書主朱子《集註》，《易》主程《傳》、朱子《本義》，《書》主蔡氏《傳》及古註疏，《詩》主朱子《集傳》，《春秋》主《左氏》、《公羊》、《穀梁》三傳及胡安國、張洽《傳》，《禮記》主古註疏。〔註53〕

可知明初的學術走向，大抵沿襲元人尊崇程、朱之舊章，而維持漢、宋兼用的作法。而《春秋》除原有的四傳外，再加入張洽的《春秋集注》，其理由亦是尊崇程、朱之學：

> 案：明初定科舉之制，大略承元舊制，宗法程、朱。而程子《春秋傳》僅成二卷，闕略太甚，朱子亦無成書，以安國之學出程氏，張洽之學出朱氏，故《春秋》定用二家。蓋重其淵源，不必定以其書也。後洽《傳》漸不行用，遂獨用安國書，漸乃棄經不讀，惟以安國之《傳》爲主。〔註54〕

根據這段資料，可知明人對於程、朱之學，較元人推而重之，而於《春秋》一門，以程子書甚闕略，朱子則無成書，必取用系出程、朱的胡、張二人著作爲教本，顯見對程朱學術的重視，而從必尋出朱出的張洽與胡《傳》並用，更可看出官方有兩者並重的用意。其後，張洽《集注》漸不行用，僅以胡《傳》爲主，而獨用胡《傳》的理由，竟也是科考所致：

〔註51〕〈春秋左氏傳補注提要〉，《四庫全書總目》，卷28，頁17。
〔註52〕《經學歷史》，205～206。
〔註53〕【清】張廷玉等：《明史‧選舉志》（北京：中華書局，1994年），頁1694。
〔註54〕《四庫全書總目》，卷31，頁49。

明洪武中，以此書（張氏《集注》）與胡安國《傳》同立學官。迨永
樂間，胡廣等剽襲汪克寬《纂疏》爲《大全》，其說專主胡《傳》，
科場用爲程式，洽書遂廢不行。〔註55〕

又，《明史‧選舉志》云：

永樂間，頒《四書五經大全》，廢註疏不用。其後，《春秋》亦不用
張洽《傳》，《禮記》止用陳澔《集說》。〔註56〕

由這兩段資料，可知自明成祖永樂年間頒《四書大全》、《五經大全》於天下，
三傳的古註疏皆廢棄不用，而張洽《集注》，也因科考範式以胡《傳》之經說
爲主，日久且廢了。

《五經大全》中的《春秋大全》，前人多以爲乃勦襲元代汪克寬的《春秋
胡氏傳纂疏》而成，如顧炎武說：

……至《春秋大全》則全襲取元人汪克寬《胡傳纂疏》，但改其中「愚
按」二字謂「汪氏曰」，及添盧陵李氏等一二條而已。〔註57〕

爲此，陳恆嵩先生還詳細比勘兩書的差異：

今即以國家圖書館所藏之刊本汪克寬《春秋胡氏傳附錄纂疏》和永樂
內府刊本的《春秋集傳大全》互相比對，「一一比勘」，發現《春秋集
傳大全》全書所徵引的一一六七〇條經說疏文中，《大全》自行增補
完整經說疏文的有一五一四條，約佔全書總數的百分十三；而與汪氏
《纂疏》相同的有一〇一五六條，約佔全書總數的百分之八十七。假
若單純的以上述數據而論，《春秋集傳大全》與汪氏《春秋胡氏傳附
錄纂疏》兩者雷同率高達八成七，可知《春秋集傳大全》確實是以汪
氏《春秋胡氏傳附錄纂疏》爲底本進行修纂而成的。〔註58〕

根據陳先生的統計，兩書的雷同率竟高達百分之八十七，顯見顧炎武等人的
陳述，具有某種程度的可信度，非徒以詆毀明人學術爲樂。而《春秋大全》
頒布，且用爲科考程式後，則三傳、張洽《集注》廢棄不用的情形是可以想
見。此舉不惟使胡安國《春秋傳》再次確立其爲《春秋》宋學的典範地位，

〔註55〕〈春秋集注提要〉，《四庫全書總目》，卷27，頁27。

〔註56〕《明史》，頁1694。

〔註57〕【清】顧炎武：〈四書五經大全〉，《原抄本日知錄》（臺南：平平出版社，1975
年），卷20，頁525。

〔註58〕陳恆嵩：《《五經大全》纂修研究》（臺北：私立東吳大學中國文學研究所博士
論文，1998年），頁235。

也使它一舉超越三傳,而在《春秋》的詮釋史獨領風騷,直到清朝乾隆年間,方乃告終。

明代的民間學術,大致沿襲元人治經風尚,而又受其官方科舉制度的影響,因此在其主流的《春秋》著述方面,有著不同的呈現方式:

一、多有類似元人「會通四傳」的《春秋》著述,如來集之的《四傳權術》、陳士芳的《春秋四傳通辭》、陳肇曾的《春秋四傳辨說》、夏允彝的《春秋四傳合論》、張岐然《春秋五傳平文》等。而其他不以「四傳」為名,而內容是以「四傳」為論述主體,亦所在多有。

二、由於深受胡《傳》的影響,擁護胡《傳》之作為數不少,甚至更有追隨胡《傳》而直接作為書名者,如張宣的《春秋胡傳標注》、龔持憲的《春秋胡傳童子教》、錢時俊的《春秋胡傳翼》等。

三、在一片述胡、宗胡、擁胡聲浪中,有少數學者針對胡《傳》提出質疑與批評的看法,例如張以寧撰有《春秋胡傳辨疑》,觀其書名,即知以糾駁胡《傳》為主。更針對胡安國在《傳》中提出的「夏時冠周月」之說,別為《春王正月考》二卷,專門探討、釐清這個問題。四庫館臣認為其辨證雖未嚴密,「然大綱既得,則細目之少疎,亦不足以病矣」。〔註59〕陸粲撰作《春秋胡氏傳辨疑》二卷,抉摘胡安國說《春秋》之弊凡六十餘條,大抵皆「明白正大,足以破繁文曲說之弊」。〔註60〕袁仁則撰有《春秋胡傳考誤》(又名《春秋箴胡編》)一卷,謂胡安國之作《春秋傳》,乃承高宗之命而作,其志在匡時,多借經以申說己意,因此於經旨多有未合。四庫館臣認為袁氏由此而撰作此書,「其說良是」,又以其攻擊胡《傳》過激,則認為「吹求太甚矣」〔註61〕!

在論述重心圍繞在胡《傳》的明代《春秋》學下,學者們對於《左傳》的研究,亦頗有進展。根據朱彝尊《經義考》的著錄,明儒對於《左傳》的研究大致有以下幾個面向:

一、注重《左傳》中所記載的豐富材料,而將這些材料分門別類的排比,例如不著撰人的《左氏分紀》、孫范《春秋左傳分國紀事》、陳可言

〔註59〕〈春王正月考提要〉,《四庫全書總目》,卷28,頁20。
〔註60〕〈春秋胡氏傳辨疑提要〉,《四庫全書總目》,卷28,頁27。
〔註61〕〈春秋胡傳考誤提要〉,《四庫全書總目》,卷28,頁33。

《春秋經傳類事》、劉城《春秋左傳地名錄》、《左傳人名錄》等。而在處理材料的過程中，又發現《左傳》的敘事與記載的人物尤多。故於敘事，特別重視事件的發展始末；記人物，則重視人物傳記，因而撰敘事始末者，如傅藻《春秋本末》、唐順之《左氏本末》、徐鑒《左氏始末》、曹宗儒《春秋序事本末》等；纂述人物者，如方孝孺《春秋諸君子贊》、劉節《春秋列傳》、張事心《春秋人物譜》、姚咨《春秋名臣傳》、龔持憲《春秋列國世家》等。

二、根據《左傳》的內容，從事專門性的研究，如楊慎《春秋地名考》、傅遜《左傳奇字古音釋》、《春秋古器圖》。而由於《左傳》敘及戰事特詳，因此為歷朝兵家重視，明代於此則有王世德《左氏兵法》、陳禹謨《左氏兵略》、黎遂球《春秋兵法》、宋徵璧《左氏兵法測要》等書。

三、以《左傳》所示的義理為標的，或直接解釋《左傳》，或補正杜預《注》，而藉以通傳達經：如郭登《春秋左傳直解》、邵寶《左觽》、劉績《春秋左傳類解》、李舜臣《春秋左傳考例》、陸粲《左氏附注》、《春秋左傳鑴》、楊時秀《春秋集傳》、傅遜《春秋左傳屬事》、《春秋左傳注解辨誤》、程文熙《春秋左傳評林測義》、王升《讀左氏贅言》、凌穉隆《春秋左傳註評測義》、龔持憲《春秋左傳今注》、馮時可《左傳討論待釋》、黃洪憲《春秋左傳釋附》、戴文光《春秋左傳標釋》等，皆屬此類。

根據《經義考》的著錄，可粗略瞭解明人研究《左傳》的方向，而最值得注意的是第三項。它代表著明人讀《左傳》，已非僅是排比資料，或是為泛泛之論而已，而是有更深一層的經義闡述，且這個論述非僅止於《左傳》文本而已，甚而向下延伸至杜預的注解。這種情形，至明朝中葉以後，逐漸增多。雖然整個明代《春秋》學的主流論述還是在胡《傳》，且一直延續至清初，但我們可從陸粲的著作看出一些端倪，即陸氏既撰有《春秋胡氏傳辨疑》一書，又從事關於《左傳》的寫作——《左氏附注》與《春秋左氏鑴》；既批判當時《春秋》的主流論述，又在非主流論述的《左傳》嘗試著墨。因此從陸粲身上可看出《春秋》學史的轉折。儘管此一轉折距離胡《傳》退出《春秋》學的舞臺，尚有一段時間，但在顧炎武《左傳杜解補正》承其緒，乾嘉學者衍其流之下，終使《左傳》之學再興且大盛，而胡《傳》則失去詮釋《春秋》的主導地位，《春秋》學史終又一變矣！

千百年來，經學史的發展，總是隨著官方規範與民間典範的勢力消長而演變，而《春秋》學史乃經學史的縮影，且又與政治息息相關，因此其演變尤為激烈。就因其易與政治結合的特性，因此在不同的時空背景下，創造且承認了某些經說，而將其餘的經說棄置不用，這都是源自於學者們體認到經義的追求，必須以符合聖人意旨為先，因此試圖修正不符經旨的傳說。無論是官方或民間的帶動，這種經義改革，正是推動經學演進的動力。

第三節　歷代《春秋》學衍生之問題

一、《春秋》宋學說經之問題

在顧炎武撰作《左傳杜解補正》時，面對的是以胡安國《春秋傳》為首的《春秋》宋學勢力，而其學術淵源，乃承自唐代中葉的啖助學派的主張。這個時期對於《春秋》的研究，不再汲汲於三傳個別的專門研究，而是主張拋卻三傳，回歸《春秋》經的原典。韓愈〈寄盧仝〉：「《春秋》三傳束高閣，獨抱遺經究終始。」正是此種研究方式的最佳寫照。

啖助等人之所以會提出這樣的主張，乃在於《春秋》是由晦澀的語言文字所組成的，因此傳說的解釋尤為不可或缺。然而，《春秋》在傳授的過程當中，必定產生了某種落差，也因此造就了解釋各異的傳說，而司馬遷在述及《左傳》成書過程中，曾言道「弟子人人異端，各安己意」，即說明了這個狀況。而在這種傳說各異，於經義解釋有所誤差的狀況下，可以推知沒有任何一個傳說的解釋能完全符合經旨。因此，也就不難明瞭王安石所言「至于《春秋》，三傳既不足信，故于諸經尤為難知」的狀況了。〔註62〕

雖然並沒有一個傳說能夠完全解釋經義，但是在三傳共同解釋一部經典——《春秋》的情形下，其所得必定會有某些交集之處，因此三《傳》的界限並非完全壁壘分明，互不旁通，反而是在某種程度上，必須打破三者之間的藩籬，因而在漢武帝獨尊儒術後，這種兼習各傳的情形便時有所見，例如《後漢書》記載鄭興「少學《公羊春秋》，晚善《左氏傳》」〔註63〕。而鄭玄

〔註62〕 【宋】王安石：〈答韓求仁書〉，《臨川集》（臺北：臺灣中華書局，1981年影印《四部備要》本），第3冊，卷72，頁5。

〔註63〕 《後漢書·儒林傳》，頁1217。

與何休在《左氏》、《公羊》的論爭中，鄭玄雖以《左氏》爲宗，然兼取《公羊》，卒使何休發出「康成入吾室，操吾戈，以伐我」之嘆。孔穎達述及《左傳》在漢代傳習的狀況，也曾說：

> 前漢傳《左氏》者，有張蒼、賈誼、尹咸、劉歆；後漢有鄭眾、賈逵、服虔、許惠卿等，各爲訓詁，然雜取《公羊》、《穀梁》以釋《左傳》。〔註64〕

漢代官方的《春秋》規範，乃是《公羊》，因此當時爲《春秋》者，必當以學《公羊》爲先，所以鄭興才會少習《公羊》。而兩漢習《左氏》的諸儒之所以「雜取《公羊》、《穀梁》，以釋《左傳》」，應是體認到《左傳》有所不足，必須以《公》、《穀》兩傳補足其闕漏之處，如此解釋經義方能圓滿。而堅守傳說門戶的下場，就有如何休一般，只能徒自興嘆了。

由於漢儒在解釋《春秋》時有這樣的認知，因此他們認眞地比較三傳的優劣、異同。其影響所及，即便是在《左傳》當道的魏晉南北朝經學，亦有作如是觀的學者，例如專精於《穀梁》之學的范甯即說：

> 《春秋》之《傳》有三，而爲《經》之旨一。臧否不同，褒貶殊致。蓋九流分而微言隱，異端作而大義乖。……凡《傳》以通《經》爲主，《經》以必當爲理，夫至當無二而三傳殊說，庸得不棄其所滯，擇善而從乎？既不俱當，則故容俱失，若至言幽絕，擇善靡從，庸得不並舍以尤宗，據理以通經乎？〔註65〕

范氏認爲《春秋》的微言大義之所以乖絕，乃在於三傳臧否、褒貶各異。而解經必以至當爲要，因此在三傳中應採取「棄其所滯」、「擇善而從」的方法，方能「據理以通經」。有此認知，范氏認眞比較三傳的得失，說：

> 《左氏》豔而富，其失也巫；《穀梁》清而婉，其失也短；《公羊》辯而裁，其失也俗。若能富而不巫，清而不短，裁而不俗，則深於其道者也。〔註66〕

范氏所謂的巫、短、俗，乃三傳解經之所滯，當棄之不用；而富、清、裁，則是三傳釋經之所善，當擇而以從。

〔註64〕〈春秋正義序〉，《左傳注疏》，卷前，頁2。
〔註65〕【晉】范甯集解、【唐】楊士勛疏：《春秋穀梁傳注疏》（臺北：藝文印書館，1993年影印嘉慶二十年江西南昌府學刊本），卷前，頁7～8。
〔註66〕《春秋穀梁傳注疏》，卷前，頁9～10。

　　由范寧所言可知，當時即使是專精於某傳的學者，亦不反對援引他傳以說解《春秋》。因此在《左傳》風行的魏晉南北朝，仍有某些折衷三傳之作。

　　自唐朝中葉的啖助學派興起後，會通三傳成為宋、元、明，乃至清初說解《春秋》的主流，他們對於三傳的異同、優劣的討論，較之前的學者更為詳細且具體，例如趙匡即曾評論說：

> 今觀《左氏》解經，淺於《公》、《穀》，誣謬實繁，若邱明才實過人，豈宜若此？推類而言，皆孔門後之門人，但《公》、《穀》守經，《左氏》通史，故其體異耳。〔註67〕

趙匡認為三傳的體制雖有不同，然皆為孔門後之門人所傳。由於《左氏》在解經的見解上淺於守經的《公》、《穀》兩傳，乃至於誣謬實繁的地步，實因《左氏》通史的緣故，而由此懷疑《左氏》的作者應不是歷來所認定的左邱明。

　　相較於解經淺陋的《左氏》，守經的《公》、《穀》兩傳，亦有其解經方面的漏洞，啖助說：

> 《穀梁》意深，《公羊》辭辨，隨文解釋，往往鉤深。但以守文堅滯，泥難不通，比附日月，曲生條例，義有不合，亦復強通，踳駁不倫，或至矛盾，不近聖人夷曠之體也。〔註68〕

啖氏認為兩傳的優點在於「意深」、「辭辨」，卻往往於字句、日月之間鉤深求義，以致有堅滯不通，踳駁矛盾的弊病。而胡安國《春秋傳》也曾就此問題作過比較，說：

> 傳《春秋》者三家，《左氏》敘事見本末，《公羊》、《穀梁》詞辨而義精。學經以傳為按，則當閱《左氏》；玩詞以義為主，則當習《公》、《穀》。〔註69〕

胡氏認為三傳各有其優劣，亦各有其價值，三者不可偏廢。這種看法並非胡安國一人的觀點，而是啖助以降，眾多學者說解《春秋》的一致性看法。而當這種看法累積下來時，就產生了一種解經的共識：

> 事按《左氏》，義採《公羊》、《穀梁》之精者。〔註70〕

當時說解《春秋》的學者，認為研究《春秋》，當採《左氏》之事，《公》、《穀》

〔註67〕　《春秋集傳纂例‧趙氏損益義第五》，卷1，頁10。
〔註68〕　〈三傳得失議〉，卷1，頁5。
〔註69〕　【宋】胡安國：《春秋胡氏傳‧序傳授》（臺北：臺灣商務印書館，1981年《四部叢刊》影印上海涵芬樓借常熟瞿氏鐵琴銅劍樓藏宋刊本），卷首，頁3。
〔註70〕　《春秋胡氏傳‧序傳授》，頁3〜4。

之義。換言之，即認定《左氏》之義不如《公》、《穀》，而《公》、《穀》在事的方面不如《左氏》，三者各有所長，也各有所缺，唯有各取其長，才能在《春秋》的詮釋上得到圓滿的解決。

啖助以前的學者，在討論三傳異同時，僅論及三傳間大致上的差異，而主張擇其善者而通經的方式。《春秋》宋學者則不佇足於此，當討論這個問題時，顯得更爲深化。他們就三傳的性質，討論三傳的差異與優劣，因而得出更爲具體的解經模式，即「事按《左傳》，義採《公》、《穀》」。雖然兩者的目標皆是爲了解經，但是立基點卻略有不同，其關鍵乃在於啖助以前的學者，著重在三傳之「得」，且「信傳不信經」；而啖助以降的學者則著重在三傳之「失」，因而「信經不信傳」，對三傳存有極度的不信任感，乃至於「棄傳從經」。

無論是「信傳不信經」或「信經不信傳」，這種援引他傳以裨補自身闕漏的折衷作法，對於講究三傳專門的學者來說，簡直是不可思議，例如杜預對於賈逵、服虔、鄭玄等人對於《左傳》的詮釋，給予「適足自亂」的批評，他說：

> 古今言《左氏春秋》者多矣。今其遺文可見者十數家，大體轉相祖述，進不成爲錯綜經文，以盡其變，退不守丘明之《傳》，於丘明之《傳》，有所不通，皆沒而不說，而更膚引《公羊》、《穀梁》，適足自亂。〔註71〕

而堅守《公羊》之學的何休也說：

> 說者疑惑，至有倍經任意，反傳違戾者。其勢雖閎，不得不廣，是以講誦師言，至於百萬，猶有不解，時加釀嘲辭，授引他經，失其句讀，以無爲有，甚可閔笑者，不可勝記也。〔註72〕

又，撰作《春秋穀梁傳集解》的范甯雖然不反對會通三《傳》以解釋《春秋》，但是對於這種解經方法也還是有一些批評，說：

> 傳《左氏》則有服、杜之注，《公羊》則有何、嚴之訓釋；《穀梁》傳者雖近十家，皆膚淺末學，不經師匠。辭理典據既無可觀，又引《左氏》、《公羊》，以解此傳，文義違反，斯害也已。〔註73〕

從杜預、何休、范甯的「適足自亂」、「失其句讀」、「文義違反」的批評來看，三人均反對以他傳來解決本傳不通的作法。由於三《傳》有各自獨特的解經

〔註71〕〈春秋經傳集解序〉，《左傳注疏》，卷1，頁19～20。
〔註72〕〈公羊解詁序〉，《公羊注疏》，卷前，頁3。
〔註73〕〈春秋穀梁傳注疏序〉，《春秋穀梁傳注疏》，卷前，頁10。

體系，而這個模式往往互有踳駁、矛盾的情形。在解經模式互相牴觸的情形下，就產了矛盾，也就是「適足自亂」、「失其句讀」、「文義違反」的狀況了。

又，唐朝纂修《五經正義》，於《春秋》用《左傳》，於注則主杜預，專宗一傳一家之說，以致使皮錫瑞批評「曲循注文」為《正義》之一弊。但是，以師尚《公羊》的皮氏來看「曲循注文」，猶未足為解經之病，而「彼此互異」，才是真正的病源所在，因為經說「彼此互異」，會導致「學者莫知所從」，「殊乖統一之義」的結果。而啖助以降的學者發現墨守一傳並無法完全符合經義，於是又採取會通三傳的作法，只不過在傳文的選擇上，更加嚴苛，一切以《經》為優先考量，若三傳的解釋皆未能符合《經》的意涵，寧可不取而以己意說解，而這種研究方式便是韓愈口中的「《春秋》三傳束高閣，獨抱遺經究終始」了。

然而，這種拋卻三傳，直採本經的研究方法也不是沒有缺陷。就經、傳的關係而言，《春秋》乃晦澀性的文字所組成，亟需仰賴傳說的輔助解釋，方能成為有意義的文字，因此，經、傳之間是屬於共生結構的關係。如果硬將三傳的說解抽離，則《春秋》即成為王安石口中的「斷爛朝報」，梁啟超所謂的「流水帳冊」了。而針對這種棄傳從經的作法，四庫館臣舉以「鄭伯克段于鄢」為例而批評說：

> 「鄭伯克段于鄢」，不言段為何人，其失在母子、兄弟之際。苟無傳文，雖有窮理格物之儒，殫畢生之力，據經文而沈思之，亦不能知為武姜子、莊公弟也。〔註74〕

案：「鄭伯克段于鄢」，三家傳文在解釋上大同小異，於「段」，均解釋為鄭莊公同母弟公子段（共叔段），惟《左傳》於此事敘事甚詳，因此後人據之以知莊公寤生、武姜愛段而欲立之為君等事。從而瞭解《春秋》之褒貶所在。倘若無三傳解釋的資料作為根據，僅就經文所書沈思，將毫無所得。四庫館臣僅就此一例，即能使高唱「棄傳從經」者為之語塞，更何況其他相同的例子尚多。況且，《春秋》宋學者表面上倡議「棄傳從經」，而實際上暗用三傳之處仍多，因此四庫館臣又予批評道：

> ……孫復、劉敞之流，名為「棄傳從經」，所棄者，特《左氏》事跡，《公羊》、《穀梁》日月例耳。其推闡譏貶，少可多否，實陰本《公羊》、《穀梁》法，猶誅鄧析用竹刑也。〔註75〕

〔註74〕〈春秋經筌提要〉，《四庫全書總目》，卷27，頁32。
〔註75〕《四庫全書總目》，卷26，頁1。

據四庫館臣的評論，即可知盡棄三傳，而以己意說解《春秋》，就其實際面而言，乃是不可行的。

再者，沒有三傳作為依據，宋人以人心之所同，亦即以同理之心來解經，一則所得多為「鑿空」之理，一則近於迂儒之說理，更甚者，有求之過深之弊，例如胡安國《春秋傳》在桓公二年，「滕子來朝」條云：

> 《春秋》為誅亂臣討賊子而作，其法尤嚴于亂賊之黨，使人人知亂臣賊子之為大惡而莫之與，則無以立于世；無以立于世，則莫敢勤於為惡，而篡弒之禍止矣。今桓公弟弒兄、臣弒君，天下之大惡，凡民罔弗慇也。己不能討，又先鄰國而朝之，是反天理，肆人欲，與夷狄無異，而《春秋》之所深惡也。〔註76〕

案：「滕子來朝」事，本為諸侯之間尋常的朝聘往來，而為《春秋》所記。因此三傳於此條經文，均無任何說解，惟杜預、范寧之《注》皆云：「隱十一年稱侯，今稱子者，蓋時王所黜。」〔註77〕（范取杜《注》）卻又無任何證據顯示其注解此條經文的合理性。胡《傳》則不然，他牽合魯桓公弒殺魯隱公之事，認為滕君朝見桓公，是違反天理，肆其人欲，而與夷狄無異的行為。這種與之為惡的舉措，為《春秋》之所深惡，因此將滕君的爵位從「侯」貶之為「子」。胡氏注解此條經文，乃就《春秋》誅討亂臣賊子的功能引申，而擴大解釋，大肆闡述自己的主觀意見。這雖使經義範圍擴大，然求之過深的結果，卻也與原始的經義漸行漸遠了。因此，清儒俞汝言說：

> 傳經之失，不在淺而在於深，《春秋》為甚。〔註78〕

就經典文字而擴大解釋，以此而闡述自身的主觀意見，就是鉤深，亦即俞氏所言「傳經之失」。俞氏所論，則切中宋人說經過深之要害。

總之，《春秋》宋學者雖體認到專主一傳說經之不足，乃採取會通三傳的方法取代，這是不得不採取的必要方式。然過分強調三傳不足以解經，乃至於逕行捨棄三傳既有的成說作為基礎，而以己意直解《春秋》，雖或有所得，然衍生出其他弊端，卻是這些學者所始料未及的。亦即以理學概念的同理之心來解釋《春秋》，例如趙鵬飛在其《春秋經筌·自序》言道：

> 善學《春秋》者，當先平吾心，以經明經，而無惑乎異端，則褒貶

〔註76〕《春秋胡氏傳》，卷4，頁3。
〔註77〕《左傳注疏》，卷5，頁4。
〔註78〕《四庫全書總目》，卷29，頁9。

> 自見。……謂《春秋》無傳之前,其旨安在?當默與心會矣。三傳
> 固無足據,然公吾心而評之,亦時有得聖意者。〔註79〕

而胡安國也說:

> 《春秋》,魯史爾,仲尼就加筆削,乃史外傳心之要典。〔註80〕

又說:

> 世有先後,人心之所同然,一爾。苟得其所同然者,雖越宇宙,若
> 見聖人親炙之也,而《春秋》之權度在我矣。〔註81〕

趙氏一再強調「平吾心」、「公吾心」以通經,而認為運用此法,即使在無三傳可據的情形下,也可獲得《春秋》褒貶之旨。胡氏則以為人心並沒有時空的限制,而《春秋》乃孔子筆削,用以史外傳心的要典,只要用「人心之所同然」,即是以吾心等同於孔子之心,則可明瞭《春秋》之義了。

宋儒強調用「公心」「平心」、「人心之所同然」,即是以己意來說解經典。雖然以這種方法來通乎孔子寓作《春秋》之用心,時而或有所得,然而鉤深、穿鑿之弊終究無法避免。

二、科舉制度的危害

自漢武帝罷黜百家,獨尊儒術,且聽從公孫弘的建議,詔令凡通一藝以上者,皆可補為吏後,經學即與政治息息相關,而官方的提倡與否,更是左右經學興衰的關鍵。

唐朝纂修《五經正義》完成後,將其訂為明經取士的惟一標準,又使兩者之間的關係更為緊密。然而,「水能載舟,亦能覆舟」,這種看似推行儒學的作法,雖在一時之間收到成效,但時日一久,卻也導致積弊叢生,竟使經學走向衰微之路。

唐代科舉導致經學衰微,其原因大致有兩個方面,首先是試法。大抵而言,唐代科考的科目雖多,然要以明經、進士為主。明經取士,乃以《五經正義》為標準範本,其主要則是以「帖經」為先,《通典·選舉志》曾述及「帖經」之法,說:

> 帖經者,以所習經掩其兩端,中間唯開一行,裁紙為帖,凡帖三字,

〔註79〕《經義考》,卷191,頁2。
〔註80〕〈春秋胡氏傳序〉,頁1。
〔註81〕〈春秋胡氏傳序〉,頁2。

隨時增損，可否不一，或得四，或得五，或得六爲通。〔註82〕

據《通典》的記載可知，所謂的「帖經」之法，乃是先掩蓋住應試者所習經書的兩端，然後空出一行經文，且在該行經文中以紙覆蓋住其中的幾個字，一般爲三個字，但可隨考官之意增減。最後，令考生寫出被遮蓋的經書文字。因此，這種考試方法，相當近似於現代考試的填充題，主要是以測驗應試者的記誦能力。然而，即使是測驗記誦能力，考生亦可在「所習經書」尋出避難趨易之道。

而所謂「避難趨易」之道，乃是唐代明經取士將儒家經典區分爲大、中、小三經，而試法的的規定，則必兼通兩經以上，方得稱爲「明經」；而兩經的搭配，可以一大一小互搭，也可以兩中經相配，一切由考生自行選擇。因此，卷帙浩繁的大經，多爲考生所不取。以《左傳正義》爲例，雖然被官方選定爲《春秋》的正義，照道理來說，其傳習的狀況應是十分昌盛，其實卻不然。唐代中葉以後，其所習者「十無二三」，與殆將絕廢的《公羊》、《穀梁》相較，其狀況也未必樂觀。因此，考試方法的規定，造就了考生的投機心理，也從而導致特定經典的衰微，這是當初訂定科考內容時所始料未及的。

其次在經義上，由於《五經正義》雜出眾手，又混同南北朝經學，因此經說彼此互異的情形頗多。而唐代明經取士於「帖經」之後，又有「口義」之法。其方法原本是由考官面試考生經書大義，後來改爲以書面形式進行考覈的「墨義」。然而，不論是「口義」或「墨義」，應考者都必須依據《五經正義》所規範的經義，一字不改地回答問題，且不許應試者稍有更異。如此，則即使是試經義的口試，亦無法測驗出應試者研習經書的程度。由於考試有難易高下之別，因此唐代科考有「三十老明經，五十少進士」之謂，更導致世人對明經出身者的印象普遍不佳，而唐文宗更以「何異鸚鵡能言」視之〔註83〕，就不難明瞭這種狀況了。

宋初的經學發展與唐朝頗爲類似，同樣以官方的力量規範經義的闡述，因此學者大抵「守故訓而不鑿」。然而，由於受到晚唐以來懷疑風潮的影響，疑經、疑傳的風氣日熾，自仁宗慶曆以後，民間學者對於經說的創造，已非官方所能控制，再加以王安石於宋神宗熙寧年間所推行的《三經新義》，其本

〔註82〕【唐】杜佑：《通典》（北京：中華書局，1992 年），頁 356。

〔註83〕《冊府元龜》：「文宗開成四年閏正月，上謂宰相曰：『明經會經義否？』宰相曰：『明經只念注疏，不會經義。』上曰：『只念注疏，何異鸚鵡能言？』」見【宋】王欽若、楊億等：《冊府元龜》（臺北：清華書局，1967 年），〈帝王部・智識〉，卷 46，頁 528。

身就是這股風潮下的產物。因此，宋代無論在官方或民間，皆視漢、唐之學若土梗矣。

元至明初，其學風承襲宋人，科考則以程、朱之學為宗，而兼用漢、唐古註疏。如此漢、宋並用的作法，猶或有一些弊病而為顧炎武所批評，他說：

> 國初三場之制雖有先後而無重輕。乃士子之精力多專注於一經，畧於考古。主司閱卷，復護初場所中之卷，而不深求其二三場。夫昔所謂三場，非下帷十年，讀書千卷，不能有此三場也。〔註84〕

據顧氏所言，則明初場屋之制，其弊在於士子祇通一經，而略於考古，這種狀況已為日後的學術，種下了積弊難返的開端。而明代經學轉衰之關鍵，前人多以為《四書、五經大全》所造成的，如顧炎武激烈地批評說：

> 當日儒臣奉旨修《四書、五經大全》……將謂此書既成，可以章一代教學之功，啟百世儒林之緒，而僅取已成之書，抄謄一過，上欺朝廷，下誑士子。唐、宋之時，有是事乎？豈非骨鯁之臣已空於建文之代，而別義初行一時人士盡棄宋之以來所傳之實學。上下相蒙以饗祿利，而莫之聞也？嗚呼！經學之衰實自此始！〔註85〕

而劉師培也說：

> 夫明人經學之弊，在于輯《五經》、《四書大全》頒為功令，所奉者宋儒一家之學，故古誼淪亡。〔註86〕

劉、顧二人所述，以《大全》之弊，乃在於其所據者，僅宋儒一家之言，而棄置古註疏之實學不用，其結果則如顧炎武所言「今之學者並註疏而不觀」，而務在速成，他說：

> 今則務於捷得，不過於《四書》一經之中，擬題一二百道，竊取他人之文記之。入場之日，抄謄一過，更可僥倖中式。而本經之全文，有不讀者矣。卒天下而為欲速成之童子。學問由此而衰，心術由此而壞。〔註87〕

類似的說法，馬宗霍《中國經學史》亦有提及：

> 明自永樂後，以《大全》取士，四方秀艾，困于帖括，以講章為經

〔註84〕〈三場〉，《原抄本日知錄》，卷19，頁475。

〔註85〕〈四書五經大全〉，《原抄本日知錄》，卷20，頁525～526。

〔註86〕劉師培：《國學發微》（臺北：華世出版社，1975年《劉申叔先生遺書》第1冊），頁49。

〔註87〕〈三場〉，《原抄本日知錄》，卷19，頁475。

學，以類書爲策府。其上者復高談性命，蹈於空疏，儒林之名，遂
爲空疏藏拙之地。〔註88〕

顧、馬二氏均明白指出，明代自中葉以後，學問、道德反不及立國之初，其
根本原因乃在於自《大全》頒布，且以之取士後，考生爲求便捷，只需記誦
一二百道「講章」文，再輔以「類書」的資料，便可僥倖中式。因此，天下
士子均不務實學，至有不讀本經之全文者，而學術就此淪爲空疏貧乏之學了。

就《春秋》學而言，《五經大全》對其產生的不良影響，大致可從兩個方
面來談；一、不用三傳的漢唐古註疏，二、尊胡太過而獨用其《傳》。雖然，
兩者是因果的關係，但是其影響卻可分開討論。

首先就不用三傳及古注疏而言，雖然王應麟在敘述宋初的經學概況曾言
道：「至《三經義》行，視漢儒之學若土埂。」明白表示宋儒極爲輕視漢人的
傳注，而對其注解的意見，也儘量採取不信任的態度。但是，這不代表宋人
完全否定漢唐的傳說與注疏，反而在他們的基礎上，懷疑求眞，猶能自得其
理，因此皮錫瑞說：

> 宋劉敞、王安石諸儒，其先皆嘗潛心注疏，故能辨其得失。朱子論
> 疏，稱《周禮》而下《易》、《書》，非于諸疏功力甚深，何能斷得如
> 此確鑿。宋儒學有根柢，故雖撥棄古義，猶能自成一家。〔註89〕

皮氏指出宋儒之所以能自成一家之言，其原因在於宋人尚能潛心注疏。由於
在注疏之間有所用心，方能以有本之學，辨正漢唐諸儒的缺失。

明人則不然，自《大全》頒布後，士子因利祿所趨，治學以簡便爲要，
速成爲功，因此顧炎武批評道：

> 自八股行而古學廢，《大全》出而經說亡。〔註90〕

又說：

> 今之經義論策，其名雖正而最便於空疏不學之人。……此法一變，
> 則人才日至於消耗，中國日至於衰弱，而五帝三王以來之天下將不
> 知其所終矣！〔註91〕

類似的敘述，在顧氏的《日知錄》中不時出現，可見因《大全》而設計的經

〔註88〕馬宗霍：《中國經學史》（臺北：臺灣商務印書館，1992 年），頁 134。
〔註89〕《經學歷史》，頁 205。
〔註90〕〈書傳會選〉，《原抄本日知錄》，卷 20，頁 526。
〔註91〕〈經義論策〉，《原抄本日知錄》，卷 19，頁 473。

義策論，造就出空疏貧乏的學風，乃至於國家淪亡。一再地指陳，可見顧氏是如何地深痛惡絕了。

因此，毫無傳注作爲解經依據的明代《春秋》研究，即使其解經立場並非一味擁胡、宗胡，然而其於《春秋》的解釋，僅能在宋人解經的基礎上，再往更深的義理探求，於《春秋》的眞義卻漸行漸遠，而不自知了。

其次，從整個明代的《春秋》學史來看，胡《傳》的影響力之大，非三傳及張洽《春秋集注》所可比擬；尤其是自《春秋大全》用爲科考之後，由官方帶動民間擁胡，遂使胡《傳》獨自掌控《春秋》詮釋的主導地位。然而，胡《傳》畢竟是宋人的經解著作，因此在解經上有著宋人不可避免的缺點，皮錫瑞述其缺點時說道：

> 平心而論，胡氏《春秋》大義本孟子，一字褒貶本《公》、《穀》，皆不得謂其非。而求之過深，務出《公》、《穀》兩家之外；鍛鍊太刻，多存托諷時事之心，其書奏御經筵，原可藉以納約。但尊王攘夷，雖《春秋》大義；而王非唯諾趨伏之可尊，夷非一身兩臂之可攘。胡《傳》首戒權臣，習藝祖懲艾黃袍之非，啓高宗猜疑諸將之意。〔註92〕

說《春秋》大義本乎孟子，這是啖助以來說《春秋》者之共識，而取《公羊》、《穀梁》的一字褒貶，於字句之間深求鍛鍊，務出兩家之外，則爲宋人說解《春秋》的通病，這並非胡《傳》所獨有。其最大的問題，乃在以胡《傳》運用「以史鑑今」的詮釋方法，配合南宋的立國背景，而衍生出「戒權臣」、「倡復讎」之說，例如成公六年《春秋》：「取鄟。」胡氏說道：

> 鄟，微國也。書取者，滅之也；滅而書取，爲君隱也。項亦國也，其書滅者，以僖公在會，季孫所爲，故直書其事而不隱。此《春秋》尊君抑臣，以辨上下，謹於微之意也。……故仲尼特立此義以示後世臣子，使以道事君而無明附權臣之惡。於《傳》有之：「犯上干主，其罪可救，乖忤貴臣，禍在不測。」故臣子多不憚人主，而畏權臣，如漢谷永之徒，直攻成帝，不以爲嫌，……惟殺生在下而人主失其柄也。是以黨羽眾多，知有權臣而不知有君父矣。使《春秋》之義得行，尊君抑臣，以辨上下，每謹於微，豈有此患乎？〔註93〕

〔註92〕《經學歷史》，頁179。
〔註93〕《春秋胡氏傳》，卷19，頁8。

郱、項，皆爲魯所滅之國，而一書取，一書滅，胡氏以爲此乃孔子爲標立尊君抑臣，以辨上下之義，因此所書不同。而胡氏又牽合史事，說明權臣專國之患，而《春秋》所書告誡人主當謹愼於細微之處，抑權臣以尊君，方能免於此患。

胡氏既以《春秋》之義，乃在尊君抑臣，辨別上下。而如何尊君抑臣，他又有更進一步地闡述，如莊公二年《經》：「公子慶父帥師伐於餘丘。」胡氏說：

> 按：二《傳》於餘丘，邾邑也。國而曰伐，此邑（餘丘）爾，其曰伐，何也？誌慶父之得兵權也。莊公幼年即位，首以慶父主兵，卒致子般之禍。於餘丘，法不當書，聖人特書以誌亂之所由，爲後戒也。魯在春秋中見弒者三君，其賊未有不得魯國之兵權者。公子翬再爲主將，專會諸侯，不出隱公之命。仲遂擅兵兩世。入杞伐邾，會師救鄭，三軍服其威令之日久矣。……《春秋》所書，以戒遠矣。〔註94〕

胡氏以爲《春秋》之所以記載「公子慶父帥師伐於餘丘」，乃是記誌亂源之所生，更是暗示兵權掌握在大夫之手，則「禮樂征伐自大夫出」的時代來臨。而《春秋》三次記載魯君被弒，其弒君之賊皆手握魯國的兵權。因此，《春秋》所書，可爲後世借鏡，而人君宜以古鑑今，兵權不假於他人之手，如此方能收到抑制權臣的效果。

胡《傳》如此的詮釋，自然有其背景以相互配合。由於兩宋皆是軍人擁載而得以立國，因此對於武人尤爲忌憚。而這樣的背景提供了胡安國說解《春秋》的詮釋基礎；而胡《傳》的詮釋理論，使得人君（高宗）明於御將之道，所以皮錫瑞說：「習藝祖懲艾黃袍之非，啓高宗猜疑諸將之意。」實不爲過。

此外，胡氏又運用北宋爲金人所滅，而高宗在江南延續國祚的背景，在《傳》中倡議「復讎」之論，例如隱公十一年《經》：「冬，十有一月，壬辰，公薨。」胡《傳》說：

> 蓋國史，一官之守；《春秋》，萬世之法，其用固不同矣。不書弒，示臣子於君父有隱避其惡之禮；不書地，示臣子於君父有不沒其實之忠；不書葬，示臣子於君父有討賊復讎之義。〔註95〕

於莊公四年《經》：「冬，公及齊人狩於禚。」他又說：

〔註94〕《春秋胡氏傳》，卷7，頁2。
〔註95〕《春秋胡氏傳》，卷3，頁5。

……何以卑公？不復讎而怨不釋，刺釋怨也。父母之讎，不共戴天，

兄弟之讎，不與同國；九族之讎，不同鄉黨；朋友之讎，不同市朝。……

忘親釋怨，非人子矣。〔註96〕

胡氏這番「復讎」之論，乃取自《公羊》、《穀梁》兩傳，本非其自行創發之言論。然而他一再在《傳》中強調，更以此當作爲人臣、爲人子，乃至於爲人之道，則又是兩傳言論之衍生。究其原因，實乃時勢有以致之，而正當其書著成之際，由於有時空背景作配合，因此其理論架構看似毫無缺點，而爲皇帝所推重，學者所追隨。但是當此一基礎消失，而純以學術角度去看待胡《傳》，則此看似毫無缺點的理論架構，又顯得漏洞百出，引人非議。如元人吳萊說：

吾固知胡氏之傳《春秋》本程氏學也，……主于王業偏安，父讎未

報，則猶或未免乎矯枉而過正也。〔註97〕

清儒尤侗則說：

胡《傳》專以復讎爲義，割經義以從己說，此宋之《春秋》，非魯之

《春秋》也。〔註98〕

而顧棟高也道：

知胡氏之《春秋》多有未合聖心處，……其餘多以復讎立論，是文定

之《春秋》，而非夫子之《春秋》，即非人心同然之《春秋》。〔註99〕

配合時空背景而衍生的「復讎」之論，充分表現出理論的「現實性」，令沒有相同立場，而單純地以經書原典的角度去看待的學者視之，則不免有矯枉過正之嫌。甚至有「宋之《春秋》」、「文定之《春秋》」的訾議。

因此，胡《傳》這種「志在匡時，多借經以申其說」的詮釋方式，頗不利於《春秋》學的發展，《四庫全書總目》即說：

……遂獨用安國書，漸乃棄經不讀，惟以安國之《傳》爲主。當時

所謂經義者，實安國之《傳》義而已，故有明一代，《春秋》之學爲

最弊。〔註100〕

由於胡《傳》的理論架構有諸多問題，而明代卻獨用胡《傳》，使學者盡棄其

〔註96〕 《春秋胡氏傳》，卷7，頁5。

〔註97〕 【元】吳萊：〈春秋胡氏傳附辨雜說序〉，引自《經義考》，卷196，頁1。

〔註98〕 《經義考》，卷185，頁5。

〔註99〕 【清】顧棟高：《春秋大事表·春秋大事表總敘》（臺北：藝文印書館，1986
年《續經解春秋類彙編》第1冊），卷前，頁1。

〔註100〕 〈春秋傳提要〉，《四庫全書總目》，卷27，頁12。

他傳註，洵乃至於棄經不讀，因此四庫館臣認爲明代《春秋》學的弊端最甚，而歸結其原因，實乃科舉制度所扭曲而產生的，並非全部是胡《傳》的過失。

總之，歷朝歷代將政治與經學結合在一起，而使用具體化的方法——科舉制度藉以提倡經學，這本是立意良善，且無可厚非之事。然而利慾薰心下的人性，將科舉制度的漏洞一一暴露出來，而官方也未能洞察、修正政策，使原本提倡經學的美意，反扭曲而成爲導致學術不振、人心日下的惡法，這是主其事者所始料未及的，也是往後的《春秋》學者所要面對的狀況。

三、義例解經的闕失

以例解經，是研究《春秋》極爲特殊、普遍的解經方式。它的理論基礎是來自於孔子修作《春秋》時，以隱晦性的字句增損，表達其「刺譏褒諱挹損」之意，從而表達其政治理想。後世的學者將這些文字奉爲圭臬，而予以歸納分析，以期望能獲得所謂的《春秋》大義，而這些歸納出來的字例，通稱爲「義例」。

從理論上而言，在孔子口授《春秋》於群弟子時，義例即應產生，然文獻不足以徵之。而從實際面而論，義例最遲不得晚於三《傳》著於竹帛之後，何休在〈公羊傳解詁序〉說：

> 往者略依胡母生條例，多得其正，故遂隱括，使就繩墨焉。〔註101〕

而徐彥《疏》亦引戴宏之言，曰：

> 子夏傳公羊高，高傳其子平，平傳與其子地，地傳其子敢，敢傳與
> 其子壽。至漢景帝時，壽乃與齊人胡母子都著於竹帛。〔註102〕

根據這兩個資料，可知在西漢景帝之時，胡母生（子都）與董仲舒同爲《公羊》博士，而何休以前諸儒多以其條例說經，則《公羊傳》在著於竹帛之前，可能就有以「例」說經的情形了。而在漢代不被認爲解經之用的《左傳》，雖遲至劉歆之時才始備章句義理，但仍有言《左氏》者已用條例說解，如鄭眾《春秋左氏傳條例》、賈徽《左氏條例》等，以不被認可爲《春秋》的傳說，而具備「義例」的解經模式，則可以推知在漢代「以例說《春秋》」的普遍情形了。

雖然，《公羊》、《穀梁》兩傳都有各自獨立的「義例」系統，且「義例」的創發，可能始自《公羊》。但是，杜預以後起之姿，在前人的基礎上，將義

〔註101〕〈公羊解詁序〉，《公羊注疏》，卷前，頁4。
〔註102〕〈公羊解詁序〉，《公羊注疏》，卷前，頁2。

例之說擴充至於完備，他說：

> 其發凡以言例，皆經國之常制，周公之垂法，史書之舊章，仲尼從
> 而脩之，以成一經之通體。其微顯闡幽，裁成義類者，皆據舊例而
> 發義，指行事以正褒貶。諸稱「書」、「不書」、「先書」、「故書」、「不
> 稱」、「書曰」之類，皆所以起新舊，發大義，謂之變例。然亦有史
> 所不書，即以為義者，此蓋《春秋》新意，故《傳》不言「凡」，曲
> 而暢之也。其《經》無義例，因行事而言，則《傳》直言其歸趣而
> 已，非例也。〔註103〕

除了經傳的訓詁解釋外，杜預將《春秋》經文錯綜成三個部份：周公垂訓的
凡例、孔子所脩的變例，以及史官直書的非例。而根據凡例、變例、非例所
屬的義類，分別解釋。如此，在義理有各自所屬的情況下，經義自是暢然若
揭，清楚明白了。因此，杜預憑藉這一套解經體系的闡述，不惟獨霸《左傳》
學史的地位，且令《公羊》、《穀梁》失色，而久受壓抑。

杜預的《春秋釋例》影響甚大，義例之說在其推波助瀾之下，即使是強
調「棄傳從經」的《春秋》宋學者，於捨棄傳注之餘，尚得暗取三傳義例以
釋經，甚至居於宋學末端的清儒姚際恆，更因而誤以為是《左氏》發明義例：

> 自古說《春秋》者，莫害於《釋例》，以《左氏》之例而釋之也。其
> 言曰：「《傳》之義例，總歸諸凡，皆顯其異同，從而釋之。」是例
> 者，實創於《左》而發明義例之說。〔註104〕

根據之前的敘述，《左氏》有以例說經的情形，已落於《公羊》之後，則姚氏
以「例」實創《左氏》的說法，非是正論。最有可能的是，杜預的《春秋釋
例》影響深遠，貽誤後人頗多，因此將之歸罪於《左氏》了。

前人透過義例解釋《春秋》，雖於經義上或有所得，然而其衍生之弊端亦
復有之，茲敘述如下：

（一）義例未能盡括其事

《春秋》乃是一部「其事則齊桓、晉文，其文則史」的經典，因此它是
以記載史事為主的。然而，世事千變萬化，《春秋》上下所記凡二百四十二年，
而企圖以一例概括許多類似的事件，縱使有聰睿的見識，也難以為濟；必是

〔註103〕《左傳注疏》，卷1，頁12～15。
〔註104〕【清】姚際恆：《春秋通論‧春秋論旨》（臺北：中央研究院中國文哲研究所，
　　　　1994年《姚際恆著作集》第4冊），卷前，頁1。

此合而彼違，彼同而此異，以致漏洞百出。試以僖公二十五年《經》：「衛侯
燬滅邢」爲例，《左傳》於此，曰：「同姓也，故名。」〔註105〕《公羊》云：「衛
侯燬何以名？絕。曷爲絕之？滅同姓也。」〔註106〕《穀梁》則說：「燬之名何
也？不正其伐本而滅同姓也。」〔註107〕三傳所釋皆同，均以「滅同姓，故名」
之例說之，看似毫無疑義。然則，試著尋繹相同的事件作爲對照，如莊公四
年《經》：「紀侯大去其國。」此條經文乃記載紀國被滅，而紀國被滅，乃同
爲姜姓的齊國所爲，而當時齊國的國君是襄公，名爲「諸兒」，若按照義例的
說法，執例以書，則當書作：「齊侯諸兒滅紀。」而非「紀侯大去其國。」再
如僖公二年：「虞師、晉師滅下陽。」案：下陽，虢國之地。虢與虞、晉兩國
同爲姬姓，而虞、晉滅之。若執例以書，則不當書「虞師」、「晉師」，而當書
曰「虞公某」、「晉侯某」之爵名。因此，明明可一例盡括之事，卻用三種不
同的書法記載。由此可證，例未能蓋括其事。因此，姚際恆說：

> 使聖人執一例以修《春秋》，何殊印板死格，尺寸不移，此冬烘之學
> 規，胥吏之計簿，而烏足爲聖人之書，可傳於天下萬世哉！且史者
> 尤不可執一例以爲之也。史以記事，事有萬變，例豈能齊！此合而
> 彼違，此同則彼異，必致疏漏多端，是自取敗闕也。〔註108〕

由於事情層出不窮，以致所謂的凡例無法應變，方有變例來補救。如此，即
承認有「例外」的事實。既有例外之事，即說明了義例之說有自相矛盾之嫌，
又怎可用之以說經？

（二）衍生疊床架屋的解經方法

　　說《春秋》者，往往在研究時預設一個前題，即孔子將其大義寓之於《春
秋》之內。因此，各家傳注便通經尋繹孔子筆削的痕跡，以期挖掘人所未見
的經義。在這種情形下，卻往往有求之過深之嫌，而未能盡符經旨。啖助即
曾在討論《公羊》、《穀梁》的優劣時，說道：

> 《穀梁》意深，《公羊》辭辨，隨文解釋，往往鉤深。但以守文堅滯，
> 泥難不通，比附日月，曲生條例，義有不合，亦復強通，蹐駁不倫，

〔註105〕《左傳注疏》，卷16，頁2。
〔註106〕《公羊注疏》，卷12，頁4。
〔註107〕《春秋穀梁傳注疏》，卷9，頁7。
〔註108〕《春秋通論》，頁1～2。

或至矛盾，不近聖人夷曠之體也。〔註109〕

啖助認爲《公》、《穀》兩傳的優點在隨文解釋，而深於經義；其缺點在於「泥難不通」，甚至經文所書的日月，都可衍生出條例。在此字字珠璣的情況下，於是說經者往往衍生出「常事不書」之說，而既然《春秋》不書常事，則所書一定是非常之事，而非常之事在說經者的眼中，就是孔子刺譏褒諱抑損之所在。如此，則又引申出「一字褒貶」之說。

由於說經者見到《春秋》所記，多爲禮崩樂壞、人倫喪失的列國君臣間事，因此在褒貶之間，尤爲側重於貶；則《春秋》所書必定非常，而非常之事必定要以「非禮」、「非法」譏之、罪之。對於如此的解經方式，後人皆有所批評，試以孫復《春秋尊王發微》爲例，王得臣評之曰：

> 泰山孫明復治《春秋》，著《尊王發微》，大得聖人之微旨，學者多
> 宗之。以爲凡經所書，皆變古亂常則書之，故曰：「《春秋》無褒。」
> 蓋與穀梁子所謂「常事不書」之義同。〔註110〕

又晁公武引常秩之言道：

> 常秩譏之曰：「明復爲《春秋》，猶商鞅之法；棄灰於道者有刑，步
> 過六尺者有誅。」謂其失於刻也，胡安國亦以秩言爲然。〔註111〕

在側重於貶的情況下，致使《春秋》成爲法家，成爲「有貶無褒」的至刻之書。如此說經，實乃緣於義例之說所曲生出來的弊端所致，而爲研究《春秋》者所不忍見的。

自兩漢以降，以例說經已成爲解釋《春秋》的固定模式。這種藉由歸納分析而得出的結果，使解經更有效率，且有一套依循的準則，而爲說《春秋》者所樂於採用。然而，這套看似圓滿的解經體系存在著諸多問題，亦爲後人所詬病，例如朱熹說：

> 《春秋》傳例多不可信，聖人記事，安有許多義例？如書伐國，惡諸
> 侯之擅興；書山崩、地震、螽、蝗之類，知災異有所自致也。〔註112〕

據此可知，朱子將《春秋》視爲「據事直書」的史書，即使孔子有從事於其間，也僅是直書而見善惡而已；如書伐國，即見諸侯擅興之惡。更何況面對

〔註109〕《春秋集傳纂例·三傳得失議》，卷1，頁5。
〔註110〕《經義考》，卷179，頁3。
〔註111〕《經義考》，卷179，頁3。
〔註112〕【宋】黎靖德編、王星賢點校：《朱子語類》（北京：中華書局，1994年），
卷83，頁2145。

山崩、地震、蟲害等自然現象，夫子更是直書以記災異，安有許多義例可褒可貶？

中唐以降，疑傳疑經的風氣日漸興盛，學者多能就義例之說的漏洞，加以辯駁。然而，在承認《春秋》有經孔子筆削的前題下，也無法將其全數擺落。所爲者，僅是將不合經旨的謬例拋卻，而符合者則予留用，例如啖助學派在批評《公羊》、《穀梁》兩傳「曲生條例」，以致矛盾之餘，卻也取其認爲可取之例以說經：

1、凡三《傳》釋經之例，或移於事首發之，或趙氏纂之入總傳。其當否，各於《纂例》本條中，論之備矣。

2、三《傳》堪存之例，或移於事首，或移於事同，各隨其宜也。

可知啖助等人對於義例的處理態度，乃是先論其適當與否，以決定其存廢，最後僅留堪存之例，且用之以說經。這種掃除前人謬例，留用堪存之例的方法，爲後人所採用，因此《四庫全書總目》說：

> ……啖助、趙匡以逮北宋，則《公羊》、《穀梁》勝。孫復、劉敞之流，名爲「棄傳從經」；所棄者，特《左氏》事跡，《公羊》、《穀梁》日月例耳。其推闡譏貶，少可多否，實際本《公羊》、《穀梁》法。〔註113〕

《春秋》宋學所棄者，又特「《公羊》、《穀梁》日月例耳」，那日月而外之例呢？試觀啖助以後，以論《春秋》義例爲主旨的著作反比兩漢魏晉爲多，因此四庫館臣的說法，頗值玩味。至如清儒姚際恆主張《春秋》無例，而爲之撰作《春秋無例詳考》，內容辯之甚詳。但姚氏在破除義例之說後，又建構一套「取義」、「書法」的解經體系，企圖用以替代前人的義例之說，則又被譏以「是不過別標新名，以自求立異而已」。〔註114〕皆說明了義例說之無法盡除，而此乃宗經尊聖的必然結果！

四、杜預解經釋傳的缺失

在《左傳》的詮釋史上，杜預扮演著極爲重要的腳色。史書所稱，他在平吳之後，隨即耽思經籍，致力於《左傳》的研究，而創發良多，在其〈春

〔註113〕《四庫全書總目》，卷26，頁1。

〔註114〕張壽林：〈春秋通論提要〉，收入《續修四庫全書總目・經部》（北京：中華書局，1993年），下冊，頁705下。

秋經傳集解序〉即自言道：

> 分經之年與傳之年相附，比其義類，各隨類解之，名曰《經傳集解》。
> 又則集諸例、譜第、曆數，相與為部，凡四十部，十五卷，皆顯其
> 異同，從而釋之，名曰《釋例》。〔註115〕

據此，可知杜預於《左傳》的著述，主要有《集解》與《釋例》二書，而皆
於《左傳》學史上有其重大的意義：

> 其一、在此之前，《左傳》經、傳各自獨立，而杜預「分經之年與傳之年
> 　　　相附」，將經傳合而為一，這是《左傳》書籍形式的落實，同時再
> 　　　次宣示《左傳》為解釋《春秋》之作。
>
> 其二、以集解形式，針對兩漢儒者經說之長短得失，斟酌採納，因此所
> 　　　釋較之前的諸家說法為長。其後，更因此為《正義》所取用，而
> 　　　成為《左傳》經說之代表。
>
> 其三、排除先儒膚引《公羊》、《穀梁》之作法，使《左傳》成為真正的
> 　　　專門之學。甚至，使《春秋》之學成為《左傳》之學。
>
> 其四、透過其所謂的「三體五情」之說，創發義例，深化義理，建構一
> 　　　套相當完整的《左傳》解經模式。
>
> 其五、別集《集解》中的義例、譜第、曆數、地名、人名等，根據彼此
> 　　　異同分類，從而釋之，此又為《左傳》專門性研究之濫觴。

杜預無論從形式上或是內容上，均改變《左傳》既有的詮釋內容，而為
《左傳》研究開啓另一全新的局面。因此，杜預《集解》一成，立即風行於
當時。其間，只有服膺賈逵、服虔《左傳》學的學者尚能與之頡頏，著書糾
駁外，餘者如《公羊》、《穀梁》之說，皆殆將絕廢。到了唐代，杜預《集解》
更是自各家經脫穎而出，成為《左傳正義》的經說代表，而被選取的理由，
孔穎達說：

> ……晉世杜元凱又為《左氏集解》，專取丘明之傳，以釋孔氏之經。
> 所謂子應乎母，以膠投漆，雖欲勿合，其可離乎？今校先儒優劣，
> 杜為甲矣。〔註116〕

據孔穎達所述，杜預《集解》被《正義》選取的理由，一則是杜預的《注》
與經、傳緊密結合，已形成不可分割之勢。二則杜預所釋較群儒為優。自此，

〔註115〕《左傳注疏》，卷1，頁21。
〔註116〕《左傳注疏》，卷前，頁2。

再無任何《左傳》經說可撼動他在《左傳》學史上的地位，《四庫全書總目》說：

> 杜預注《左氏》，號爲精密，雖隋劉炫已有所規，元趙汸、明邵寶、傅遜、陸粲，國朝顧炎武、惠棟又遞有所補正，而宏綱巨目，終越諸家。〔註117〕

杜預的注解雖號稱精密，但也並非毫無缺失。雖然在《左傳正義》的標舉之下，將其聲勢推到頂點，但是也因此而將其缺點突顯出來。由於《正義》秉持「疏不破注」的原則，而在《正義》「曲徇注文」的情況下，其忠於《左氏》，而「強經以就傳」的事實，更爲清楚明白了。也因此，在入宋之後，杜預雖搏得「《左氏》忠臣」的美名，但在同時，批評聲浪亦隨之而起，例如陳振孫說：

> 其述作之意，〈序文〉詳之矣。專修邱明之《傳》以釋《經》，後世以爲《左氏》忠臣者也。其弊或棄《經》而信《傳》，於《傳》則忠矣，如《經》何？〔註118〕

而元人黃澤也說：

> 元凱專修邱明之《傳》以釋《經》，此於《春秋》最爲有功。但《左氏》有錯誤處，必須力加辨明，庶不悖違經旨，此所謂愛而知其惡，而杜氏乃一切曲從，此其蔽也。〔註119〕

於《傳》則忠，於《經》則否，皆因篤信《左傳》太過，以致釋經屢有「強經以就傳」的批評。而針對這一點，清儒更有從杜預其人的背景切入，而推論其注解《左傳》的動機，例如焦循說：

> 《春秋》者，所以誅亂賊也，而《左氏》則云：「稱君，君無道；稱臣，臣之罪。」杜預者，且揚其辭而暢衍之，與孟子之說大悖，《春秋》之義遂不明。〔註120〕

又說：

> 吾於《左氏》之說，信其爲六國時人，爲田齊、三晉等飾也。《左氏》爲田齊、三晉等飾，與杜預爲司馬氏飾，前後一轍，而孔子作《春

〔註117〕《四庫全書總目・春秋類三》，卷28，頁41。

〔註118〕【宋】陳振孫：《直齋書錄解題》（京都：中文出版社，1978年），卷3，頁2。

〔註119〕《經義考》，卷173，頁7。

〔註120〕【清】焦循：《春秋左傳補疏》（臺北：藝文印書館，1986年《皇清經解春秋類彙編》第2冊），卷前，頁1。

秋》之義乖矣。〔註121〕

焦循認為《左傳》的作者，有其政治上的考量，多為田齊、三晉粉飾篡殺的劣跡，內容本已甚謬，又被有相同背景的杜預利用，從而注解，凡遇《左傳》敘及亂臣賊子處，均強為飾說，其明顯的解釋意圖，致使《春秋》誅亂臣、討賊子的功能喪失。

沈欽韓的批評雖然沒有焦循激烈，但對杜預亦有所不滿，他說：

> 有杜預者，起紈綺之家，習篡殺之俗，無王肅之才學，而慕其鑿空，
> 乃絕智決防，以肆其猖狂無藉之說。〔註122〕

又說：

> 奈何杜預以罔利之徒，懵不知禮文者，蹶然為之解，儼然形於世，
> 滅天理，為《左氏》之巨蠹。〔註123〕

由「習篡殺之俗」、「罔利之徒」的字眼看來，沈氏也認為杜預注解《左傳》的動機並不單純，可能尚有其政治上的考量，因此所釋皆為猖狂無藉、泯滅天理之說，導致《左氏》義理淹沒無存，實可以「《左氏》之巨蠹」稱之。

自杜預《集解》書成後，言《左傳》者，鮮有能與之抗衡者，因此鄭樵說：

> 《左氏》未經杜氏之前，凡幾家，一經杜氏之後，後人不能措一辭。

〔註124〕

鄭樵「後人不能措一辭」的敘述，雖屬太過，然對照當時情形，亦有幾分事實。而諸儒於杜《注》的批評，也多就其「棄經信傳」而論，而未能對其作通盤性的檢討。然而，從「功臣」到「巨蠹」之間，絕非「棄經信傳」、「強經以就傳」所能解釋而已。入宋以後，學者們雖潛心注疏，然多不株守故訓；當時在《春秋》一經的研治上，大多採會通三《傳》，斷以己意的方法解經。而元、明兩朝亦承襲宋人學風而推衍之，也因此對杜預雖偶有批評，卻不以難杜為事。

明代中晚期後，考據之風逐漸興起，而於《春秋》一經，也不再一味宗胡，甚或有批判胡《傳》的著作出現，如張以寧《春王正月考》、陸粲《春秋胡傳辨疑》、袁仁《春秋胡傳考誤》等。而在批判胡《傳》的同時，有二三學

〔註121〕《春秋左傳補疏》，卷前，頁2。
〔註122〕【清】沈欽韓：《春秋左氏傳補注・序》（上海：上海古籍出版社，1995年《續修四庫全書》第125冊），卷前，頁2。
〔註123〕《春秋左氏傳補注・序》，頁3。
〔註124〕《經義考》，卷173，頁6。

者如陸粲、邵寶、傅遜等，在科舉流弊所及，學者「鮮能復讀《左傳》」的狀況下，重新檢閱《左傳》，甚或是對於杜《注》有所關注。

　　雖然明人對於《左傳》、杜《注》的討論，因研究時日未久，累積的研究材料有限，而未能對於杜《注》作一完整的探究。但是到了清代，隨著研究者眾，材料的豐富，考據方法的進步，使學者們對於杜《注》的討論，已不只囿於「強經以就傳」，而是針對杜預注解《左傳》的訛謬，作一全面、通盤的考訂，顧棟高即曾在其撰作的《春秋大事表・春秋左傳正譌表》中，具體明白地指出杜預注解《左傳》的五項缺失：一、論禮之誤，二、地理之誤，三、時日之誤，四、稱名之誤，五、釋經之誤。而張聰咸也在其〈左傳杜注辯證序〉論及杜《注》之失，其大端有四：

> 竊以爲杜《解》之乖於義者，大端有四：《長歷》，非歷也。抉其謬者，發端於《通鑑外紀目錄》，而鄭漁仲以爲杜氏通星歷，則淺識矣。論喪，短喪也，詳列於顧棟高〈杜注正譌表〉。而是時博士敦暢，猶爲強相證會，則亂禮矣。釋軍制，則車法、徒法不分。釋田賦，則丘賦、甸賦莫辨。〔註125〕

又，洪亮吉也批評杜《注》，說：

> 余少從師受《春秋左氏傳》，即覺杜元凱于訓詁、地理之學殊疏。及長，博覽漢儒說經諸書，而益覺元凱之《注》，其望文生義，不臻古訓者，十居五六。〔註126〕

由三人的觀點可知，清儒針對杜預注解《左傳》的疏失，所牽涉的範圍很廣，舉凡禮制、地理、人名、名物、制度、天文、歷法，乃至於最基礎的文字訓詁等，皆能有所考訂，也因而能破除杜預在《左傳》學上獨霸的局面，從而促成《左傳》研究的演變。

　　大抵而言，在杜《注》盛行的漢學時期，除服虔之說而外，鮮有能匹敵而論者。自中唐啖助學派所開啟的《春秋》宋學，已開始注意杜《注》「棄經信傳」、「強經以就傳」的層面。惟當時不重傳注文字的考訂，而著重於經義的整體發揮，因此大多僅能對於杜預扭曲經義之處著墨。明代中葉以後，部

〔註125〕【清】張聰咸：《左傳杜注辨證・序》（上海：上海古籍出版社，1995 年《續修四庫全書》第 125 冊），卷前，頁 3。

〔註126〕【清】洪亮吉：《春秋左傳詁・序》（上海：上海古籍出版社，1995 年《續修四庫全書》第 124 冊），卷前，頁 1。

份學者在糾駁胡《傳》之餘，也重新拾起《左傳》，而在閱讀《左傳》，更發現一些注解上的謬誤。只不過當時正逢考據初興，而學者們可資參考的材料有限，加之以浸淫《左傳》的時間甚短。因此，他們雖略知杜《注》時而會成為閱讀《左傳》的障礙，進而影響對經義的認識，但還是未能於杜《注》有全面的認識，而這一點則有待清儒去努力完成。

　　由於在方法、材料上的條件較明人為優，因此對於杜預《集解》的疏失，清儒大多能言之，且形諸文字，化為著述，而形成一股規杜的風潮。清儒於杜《注》的考訂，可謂不遺餘力；由於他們的成果，打破了杜預在《左傳》學史上長久獨霸的地位，也使後人在他們的研究基礎上，不致如孔《疏》般地曲徇、跟隨，以致錯解經義了。

第三章 《左傳杜解補正》的寫作動機、撰述過程、體例與考證方法

第一節　《左傳杜解補正》的寫作動機

　　歷代以來，解釋《春秋》經的著作頗多，而每位學者皆有各自的動機與想法，尤其是自中唐以降，在疑經疑傳的風氣影響下，說《春秋》者多致力於破除前人舊說，而自立新說，企圖以自己建構的解經體系替代舊有的經說典範，而取得與三傳，甚至是胡安國《春秋傳》平起平坐的地位。而在如此大破大立的情形下，學者們大多針對前人舊說的矛盾處大肆批評，而述說自己如何建構一新耳目的方法，以替代疏漏甚多的前人舊說。而在此過程當中，他們總是展現無比的自信，因此當談論到著書動機時，其〈自序〉總是長篇大論。顧炎武則不然，其〈左傳杜解補正序〉僅是一段簡單的文字敘述，他說：

> 《北史》言周樂遜著《春秋序義》，通賈、服說，發杜氏違。今杜氏單行，而賈、服之書不傳矣！吳之先達邵氏寶有《左觿》百五十餘條，又陸氏粲有《左傳附注》，傅氏遜本之，為《辨誤》一書。今多取之，參以鄙見，名曰《補正》，凡三卷。若經文大義，《左氏》不能盡得，而《公》、《穀》得之；《公》、《穀》不能盡得，而啖、趙及宋儒得之者，則別記之於書，而此不具也。(《左傳杜解補正》，遂初堂刻本，卷上，頁一)

觀其〈序〉言，字數僅有一百二十三，內容既沒有批判前人的語氣，也沒有企圖建構完整的經說體系，一切只是就著書的動機而論，別無他意。然而，

一部書的著成，其動機或許是很單純，也或許是不簡單，若試著將《左傳杜解補正》的序文拆成幾個部份解讀，其結果或許會不一樣。首先是：

> 《北史》言周樂遜著《春秋序義》，通賈、服說，發杜氏違。今杜氏單行，而賈、服之書不傳矣。

從《春秋》學史，甚至是《左傳》學史的角度而言，自杜預《春秋經傳集解》一書撰成後，不僅使《左傳》成為《春秋》解釋的主流傳說，更逼使在東漢晚期已落居下風的《公羊》、《穀梁》兩傳，至於逐漸衰廢的境地。而在《左傳》學的內部而言，杜預《集解》也將東漢《左傳》學宿儒如賈逵、服虔的經說一一壓制，而取得優勢。雖然在南北朝期間，還有宗於服虔經說的學者與主杜說之學者糾駁、抗衡，然而終究難挽頹勢。

唐人纂修《五經正義》，以「今校群儒優劣，杜為甲矣」之由，將杜預之說列為《春秋正義》的惟一經說。自此，無論官方或民間，均為杜預的《左傳》學所籠罩。不過，任何經說不可能毫無缺點，北朝學者能以服虔之義難杜預之說，即說明了此點，而啖助學派採用會通三《傳》的研究方式以說解《春秋》，其立基點也是利用傳、注所建構的解經體系內部的缺陷，才得以開創新局。但在一切以杜預之說為準的《春秋正義》，秉持著「疏不破注」的原則，即使有劉炫《春秋規過》切中要害地規正杜失，也只有落至「凡炫所規，皆遭排斥，一字一句，無不劉曲而杜直」的下場。〔註1〕

雖然，杜預的經說隨著啖助學派的興起，其關注的焦點從傳、注轉移到經典本身後，杜預的《注》便淪為配角了。然而，這種局勢卻無從挽救那些曾與杜預相互辯難的經說，反而在杜說地位下降的同時，這些規杜的經說也隨之淹沒。因此，自明代中葉以後，學者重拾《左傳》，以杜《注》讀之，便覺未能盡得《左傳》之義，例如傅遜說：

> ……及編《左傳屬事》，以不可無註，雅愛杜《註》古簡，謂註書者，莫是過矣。至舉筆錄之，乃覺有未然。〔註2〕

從傅遜這段話，可知當他在從事《左傳》的著述時，也參考杜《注》的說法，甚至以杜《注》有古簡的優點，而有「註書者，莫是過也」之謂。然而，當

〔註1〕 【清】永瑢、紀昀等：《四庫全書總目・左傳杜解補正提要》（臺北：藝文印書館，1997年），卷29，頁5～6。

〔註2〕 【明】傅遜：〈春秋左傳注解辨誤序〉，《春秋左傳註解辨誤》（臺南：莊嚴出版社，1997年《四庫全書存目叢書》第119冊），卷前，頁1。

他舉筆謄錄杜《注》，而以傳、注對照之餘，便覺有異。

　　當這些學者以杜《注》讀《左傳》，而發現有所不通時，便想求助於其他經說，以解決問題，怎奈這些經說的亡佚情形十分嚴重，即使是尚存者，也多是零碎的片段，可資後世學者參考者有限，更不足以構成一個完整的解經體系。在此情形之下，也就不難瞭解顧炎武之所以嘆道：「賈、服之書不傳矣」了。

　　顧炎武續曰：

> 吳之先達邵氏寶，有《左觿》百五十餘條，又陸氏粲有《左傳附注》，
> 傅氏遜本之，爲《辨誤》一書。今多取之。參以鄙見，名曰《補正》，
> 凡三卷。

邵寶、陸粲、傅遜爲明代中葉以後著名的《春秋》學者，其中，陸粲是頗值得注意的一位。陸氏之於《春秋》的著作主要有二：《春秋胡傳辨疑》與《左傳附注》。從經學史的發展角度而言，一個經說成爲典範之後，即有眾人追隨、祖述，甚至是擁護。然而，隨著時間的推移，在研究日眾，材料益豐的狀況下，學者們多能加以辯駁，因此質疑的言論乃興。當陸粲作《春秋胡傳辨疑》時，學者之於胡《傳》的討論已歷經南宋、元，乃至明代中葉這段長久的時間，因此有祖述胡《傳》的《春秋胡氏傳纂疏》（元人汪克寬撰），也有質疑胡《傳》者如陸粲《春秋胡傳辨疑》、袁仁《春秋胡傳考誤》等。這是長久發展之下的必然結果，而陸粲在質疑胡《傳》之餘，又注解《左傳》，更透露出《春秋》學即將轉變的訊息。

　　再者，從《春秋》學史的發展角度而言，四庫館臣認爲三《傳》的勝負以中唐爲界，說：

> 說經家之有門戶，自《春秋》三傳始，然迄能竝立於世。其間諸儒
> 之論，中唐以前則《左氏》勝；啖助、趙匡以逮北宋，則《公羊》、
> 《穀梁》勝。〔註3〕

不論誰勝誰負，都不能否認一個事實：即《左傳》長久居於三傳的領先地位。試以《宋史・藝文志》所著錄的《春秋》類著述爲例，治《公羊》者有陳德寧《公羊新例》、王日休《春秋公羊辨失》；爲《穀梁》者，則同爲以上兩人所著的《穀梁新例》、《春秋穀梁辨失》；二傳竝撰者，則有楊士勛《春秋公穀考異》。至於《左傳》方面的著述，僅就呂祖謙一人的《左傳》著述，即與《公》、《穀》兩傳的著述等量，卷帙甚或超過之。再以《經義考》所著明人《春秋》

〔註3〕《四庫全書總目》，卷26，頁1。

類爲例，爲兩傳者，僅李舜臣《穀梁三例》而已。至於《左傳》，僅邵、陸、傳三氏即超乎此上。這雖不能解釋《左傳》爲顯學，但是四庫館臣所謂「啖助、趙匡以逮北宋，則《公》、《穀》勝」的情形，其實只是將《左傳》壓低，而使《公》、《穀》兩傳有與之平起平坐的地位而已。

《左傳》之所以能勝《公》、《穀》，乃在於其所敘之史事。即使是不依附經典，也能單獨成書。《公》、《穀》則依經而生，不能獨立而行。因此，當學術主流強調「棄傳從經」時，其傳說也只能淹沒在眾多名爲《春秋》的經解著作之中。而《左傳》因其敘事爲人所重，即使是強調會通三《傳》的學者，也只能採取「事按《左氏》，義採《公》、《穀》」的方法，惟這種方法，又以《左傳》之事爲先，朱熹就曾說：

> 看《春秋》，且須看得一部《左傳》首尾意思通貫，方能略見聖人筆削，與當時事之大意。〔註4〕

又說：

> 《春秋》之書，且據《左氏》。當時天下大亂，聖人且據實而書之，其是非得後世公論，蓋有言外之意。若必於一字一辭之間求褒貶所在，竊恐不然。〔註5〕

朱子強調讀《春秋》不必深求於一字褒貶，只須將《左傳》讀得首尾意思通貫，即能略見聖人筆削《春秋》的言外之意，由此可見其對於《左傳》的重視。

因此，當學者們發現胡《傳》所釋與經旨不合時，發現欲通經義，必先讀傳註，而求助於有史事根據的《左傳》，是極爲合理的結果，不惟邵寶、陸粲、傳遜作如此的想法，尤爲重視考據的顧炎武更是如此。因而在三人的基礎上，參以自己所得之見，爲《左傳杜解補正》三卷。

顧氏最後曰：

> 若經文大義，《左氏》不能盡得，而《公》、《穀》得之；《公》、《穀》
>
> 不能盡得，而啖、趙及宋儒得之者，則別記之於書，而此不具也。

此乃就著書體例而言。大抵言之，經解類的著作必以經文爲主，然後發傳於所釋經文之下，這種解經方法，多爲《春秋》宋學者所採用，例如程頤在解釋桓公五年「秋，蔡人、衛人、陳王伐鄭」，其發傳云：

〔註4〕【宋】黎靖德編、王星賢點校：《朱子語類》（北京：中華書局，1994年），卷83，頁2148。

〔註5〕《朱子語類》，頁2149。

> 王奪鄭伯政，鄭伯不朝，桓王以諸侯伐鄭，鄭伯禦之，戰於繻葛，
>
> 王卒大敗。王師于諸侯不書敗，諸侯不可敵王也；于夷狄不書戰，
>
> 夷狄不能抗王也。此理也，其敵其抗，王道之失也。〔註6〕

此爲程頤解釋在魯桓公五年所發生的繻葛之戰。此次戰役的最終結果，王卒以大敗收場，而《春秋》若秉筆直書其事，則當加書云：「王師敗績。」然而《春秋》卻沒有如此記載。程子以爲《春秋》之所以不書「王敗」，乃基於「王師于諸侯不能言敗」，更導出「諸侯不可敵王，夷狄不能抗王」的尊王觀點。

　　《春秋》宋學者大抵採用如此方式解經，明代中葉以降的學者則以傳文爲主，將所釋的傳文字句列出，而加以申述，如邵寶《左觿》在隱公元年《傳》：「天王使宰咺來歸惠公、仲子之賵。緩，且子氏未薨，豫凶事」下云：

> 謂惠公之妾，仲子也。《左氏》不辨經文，以爲兼賵公與仲子，故在
>
> 公以爲緩，在仲子以爲豫，仲子於是時蓋已卒矣。君子信經，婦人
>
> 稱姓，遠別也。男子稱氏。〔註7〕

解釋對象由「經」轉移至「傳」，而顧炎武之書既以讀通《左傳》爲目的，而不以通經爲最先步驟。因此，其中乃以《左傳》文句爲解釋對象，而辨證杜《解》之缺失於下。至於《公羊》、《穀梁》、啖助、趙匡，以及宋儒之說，雖有合於經旨者，亦全然不取，以免淆亂體例，此則或許是顧氏特意爲之，以表達學尚專門之意。

　　總之，觀其書名《左傳杜解補正》，即知以《左傳》、杜《解》爲論述中心；於杜《解》或補或正，一切均以《左傳》爲按，而以讀通它爲目的，進而以通經典，此即《左傳杜解補正》的著作宗旨。

第二節　《左傳杜解補正》的撰述過程

　　據陳颯颯《《左傳杜解補正》研究》與郭翠麗、吳明松〈《左傳杜解補正》的版本及特色〉的考察，在《左傳杜解補正》現存的諸多版本中，當以顧炎武弟子潘耒遂初堂所刊刻的《亭林遺書》本爲最早。

　　潘耒字次耕，號稼堂，江蘇吳江人。年十八，潘氏負笈北上，謁炎武於

〔註6〕 【宋】程顥、程頤：《河南程氏經說・春秋傳》（北京：中華書局，2004 年《二程集》第 2 冊），頁 1104。

〔註7〕 【明】邵寶：《左觿》（臺南：莊嚴出版社，1997 年《四庫全書存目叢書》第 117 冊），頁 1。

京師，而亭林亦念及其爲故舊（潘檉章）之弟，遂定師弟之誼。

　　據全祖望〈亭林先生神道表〉所述，亭林去世以後，由「其高弟吳江潘耒收其遺書，序而行之」〔註8〕，因此當潘氏刊刻《亭林遺書》十種時，《左傳杜解補正》即爲其中之一，且列於十種遺書之首。

　　《亭林遺書》所收之《左傳杜解補正》初刻於康熙年間，而最大的特色，乃在於其內容經過潘耒之手校刊定，甚而間有潘氏之附注，對於亭林《補正》有疑義之處，提出一些糾駁的論述，如桓公八年《傳》：「楚人尙左，君必左，無與王遇。」顧氏云：

> 君謂隨侯，王謂楚王。兩軍相對，隨之左當楚之右，言楚師左堅右瑕，君當在左以攻楚之右師。李雲霈曰：「桓公五年繻葛之戰：鄭子元請爲左拒，以當蔡人、衛人；爲右拒，以當陳人，是以左當右，右當其左之說也。（卷上，頁五）

亭林此解乃從戰爭的實際狀況而論，蓋春秋初期的戰爭，不論其國軍力的多寡，凡逢戰事，大抵將軍隊分爲中、左、右三軍的陣勢；其中又以中軍爲最強，而右軍次之，左軍最弱。惟楚人與中原華夏諸國文化不同，因其風俗尙左，故左軍兵力強於右軍，此乃顧氏何以謂「君」爲隨侯，而將左師，蓋以此可避楚國鋒銳之左師，而攻其右瑕之師。最後，亭林更佐以李雲霈的論點，以周、鄭繻葛之戰，鄭國佈陣的方法爲例證，而堅信己說尤確。

　　雖然，顧氏論證有理有據，但是身爲顧氏弟子的潘耒卻不以爲然地道：

> 耒按：此說雖巧，然玩《傳》文語勢，君字仍指楚君爲當。（同上）

潘氏所論，乃從《左傳》的文氣語勢切入，認爲「君」乃楚君。因楚人尙左的緣故，由國君親帥左師，以對抗隨國軍力不弱的右師。因此，所謂的「無與王遇」，乃指要隨國機動地變換陣勢，勿與楚國最強的左師相對，以免遭逢敗績。潘氏此論，乃是傳統上的說解方式，亦即承襲杜預的解釋。而這種解釋雖與其師規正杜預之意見有所不合，但亦可看出師弟間術業傳承，互有討論的舉措。

　　潘氏遂初堂刊刻《亭林遺書》本的《左傳杜解補正》既爲現存最早的版本，因此其後的《左傳杜解補正》多從其刊刻而來，甚至《四庫全書》收錄《補正》，亦據此而來。周可眞《顧炎武年譜》附錄所記的《左傳杜解補正》曾述其版本種類如下：

> 有康熙間咸寧張雲翼刻本、亭林先生遺書本、亭林先生遺書匯輯本、

〔註8〕 〈亭林先生神道表〉，《全祖望集彙校集注》，卷12，頁227。

> 四庫全書本、借山月房匯鈔（嘉慶本、景嘉慶本）第一集本、指海
> （道光本、景道光本）第六集本、澤古齋重鈔第一集本、璜川吳氏
> 經學叢書乙集本、皇清經解本（道光本、咸豐補刊本、鴻寶齋石印
> 本、點石齋石印本）本、式古居匯鈔本。〔註9〕

《補正》之版本，其大較如此。另，在郭翠麗、吳明松〈《左傳杜解補正》的版本及特色〉亦提及在日本尚有刊刻於日本紀年明和四年（西元 1767 年）的和刻本，是爲《左傳杜解補正》於海外的另一版本。〔註10〕而由於陳颯颯、郭翠麗、吳明松等人已將《補正》之版本種類、行款及其源流述之甚詳，因此筆者無須多予贅言，僅就上述所言的張雲翼刻本，略述己見。

　　根據周可眞所列載之《左傳杜解補正》諸板本中，在潘耒刊刻的《亭林遺書》本之前有張雲翼刻本。又據郭、吳兩人合撰的〈《左傳杜解補正》的版本及特色〉一文的考證，此本應是《補正》的初刻本，而其刊刻的時間，「似應處顧炎武在世之時」〔註11〕，而推測其刊刻的時間當在康熙六年至康熙十四年之間：

> 據《顧亭林先生年譜》記載，「康熙十四年十月六日，張雲翼過訪先
> 生于祁縣」條下雙行小注：「又南名雲……謙案：先生著《左傳杜解
> 補正》三卷，爲又南捐資所刊，迹其爲人，蓋亦有父風者。」由上
> 可知，《左傳杜解補正》當成書在康熙六年至康熙十四年。〔註12〕

《補正》之刊刻，乃據《顧亭林先生年譜》所記。至於此書開始撰寫於康熙六年，則據亭林〈鈔書自序〉的內容推測而得：

> 今年至都下，從孫思仁先生得《春秋纂例》、《春秋權衡》、《漢易上
> 傳》等書，清苑陳祺公提供薪水紙筆，寫之以歸。〔註13〕

作者以〈鈔書自序〉的另一段話：「念先祖之見背，已二十有七年」，推測「今年」當爲康熙六年。而筆者考之於《補正》的內容，啖助之說凡二引、劉敞之說凡四引，則當於鈔得《纂例》、《權衡》後，方開始從事《補正》的撰寫。因此，郭、吳二氏推測康熙六年爲《補正》始撰之年，殆無疑義。

〔註 9〕　《顧炎武年譜》，頁 555。

〔註10〕　郭翠麗、吳明松：〈《左傳杜解補正》的版本及特色〉，《歷史文獻研究》（總第
　　　　　29 輯），2010 年 9 月，頁 264。

〔註11〕　〈《左傳杜解補正》的版本及特色〉，頁 263。

〔註12〕　〈《左傳杜解補正》的版本及特色〉，頁 263。

〔註13〕　〈鈔書自序〉，《亭林文集》，卷 2，頁 7～8。

　　然則，其寫定刊刻之年，本依據《顧亭林先生年譜》所載，爲康熙十四年，此說看似並無疑義。然朱鶴齡《讀左日鈔・凡例》所說：

> 亭林顧先生，去秋自華陰寄余《左傳注》數十則，析疑正舛，皆前人
> 未發。時此書已刻逾半，不及纂入，間取三《傳》三《禮》注疏閱之，
> 尚多可錄者。因復綴輯，與亭林所貽，彙成三卷，附之簡末。〔註14〕

《讀左日鈔》成於康熙二十年，因此朱鶴齡所謂的「去秋」，當爲康熙十九年，此時距顧氏之卒，不過年餘。如據《顧亭林先生年譜》所說，《左傳杜解補正》已於康熙十四年寫定付梓，然則亭林竟未以業已刊刻完成之《補正》以示朱氏，而僅以區區「數十則」《左傳注》寄之〔註15〕，則《補正》於康熙十九年時似乎尚未付梓耶？又，張雲翼刻本僅見於《顧亭林先生年譜》所述，而不見載於諸書志之中。因此，《左傳杜解補正》在亭林生前（康熙十四年）即已付梓刊刻之說，似乎尚有討論的空間。

第三節　《左傳杜解補正》的體例

　　《左傳杜解補正》共三卷，其內容以辨證杜預注解《左傳》的訛誤爲主。因此，凡遇有杜預注解《左傳》有所錯訛即正之，遇及其未解之處則補之。其體例乃條列杜預注解錯誤或無解的《左傳》文句，而將駁辨的補正附之於後。以下就其所呈現的體製，分別而敘之：

〔註14〕【清】朱鶴齡：《讀左日鈔・凡例》（臺北：臺灣商務印書館，1983年影印《文淵閣四庫全書》第175冊），卷前，頁2。

〔註15〕據筆者統計，《讀左日鈔》引用顧氏之說凡三十五處，而全屬鈔述之體，例如僖公五年《傳》：「太伯不從。」《日鈔》云：「顧炎武曰：「不從者，謂太伯不在太不之側爾。《史記》述此文曰：『太伯、虞仲，太王之子也，太伯亡去，是以不嗣。』以亡去爲不從，其義甚明。杜氏誤以『不從父命』爲解，而後儒遂傅合〈魯頌〉之文，謂太王有翦商之志，太伯不從。此與秦檜之言『莫須有』者何異哉！」再如桓公二年《傳》：「孔父嘉爲司馬。」朱氏云：「顧炎武曰：『杜氏以孔父名而嘉字，非也。孔父字而嘉其名。按：《家語・本姓篇》曰：「宋湣公生弗父何，何生宋文周，同生世子勝，勝生正考父，考父生孔文嘉，其後以孔爲氏。然則仲尼名孔，正以全文之字，而楚成嘉、鄭公子嘉皆字子孔，亦其證也。』……然則孔父亦必其字，而學者之疑，可以渙然釋矣。君之名變也，命卿之書字，常也，重王命，亦所以尊君也。」愚按：杜氏以文爲名，喜爲字，特拘於古例之失。至云孔父有罪而稱名，則於義尤舛，辨詳《集說》。」此兩條見於【清】朱鶴齡：《讀左日鈔補》（臺北：臺灣商務印書館，1983年影印《文淵閣四庫全書》第175冊），卷上，頁12；卷上，頁1～4。

一、正誤

規正杜預之失，乃《左傳杜解補正》的第一要務，所占全書的比例較「補」為高，而有多種不同的方式，呈現其體例：

（一）列杜《注》於前，辨證於後而正之

如隱公元年《傳》（以下簡稱《傳》）：「莊公寤生，驚姜氏。」顧氏《補正》云：

> 《解》：「寐寤而莊公已生。」恐無此事。應劭《風俗通》曰：「兒墮地能開目視者為寤生。」（卷上，頁一）

此為《左傳》記述鄭莊公出生的情形。杜預於此解釋為「寐寤而莊公已生」。亭林認為杜預如此解釋，則莊公出生極其容易，又何以驚嚇其母武姜？他以情理推之，認為必無此事之理。而「寤生」二字的解釋，惟有應劭《風俗通》所說「兒墮地能開目視者」能解。因此，顧氏逕引以正杜《解》之失。

又如僖公二年《傳》：「晉里克、荀息帥師會虞師伐虢。」《補正》云：

> 《解》：「晉猶主兵，不信虞。」按：請先伐虢者，為之導也。晉以師會之，未見晉不信虞之意。《解》可刪。（卷上，頁十一）

觀看此段《傳》文，則知虞師先行，而晉師後至，故往會之。惟此次戰役的首謀為晉國，杜預恐人不知，故云：「晉猶主兵。」解釋並無不當之處。然而，杜預卻執著於《傳》文，謂晉師後至，乃因晉「不信虞」的緣故，而虞國為取得晉國信任，因而先請攻打虢國。事實上，虞國允諾晉國的假道，且自告奮勇地先行討伐虢國，實乃虞公貪賄之故。因此虞師先行，正顧氏所謂「為之導也」，且觀《傳》文上下，並無「晉不信虞之意」。杜預所解實屬多餘，且與《左傳》文義大悖，因此亭林認為此解可刪。

（二）不列杜《注》，直解而正杜失

如僖公十九年《傳》：「得死為幸。」《補正》云：「得死猶云考終。」（卷上，頁十五）案：此事為宋襄公圖霸，藉執滕宣公，用鄶子以立威，宋國司馬子魚誅之，而以「得死為幸」終言。杜預於「得死為幸」注云：「怨其亡國。」〔註16〕以所注衡之，自以顧說為確。又如成公二年《傳》：「敝邑之幸，亦云從也。況其不幸，敢不唯命是聽。」《補正》云：

〔註16〕 【晉】杜預、【唐】孔穎達：《左傳注疏》（臺北：藝文印書館，1993年影印嘉慶二十年江西南昌府學刊本），卷14，頁23。

言即幸而勝，亦從晉命，況於不幸。（卷中，頁十三）

成公二年，齊、晉兩國交戰，齊國戰敗，齊侯於是派遣大夫國佐（賓媚人）致賂求成。晉人列出「以蕭同叔子爲質，而使齊之封內，盡東其畝」爲談和條件。由於條件不合理，齊人不能接受，遂表示「背城借一」的死戰想法〔註17〕，因而說出：「敝邑之幸，亦云從也。況其不幸，敢不唯命是聽。」杜預在這段話語，注云：「言完全之時，尚不敢違晉，今若不幸則從命。」〔註18〕杜《注》語焉不詳，又不符《傳》義，因此顧炎武從齊人不惜一戰的堅決態度切入，而將之解釋清楚明白，較杜說爲合理。

上述兩例，雖不列杜《注》，逕以簡單的解釋，將杜《注》的不合《傳》義之處指正出來，亦屬「正」的範疇，且略得漢儒「訓詁通大義」之旨。

（三）列杜《注》於前，而以「改云」表達規正之意

例如桓公五年《經》：「蔡人、衛人、陳人從王伐鄭。」《補注》云：

> 《解》：「王師敗不書，不以告。」非也。改云：王師敗不書，不可書也，爲尊者諱。（卷上，頁四）

案：此釋周、鄭繻葛之戰，周王室（桓王）以蔡、衛、陳三國軍隊，加以王師共伐鄭國，卻導致失敗。而杜預以王室不告敗，故不書王師敗績。顧氏認爲杜預此說，乃執著於赴告之例，因有此解，而以其所釋爲非，當改云：「王師不書敗，不可書也，爲尊者諱」解之，以表《春秋》之大義。

又如隱公元年《傳》：「未嘗君之羹。」《補正》云：

> 《解》：「食而不啜羹。」非也。改云：《爾雅》：「肉謂之羹。」（卷上，頁一）

杜預見《傳》文：「未嘗君之羹」之語，即以「食而不啜羹」作解，然覈之《左傳》：「潁考叔爲潁谷封人，聞之，有獻於公。公賜之食，食舍肉。公問之，對曰：『小人有母，皆嘗小人之食矣，未嘗君之羹，請以遺之。』」〔註19〕觀《傳》文上下，則肉即羹也，而杜預所釋，蓋以肉、羹爲兩物，因此謂「食而不啜羹」。顧氏認爲此解太謬，故以《爾雅》所釋改之。

再如僖公四年《傳》：「昭王南征而不復，寡人是問。」《補正》說：

> 《解》：「不知其故而問之。」非也。改云：齊侯以爲楚罪而問之。（卷

〔註17〕《左傳注疏》，卷25，頁14。
〔註18〕《左傳注疏》，卷25，頁16。
〔註19〕《左傳注疏》，卷2，頁20。

　　　　上，頁十一）

魯僖公四年，齊桓公以諸侯之師侵蔡、伐楚。楚王遣使問以伐楚之故，基於「師出有理」的緣故，管仲對以三個理由，而「昭王南征而不復」便爲其中之一。杜預於此，注云：「昭王，成王之孫，南巡守涉漢，船壞而溺。周人諱而不赴，諸侯不知其故，故問之。」〔註20〕若依杜預的解釋，則是周人故意隱其情而不赴，因此諸侯不知其故。事實上，「昭王南征而不復」事距魯僖公四年甚爲久遠，於今才聲討其罪，不嫌太晚？且根據杜《注》，則昭王之溺，未必是楚人所爲。因此，這件事只是齊國用來作爲興師的藉口，而必欲致罪於楚人罷了。杜預以「不知其故而問之」作解，則於《傳》義差之甚遠，而亭林改以「齊侯以爲楚罪而問之」，乃根據事實而言，讀之便覺文理通暢。

　　以上三個分類，皆爲顧氏書規正杜預注解之失的體例，而其內容佔全書三分之二的比率，由此亦可見杜預所注，訛謬甚多。

二、補缺

　　相較於「正」的部份，顧炎武補足杜預《集解》闕漏的數量，約莫僅及「正」的一半，但亦同爲顧氏《補正》的重心。而根據書中所示，則由「補云」的基本體例而述之於下：

　　（一）杜預無注，而補注之

　　《左傳》內容宏富，即使是杜預才學過人，研思甚勤，也無法從頭至尾，逐字逐句地解釋，以致注解闕略之處甚多。顧氏於此，認爲有注解之需要，或是有資料可資討論，則予以補注之。如莊公十二年《傳》：「手足皆見。」杜預於此未作解釋，而《補正》云：「補云：言萬力能決犀。」（卷上，頁七）

　　案：魯莊公十二年，宋國南宮長萬弑殺宋閔公，其後爲宋人攻伐而逃至陳國，最後中計而爲人所擒，陳人以「犀革裹之」，將之遣送回國。至宋，則「手足皆見」。杜預於此未注，僅解釋「手足皆見」的下一句「宋人醢之」的「醢」字。而亭林則以「言萬力能決犀」，補充解釋杜預未解的「手足皆見」，以示其人之武勇，且使文義完備。

　　又如：僖公三十年《傳》：「若不闕秦，將焉取之？」《補正》云：「補云：闕，損也。」（卷上，頁二十）

〔註20〕《左傳注疏》，卷12，頁12。

案：此則〈燭之武退秦師〉的傳文。魯僖公三十年九月，秦、晉兩國聯合包圍鄭國。鄭伯派遣燭之武夜入秦師，向秦伯（穆公）分析其中利害，最後用晉國將損及秦國利益為辭的「若不闕秦，將焉取之」，以說服秦伯退兵。杜預於此，並無任何解釋，亭林則補注之，以「闕秦」猶「損秦」也，即損害秦國之利益。

（二）杜預釋義未盡，而足成其義

杜預注解《左傳》，雖已有解釋而猶有未盡之處，亭林為使義理完備，更予補注之，如僖公七年《傳》：「申侯，申出也。」杜《注》曰：「姊妹之子為出。」〔註21〕僅就「出」字作解釋，《補正》則補之曰：「補云：蓋楚女嫁于申所生。」（卷上，頁十二）以杜、顧二人之說兩相參看，則文義瞭然。又如僖公二十八年《傳》：「齊桓公為會而封異姓。」杜《注》云：「封邢、衛。」〔註22〕《補正》則說：「補云：於齊則為異姓。」（卷上，頁十九）杜氏所釋為具體的邢、衛兩國，顧氏則訓釋「異姓」兩字。又如昭公十年《傳》：「戊子，逄公以登。」杜《注》：「逄公，殷諸侯居齊地者。」〔註23〕顧氏從《國語》尋得資料，而記之於《補正》，「補云：逄公亦姜姓，見《國語》。」（卷下，頁八）凡此類者，皆杜預雖有所注解，然釋義猶有未盡之處，因此顧氏補之，以足其義。

又如文公元年《傳》：「君之齒未也，而又多愛，黜乃亂也。」杜預在此，僅注「齒」字曰：「齒，年也，言尚少也。」〔註24〕餘者未注。顧氏《補正》曰：

補云：言君之春秋富而內嬖多，將來必有易樹之事，則亂從之矣。（卷中，頁一）

杜預所注，闕略太甚，因此亭林總其義而補述之。

再如僖公二十九年《傳》：「介葛盧聞牛鳴。」杜《注》曰：「《傳》言人聽或通鳥獸之情。」〔註25〕顧氏《補正》則曰：

補云：《列子》言「東方介氏之國，其人多解六畜之語者，蓋偏知之所得。」（卷上，頁十九）

〔註21〕《左傳注疏》，卷13，頁3。
〔註22〕《左傳注疏》，卷16，頁31。
〔註23〕《左傳注疏》，卷45，頁11。
〔註24〕《左傳注疏》，卷18，頁5。
〔註25〕《左傳注疏》，卷17，頁3。

杜預釋義雖已頗近，然猶未精，亭林以《列子》所載補釋，更使《傳》義趨於透徹。

（三）杜《注》釋義已備，《補正》佐以他說，更助成其義

《左傳杜解補正》雖是以規補杜《注》缺失為主的著作，但是對於杜《注》釋義完備之處，顧氏也不厭其煩地尋繹其他資料佐證，以證成杜說，充分顯示亭林重視證據的研究精神，如閔公二年《傳》：「與其危身，以速罪也。」《補正》：「補云：《國語》：『申生敗狄于稷桑而反，讒言益起。』」（卷上，頁十）案：此狐突勸諫晉太子申生語。杜預於此，注解為「有功益見害，故言孰與危身以召罪。」〔註26〕蓋所釋已得《傳》旨，而亭林則佐以《國語》的資料為證，益能彰顯杜說。又如襄公四年《傳》：「戎狄薦居，貴貨易土，土可賈焉。」杜預注曰：「薦，聚也。易，猶輕也。」〔註27〕按杜《注》所釋，則全文大意為戎狄聚居，重貨輕土，土可易之。蓋已得《傳》文之意，而顧氏《補正》則說：「補云：《國語》曰：『與之貨而獲其土。』」（卷中，頁十七）是顧氏所補之義，猶能解釋「土可賈焉」，更能助成杜說。

此外，《補正》書中尚有在體制上未加「補云」兩字，而實際上亦屬於「補」的體例，其數量頗多，甚而超過有「補云」之字者，如桓公六年《傳》：「與吾同物。」杜《注》云：「物，類也，謂同日。」〔註28〕顧氏則逕以《史記》的資料而補之曰：「《史記·魯世家》：『與桓公同日。』」（卷上，頁五）又如僖公二年《傳》：「保於逆旅，以侵敝邑之南鄙。」杜《注》曰：「逆旅，客舍也。虢稍遣人分依客舍以聚眾，抄晉邊邑。」〔註29〕釋義已足，而顧氏猶以邵寶之說補云：

邵氏曰：「逆旅，近晉南鄙之客舍也；出則侵，退則保。」（卷上，頁十至十一）

亭林所補邵氏之說，使杜預解釋已足之義更為完備，且更深化。

再如文公十四年《傳》：「不出七年，宋、齊、晉之君，皆將死亂。」杜預於此條下注曰：「後三年，宋弒昭公。五年，齊弒懿公。七年，晉弒靈公。

〔註26〕《左傳注疏》，卷11，頁15。
〔註27〕《左傳注疏》，卷29，頁25。
〔註28〕《左傳注疏》，卷6，頁25。
〔註29〕《左傳注疏》，卷12，頁6。

史服但言事徵，而不論其占，固非末學所得詳言。」〔註30〕所解僅一半之義耳，而猶有可論者，顧氏《補正》則逐引劉歆之說以補之曰：

> 劉歆曰：「斗，天之三辰，紀綱之星也。宋、齊、晉，天子方伯，
> 中國綱紀，故當之也。斗，七星，故曰：『不出七年。』」（卷中，
> 頁七）

杜預注此，則歷舉宋昭公、齊懿公、晉靈公之見弒，以徵驗史服所言「皆將死亂」之語。至於為何「不出七年」，杜預為求謹慎，以「固非末學所得詳言」之語，略而未解。亭林則認為劉歆所謂斗為紀綱之星，宋、齊、晉三國當之；而斗有七星，故曰：「不出七年。」其說可解此條，因據以補注之。

　　要之，《左傳杜解補正》的體例，根據其內容，大要有二：即「正誤」與「補缺」。其所「正」傳文條目佔全書內容過半，而予以細分，則有列杜《注》與否之別。有，則辨駁之；無，則直解之。至於「補」的部份，其所「補」的傳文條目約莫僅及「正」的一半，其基本體例於義當補之際，則加注「補云」二字，然亦有不加者；不加者，則直接說解以補之，其數量竟遠過於加注「補云」者。至於「補」的作用，在於當杜預未注之時，則補其義；杜預《注》義有未盡時，則補之以足其義；杜預解釋完備時，則補之以衍其說。如此交互運用之下，俾能使杜《解》有所補正焉。

第四節　《左傳杜解補正》的考證方法

　　不同於一般的經解著作，《左傳杜解補正》並非以闡釋經義為主要目的，而是以杜《注》作為討論的核心，有誤則正，遇缺則補，這種專以「發杜氏違」的著作，其體例實創發自於南北朝宗服難杜的《左傳》學者，如崔靈恩、樂遜、劉炫等。然而，隨著研究重心從《傳》轉移到《春秋》之後，這種著述體裁也因此在眾多名為《春秋》經解的著作當中，終至於散佚不存。

　　明代中葉以後，學者們在面對經學衰微之餘，普遍有通經必從讀注疏始的認識，例如楊慎說：

> 《六經》自火於秦，傳注于漢，疏釋于唐，議論于宋，日起而日變，
> 學者亦當知其先後。近世學者往往舍傳注疏釋，便讀宋儒之議論，蓋
> 不知議論之學自傳注疏釋出，特更作正大高明之論爾。傳注疏於經十

〔註30〕《左傳注疏》，卷19下，頁16。

得其六七，宋儒用力勤，劃僞以眞，補其三、四而備之也。〔註31〕

而另一位學者鄭曉也說：

> 宋儒所資於漢儒者十七八，宋諸經傳注，儘有不及漢儒者。宋儒議
> 漢儒太過，近世又信宋儒太過。要之，古注疏終不可廢也。〔註32〕

楊、鄭二氏所說，其實就是一個學術史的變遷。誠如皮錫瑞所言：「論宋、元、明三朝之經學，元不及宋，明又不及元。」〔註33〕其根本原因在於宋儒猶能通曉古注疏，方可自漢唐注疏之學生出議論，而明人則直讀宋人議論，置古注疏不用，因此造成經學衰弊之局。

明代中葉以降之學者既有「古注疏終不可廢」的認知，因此重拾注疏以通經達傳。在此過程中，必會發現經、傳、注、疏間的扞格，而專以「發杜氏違」的著作也因此重生。

顧炎武在邵寶、陸粲、傅遜三人的基礎上，撰作《左傳杜解補正》；其書雖有補有正，然其大部份的重點放在糾駁杜預的缺失上，而規正杜失，必須通過一番考辨的程序，方可給以定論。至於其補正杜《注》缺失的方法，茲分述如下：

一、迻引資料爲據，或不下以己意，或推衍結論

如隱公四年《傳》：「老夫耄矣。」《補正》：

> 〈曲禮〉：「大夫七十而致事，自稱曰老夫。」（卷上，頁二）

杜預訓耄爲「八十曰耄」。顧氏則以〈曲禮〉所載「大夫七十而致事」，即可自稱曰「老夫」。考之《傳》文，「老夫耄矣」之語，出自衛大夫石碏，其人於隱公三年《傳》有「乃老（致事）」之文，均合於〈曲禮〉所謂「老夫」之條件，因此顧氏迻引〈曲禮〉之說。

又如襄公二十四年《傳》：「在周爲唐杜氏。」《補正》：

> 《竹書紀年》：「成王八年冬十月，王師滅唐，遷其民于杜。」（卷中，
> 頁二十三）

〔註31〕【明】楊慎：《升庵外集》（臺北：臺灣學生書局，1971年），〈劉靜修論學〉，卷60，頁1。

〔註32〕【清】朱彝尊：《經義考》（臺北：臺灣中華書局，1979年影印《四部備要》），卷297，頁10。

〔註33〕【清】皮錫瑞：《經學歷史》（北京：中華書局，2004年），頁205。

杜《注》：「唐、杜，二國名。」〔註34〕顧氏以《竹書紀年》所載，以唐滅國後，民遷之於杜，而併稱曰唐杜氏，非如杜氏所謂唐、杜爲分別之兩國。

再如哀公六年《傳》：「再敗楚師，不如死。」《補正》曰：

> 劉炫曰：「前敗于柏舉，若此戰更敗，是再敗。」（卷下，頁二十二）

杜預於此，注曰：「前已敗於柏舉，今若退還亦是敗。」〔註35〕杜氏所解，看似與劉炫之說差異甚小，然而所釋之義則大相逕庭。考之《傳》義，當以劉說爲長，因此顧氏採用之。

以上三例，顧氏之所以不下己意之判斷，而逕以資料爲據，蓋因所得之資料已作出結論，自己無需再添此一舉。

僖公二十四年《傳》：「晉侯求之，不獲，以縣上爲之田。」《補正》：

> 之推既隱，求之不得，未幾而死，乃以田祿其子爾。《楚辭・九章》
> 云：「思久故之親身兮，因縞素而哭之。」明文公在時，之推已死。
> 《史記》則云：「聞其入縣上山中，於是環縣上山中而封之，以爲介
> 推田，號曰介山。」然則受此田者何人乎？於義有所不通矣。（卷下，
> 頁十七）

杜預於此並無說解，顧氏遂以《楚辭》、《史記》所載的資料考核，認爲《史記》所記於義有所不通，而以《楚辭・九章》推知晉文公在時，介之推已死，因而作出「以田祿其子」的結論。

昭公二十五年《傳》：「季氏介其雞。」《補正》曰：

> 《呂氏春秋》注：「介，甲也，作小鎧，著雞頭也。」（卷下，頁十四）

杜預於此，注曰：「擣芥子播其材也。或曰：以膠沙播之，爲介雞。」〔註36〕顧氏則從《呂氏春秋》之注，考得「介」爲「甲」義，而「介其雞」乃「作小鎧，著雞頭」之意。

莊公二十二年《傳》：「翹翹車乘。」《補正》曰：

> 《解》：「翹翹，遠貌。」傅氏曰：「高貌。」按《詩》：「翹翹錯薪。」
> 錢氏曰：「翹翹，高竦貌。」此於車乘，亦當訓高。（卷上，頁七）

顧氏於杜、傅二氏注解「翹翹」，一訓爲遠，一訓爲高，兩說相違。以錢氏注《詩》「翹翹錯薪」爲「高竦」之義，更以此「翹翹」用於車乘，推衍其義，

〔註34〕《左傳注疏》，卷35，頁23。
〔註35〕《左傳注疏》，卷58，頁2。
〔註36〕《左傳注疏》，卷51，頁16。

當從傳氏訓爲「高」義。

　　由於各家解釋殊異，蒐集而得的資料，若沒有經過仔細地考究，充其量也只是能夠備爲一說，而無法據以訂正沿習已久的陳說。因此，顧氏於資料蒐集之後，更予以推敲考據，歸納或演繹其結論，這是與注解形式的經解著作迥然不同之處。

二、以《左傳》之文義、事理辯證杜《注》之合理性

　　《左傳》解經以敘事爲主，而其之所以成事，必有前因後果，以形成所謂的事理，因此宋儒胡寧說：

> 《左氏》釋經雖簡，而博通諸史，敘事尤詳，能令百世之下，具見
> 本末，其有功于《春秋》爲多。〔註37〕

就胡氏所言，百世之下的學者只要考覆《左傳》敘事的本末，即能參悟事理，這是一般研究《左傳》者所經常採用的方法，而以《春秋》宋學者爲多。

　　顧氏身處明、清之際，雖強調實事求是的考據精神，然其學術淵源於宋學亦有承襲，因此在《左傳杜解補正》中，也從《左傳》敘事的前因後果中，尋繹出其欲表達之事理，並藉之以補正杜《注》的缺誤。例如在隱公元年《傳》：「莊公寤生，驚姜氏。」對於杜《注》所謂的「寐寤而莊公已生」的說法，顧氏衡諸事理，認爲「恐無此事」（卷上，頁一）。又如僖公十八年《傳》：「狄師還。」顧氏曰：

> 《解》云：「邢留距衛。」非也。狄強而邢弱，邢從於狄而伐者也。
> 言狄師還而邢可知也。下年「衛人伐邢」，蓋憚狄之強，不敢伐而獨
> 用師於邢也。《解》云：「邢不速退，所以獨見伐。」亦非。（卷上，
> 頁十五）

顧氏認爲杜《注》所謂「邢留距衛」之說，實屬無稽。他從狄人、邢國的強弱，推知伐衛之舉乃「邢從於狄而伐者」。然後又以下年經、傳予以對照，則衛國獨伐邢者，乃憚狄強而不敢伐，遂「獨用師於邢」。非若杜預所說：邢見伐之由，乃邢不速退，而留以距衛，故衛人報之之說。

　　又如文公六年《傳》：「晉人以難故，欲立長君。」顧氏曰：

> 《解》：「立少君恐有難。」非也，謂連年有秦、狄之師，楚伐與國。

（卷中，頁三）

魯文公六年八月，晉襄公卒，靈公少，晉人以難故，欲立長君。顧氏於此，遂從經傳之文考察，指《傳》中晉人所謂的「難」，乃指「連年有秦、狄之師、楚伐與國」之事。案：從僖公三十三年，「秦、晉殽之戰」為始，該年八月，「晉人敗狄于箕。」文公二年《經》：「晉侯及秦師戰于彭衙，秦師敗績。」又「冬，晉人、宋人、陳人、鄭人伐秦。」三年：「秦人伐晉。秋，楚人圍江。」四年：「秋，楚人滅江。晉侯伐秦。」五年：「秦人入鄀。秋，楚人滅六。」誠如顧氏所說，晉國當時處於連年征戰的狀態，而襄公卒後，晉國大夫欲立長君以鎮撫國內外的情勢，是可以理解的。而杜氏所說，則立少君恐有難，似以難為「國難」作解，於《傳》義甚為不通，故顧氏以為非也。

再如襄公十一年《傳》：「政將及子，子必不能。」顧氏曰：

> 《解》謂：「魯次國而為大國之制，貢賦必重，故憂不堪。」非也。謂魯國之政，將歸於季孫。以一軍之征而供霸國之政令，將有所不給，則必改作。其後四分公室，而季氏擇二，蓋亦不得已之計。叔孫固已豫見之矣。（卷中，頁十九至二十）

杜氏之說，蓋以魯國仿效大國之制，為三軍之貢賦，以致貢賦繁重，執政的季氏將有所不堪。顧氏則以為此乃季氏以一軍之貢賦，供給霸國（晉國）之政令，季孫在有所不堪之餘，為維持自身的利益，必改作魯國之政。其後作三軍，三桓「分公室而各有其一」，昭公五年之「舍中軍」，均是情勢使然，而不得不為之計。

《左傳》體裁是以敘述的文句為主，而字句間的句讀，亦往往左右著經義的解釋，在《左傳杜解補正》中，顧氏亦有玩《左傳》文章詞義，用句讀以得傳義，藉以之補正杜《注》者，如莊公三十二年《傳》：「而以夫人言，許之。」顧氏曰：

> 「以夫人言」為句，公語以立之為夫人。許之，孟任許公也。（卷上，頁九）

杜《注》於此，注曰：「許以為夫人。」〔註38〕蓋以「許之」為莊公許孟任，將《傳》文句讀為「而以夫人言許之」。顧氏則以「而以夫人言」為一句，「許之」，又一句，則二人所句讀之結果，其所解釋的文義大為不同，主客易位。案：此《傳》云「莊公見孟任，從之，閟」，意謂莊公見孟任，欲圖臨幸之，

〔註38〕《左傳注疏》，卷10，頁22。

而不見從（杜《注》：「閔，不從公。」），乃以立夫人爲言要之。若照杜預所釋，則此事之情狀未合。而依照顧氏所謂，則孟任不從，莊公以立夫人爲由而要之，故孟任許之，此解於義乃順。

又如昭公二十一年《傳》：「吾小人可藉死，而不能送亡。」顧氏曰：「亡字句。」（卷三，頁十三）所句讀之《傳》文爲：「吾小人可藉死，而不能送亡，君請待之。」杜預於此，則句爲：「吾小人可藉死，而不能送亡君，請待之。」

案：此事爲齊師、宋師聯合擊敗吳國的軍隊，而華登率領吳國殘餘之師，擊敗宋師，因此宋公欲出，而廚人濮則勸其稍待，因有是言。若杜預以「亡君」爲句，則有疑義，按照一般的解釋，亡君多釋爲已死之君，而此時宋公未死，只欲出奔耳。而顧氏所解，則可釋爲不可送之逃亡，而請國君待之。衡諸《傳》義，顧說較佳。

再如僖公二十三年《傳》：「若以相夫子，必反其國。」《補正》云：

> 當讀至「夫子」爲句，夫子即公子。（卷上，頁十六至十七）

此事爲曹國大夫僖負羈之妻所言，蓋以晉公子重耳之從者爲賢，「皆足以相國」，夫子若得從者之輔助，必定返回晉國。杜預於此，句爲「吾觀晉公子之從者，皆足以相國，若以相，夫子必反其國。」謂「若以相」爲「若從者爲相」，則公子必定反國，「相」作名詞解。顧氏謂「若以相夫子」，則釋爲「若以之輔佐公子」，必定反國，「相」作動詞用，爲輔佐之義。詞性不同，意義上也有所差異。二者各具其理，而顧氏的弟子潘耒則云：

> 按：此陸氏說也，玩文勢，仍當從杜以「相」句絕。（卷上，頁十七）

則潘氏並不以其師之說爲然，仍認爲當從杜說。平心而論，杜預的解釋並無不當之處，惟顧氏所說，亦可通《傳》義，聊可備爲一說。

要之，顧氏身處明、清之際，其學術風格標識著由主觀的義理闡述轉向客觀的考證運用，反映在《左傳杜解補正》中，其所採用的方法，可以看出無論從事理的推衍，甚至是字句間的斟酌，顯示其具有宋學根柢之傾向。而於《左傳》內容的諸多考證，雖不若日後乾嘉學者般的精細，但已粗具規模，可見其試圖扭轉、引導《左傳》研究的想法。在漢、宋學的交互影響下，表現出其通達的學術性格，因此四庫館臣稱其《左傳杜解補正》能「掃除門戶，能持是非之平」〔註39〕，可謂持平之論。

〔註39〕〈左傳杜解補正提要〉，《四庫全書總目》，卷29，頁6。

第四章 《左傳杜解補正》的內容

　　《左傳杜解補正》是以討論杜預《春秋經傳集解》的缺失為其主要內容，而在顧炎武之前，關於杜預注解缺失的討論，大抵以中唐為界。中唐以前，即使當時的《左傳》學，乃至於《春秋》學均為杜預學說所籠罩，但是仍有一些學者持賈逵、服虔之說以發杜氏之違。這是漢學系統的內部討論，而討論的重心，則在於《注》之於《左傳》的訓解問題上，其著重層面多放在訓詁方面的差異性。

　　中唐以後，啖助學派主張棄傳從經，將討論的重心回歸於《春秋》本身，因此宋人之說《春秋》者多從《經》出發，而所重視的也只是經、傳之間能否通貫，而鮮少及於傳、注間的問題。即便有之，也多是就杜預「信傳不信經」的角度切入，一方面讚美他是「《左氏》之忠臣」，另一方面也就其「強經以就傳」的缺點，而大肆批評。

　　要而言之，《春秋》宋學所著重的是經書義理的整體性發揮，而對於注解能否疏通《傳》義則較少關注。事實上，杜預注解《左傳》存在著許多問題，宋人雖強調他是《左氏》忠臣，但這是從《經》的角度出發，才得以彰顯的問題。若是從《傳》的角度而言，其情形恐與宋人的認知有所不同。因此，當某些學者擺脫科舉的束縛，重新拾起傳、注閱讀，便會發生如同傅遜一樣，起初「雅愛杜《註》古簡」，而後「乃覺有未然」的情形。這種傳、注之間的違異自然引起學者們的繼續探究，也預示著《春秋》學的研究重心再次轉移。

　　大抵而言，杜預注解《左傳》的缺失主要有二：一、釋經之謬，二、解傳之誤。釋經之誤乃來自於其《集解》注解經、傳的違異處，以及《釋例》中的謬例，而《春秋》宋學者多能言之。釋傳之誤則導源於《左傳》多記載

古字古言、名物制度、天文地理等，因年代久遠所造成的訓詁失眞；此在《春秋》宋學者「棄傳從經」的主張下，易爲學者們所忽略。在此兩者之疏失，顧炎武在遠有宋人的非議，近有邵寶、陸粲、傅遜的發現，均能有所討論，以下就顧氏補正杜《注》缺失的內容，分別而敘述之。

第一節　正杜《注》解經之謬

　　《左傳杜解補正》雖是針對杜預注解《左傳》而作，但是對於其注解《春秋》的錯訛亦有所關注，而顧氏所批評的，主要是針對《春秋》的義例之說而發。

　　自有《春秋》之學，即有以例解經之法。漢儒創通條例，而後儒又在前人的基礎上，穿鑿附會，橫生義例，以逞一己之說。至顧炎武之時，因義例而衍生的常事不書、一字褒貶，充斥於各家《春秋》之說，而使《春秋》的眞正義理掩沒不明。對此，顧氏批評道：

> 自褒貶凡例之說興，讀《春秋》者往往穿鑿聖經，以求合其所謂凡例，又變移凡例以遷就其所謂褒貶。如國各有稱號，書之所以別也，今必曰以某事也，故國以罪之，及有不合，則又遁其辭。人必有姓氏，書之所以別也，今必曰以某事也，故名以誅之，及有不合，則又遁其辭，事必有日月，至必有地所，此記事之常，否則闕文也；今必曰以某事也，故致以危之，故不月以外之，故不日以略之，及有不合，則又遁其辭。是則非以義理求聖經，反以聖經釋凡例也。
> 聖人豈先有凡例而後作經乎？何乃一一以經求合凡例邪？〔註1〕

顧氏在此，說明了兩個重點：一、說《春秋》者遇及不合其例說之處，即遁其辭，而變移凡例以遷就其褒貶之說。二、《春秋》所載，必繫以姓氏、日月、地所，否則無以成一事之記。前者即謂說《春秋》者常因凡例說之不足，而以變例補救，於是無字不例，以至於字字褒貶。後者則以說《春秋》者常因國名、姓氏、日月、地所的闕記，而謂之乃褒貶所在。

　　顧氏認爲以例說經，乃倒果爲因的說經方式，況且《春秋》缺載某事之國、人、時、地，乃魯之《春秋》即已如此，而孔子修《春秋》之法，乃秉

〔註1〕　【清】顧炎武：《五經同異》（清光緒二十四年朱氏校經山房刊本），卷中，頁15。

持「多聞闕疑，愼言其餘」的原則而作〔註2〕，雖進行一定程度的筆削，但並不會刻意闕記以寓褒貶，更不會虛增其辭而設褒貶〔註3〕，例如桓公十一年《經》：「鄭忽出奔衛。」《補正》云：

> 《解》：「鄭人賤之以名赴之。」非也。蓋未成君之辭。（卷上，頁五）

「忽」爲鄭昭公之名，而杜預見《經》不書爵位，單稱其名，乃以爲「鄭人賤之以名赴之。」事實上，當時昭公雖已即位，但鄭國卿士祭仲爲宋人脅迫，不得已而立厲公。顧氏認爲：「春秋諸侯踰年即位，則得稱君」、「踰年稱君，古之常例也」（卷上，頁五）。而昭公出奔衛國，乃其即位當年的九月丁亥，故爲即位未踰年之君；未踰年之君，則不成君，所以《春秋》但書其名，而非是從鄭人赴告而賤之以名。若是如此，則四年後昭公回國，杜預又將作何解釋？桓公十五年《經》：「鄭世子忽歸於鄭。」《補正》云：

> 《解》云：「逆以太子之禮」，非也。忽未踰年而出奔，奔四年而復國。宋即位，不得成立爲君；曰「世子」者，當立之辭。（卷上，頁五）

杜預於此，以「逆以太子之禮」解釋，因此《春秋》書「世子」。然而顧氏認爲昭公未踰年出奔，未成爲君，如今復歸，《春秋》無法書爵（鄭伯），而書「世子」，強調其成爲鄭國國君的正當性。如若根據杜預於上條經文的解釋，則忽爲鄭人所賤，此條經文即不會強調「世子」二字，又，既然世子忽宜立爲鄭伯，則鄭人必不致賤之以名，而赴告各國。因此，無論從哪條經文的角度來看，杜預於兩條經文的解釋，均很難成立，而稱名以賤以貶，在顧氏看來，尤爲大謬。

顧氏雖否定義例褒貶之說，但亦承認《春秋》有孔子筆削之跡，因此主張《春秋》有魯國史官的書法與孔子筆削之義，而對於杜預注解經文的解釋上，更見留心，如桓公五年《經》：「蔡人、衛人、陳人從王伐鄭。」《補正》曰：

> 《解》：「王師敗不書，不以告」，也。改云：「王師敗不書，不可書也。」爲尊者諱。（卷上，頁四）

案：此釋「周、鄭繻葛之戰」。杜預於此條的解釋，乃從於赴告之例，認爲《春秋》不書「王師敗績」，是王室不赴告於各國諸侯所致。然而，顧氏認爲《春

〔註2〕 【清】顧炎武：〈春秋闕疑之書〉，《原抄本日知錄》（臺南市：平平出版社，1975年），卷4，頁84。

〔註3〕 《五經同異》，頁6。

秋》不書王敗，乃尊者諱之故，因而不書也。

　　又如莊公元年《經》：「三月，夫人孫于齊。」《補正》云：

　　　補云：次年有會禚之文，則不久而復還於魯。其不書還，蓋夫子削
　　　之。（卷上，頁六）

顧氏從上下經文的記載，認爲次年既有「夫人姜氏會齊侯於禚」事，則必當
於「孫于齊」後，復還於魯。而《春秋》之所以不載夫人還魯事，杜預以「夫
人行不以禮，故還不書」作解〔註4〕。顧氏卻認爲此乃「夫子削之」，而削去
的理由，乃「夫人之禮降於君，故書行，不書還」（卷一，頁五），循於禮故
也。

　　又如僖公三十三年《經》：「晉人及姜戎敗秦師于殽。」《補正》說：

　　　《解》云：「不同陳，故言及」，非也。及者，殊夷狄之辭。（卷上，
　　　頁二十）

杜氏以「不同陳」解釋「及」字，蓋就戰爭的事實面言，然而在顧氏而言，「及」
乃殊夷狄之辭，以表示中國不與夷狄同辭之《春秋》大義。

　　又如僖公二十五年《經》：「冬，十有二月，癸亥，公會衛子莒慶，盟于
洮。」顧氏曰：

　　　衛文公已葬，成公稱子者，未踰年也。《春秋》之例。踰年即位，然
　　　後稱公。文十八年：「六月癸酉，葬我君文公。」「冬，十月，子卒。」
　　　是稱爵稱子繫乎踰年未踰年，而不在乎葬與未葬也，《解》誤。（卷
　　　上，頁十八）

此與「鄭忽出奔衛」同。杜預於此，曰：「衛文公既葬，成公不稱爵者，述父
之志，降名從未成君，故書名以善之。」〔註5〕杜預此解，乃認爲《春秋》書
「衛子」乃是褒辭。顧氏則以爲按《春秋》之例，踰年即位，始可稱公，非
如杜氏所謂「述父之志，降名從未成君」之故，因而斥之。

　　又如文公三年《經》：「雨螽於宋。」《補正》云：

　　　《解》：「宋人以其死爲得天祐，喜而來告，故書。」然則隕石、退
　　　鶂豈亦喜而來告乎？（卷中，頁二）

此蓋史書記異而已，而杜《注》竟以「喜而來告，故書」作解，因此顧氏提
出反問：《春秋》書「隕石過宋五」、「六鶂退飛過宋都」，豈不也是「喜而來

〔註4〕《左傳注疏》，卷8，頁5。
〔註5〕《左傳注疏》，卷16，頁1。

告」者乎？

　　再如哀公十三年《經》：「公會晉侯及吳子于黃池。」《補正》曰：

　　　《解》：「夫差欲霸中國，尊天子，自去其僭號而稱子，以告令諸侯，
　　　故史承而書之。」非也。四夷雖大，皆曰「子」。（卷下，頁二十四）

杜預以為《春秋》書吳為「子」，乃史官承其以「子」告令諸侯而書之。顧氏
則認為史官自有其書法，而「四夷雖大」，皆曰「子」，乃從其爵位而書。

　　除了論及《春秋》的書法外，對於杜預注解經文的缺失，顧氏一如其對
於杜預注解《左傳》一般，亦有所關注，例如僖公三十三年《經》：「晉人敗
狄于箕。」《補正》云：

　　　《解》云：「太原陽邑縣有箕城。」陽邑在今之太谷縣，疑襄公時未
　　　為晉境。（卷上，頁二十）

杜預此解，蓋以箕繫於晉國，然顧氏以今地度之，懷疑箕城在晉襄公之時，
尚未歸入晉國版圖。

　　又如昭公十一年《經》：「楚子虔誘蔡侯般。」《補正》則云：

　　　補云：楚子圍改名曰虔。（卷下，頁八）

顧氏作此補注，乃由於杜預於此條經文，僅注曰：「蔡侯雖弒父而立，楚子誘
而殺之，刑其群士。蔡大夫深怨，故以楚子名告。」〔註6〕案：楚靈王本名為
圍，昭公元年即位後改名為熊虔，為避免學者將楚靈王與之前楚令尹公子圍
別為二人，顧氏因而有此補注。

　　綜合上面所引諸例，可知在顧氏的認知裡：《春秋》有既有的史官書法與
孔子的筆削之義，而杜預於此，常予混淆，因此時生謬解。而除了留心於經
文筆削書法外，對於杜預注解經文字句、地名、人名的缺失，亦有所補缺正
誤，一切均以掃除杜《注》錯訛之障蔽，使後世學者能讀通《春秋》經、傳
為目標。

第二節　指摘《左氏》之誤

　　儒家經典在經歷秦始皇焚書之後，無論是出自於孔壁，或由口授筆書而
寫定，在傳授的伊始，即有可能發生錯訛的情形。而在歷朝傳習日久，人們
輾轉傳鈔的狀況下，即使歷經各個朝代政府與學者們的努力比勘，其文本還

〔註6〕《左傳注疏》，卷45，頁16。

是無可避免地產生錯誤；且隨著時間的推移，這種錯誤的情形積累愈多。若不將此問題解決，則會影響經典解讀的正確性，而這正是所謂「讀書需讀善本」的關鍵所在。

由於受疑經疑傳的風氣影響，宋代即有疑經改經之舉。元、明兩代承襲宋人學風，且變本加厲，因此顧炎武說道：

> 苟如近世之人，據臆改之，則文益晦義益舛，而傳之後日，雖有善讀者，亦茫然無可尋求矣。〔註7〕

明人好以私意臆改古人之書，造成古書文義晦澀乖舛，因此而有「明人刻書而書亡」之謂。而顧炎武的《左傳杜解補正》雖是針對杜《注》的缺失而作，然而其主要目的乃在正確地通讀《左傳》。因此，他對於《左傳》文本的字句錯訛，亦有所考訂，例如昭公二十三年《傳》：「吳太子諸樊入郢。」其《補正》云：

> 吳子諸樊乃王僚之伯父，不應太子與之同名，且僚子尚幼，此必諸樊之太子光。《正義》亦以為傳寫之誤。（卷下，頁十四）

案：當時吳王為王僚，而諸樊則為王僚伯父，因此王僚之太子不應也不可能與其伯祖同名，顧氏由此而推測此太子必是諸樊之太子光無疑，而更引《正義》之說於其後，以證此乃《左傳》傳寫人名之誤。

又如僖公五年《傳》：「均服振振。」《補正》云：

> 《漢書・五行志》作「袀服」，師古曰：「袀服，黑衣。」〈吳都賦〉：「六軍袀服。」（卷上，頁十二）

此以《漢書》本文、顏師古《注》、〈吳都賦〉均以「袀服」，為文，則《左傳》：「均服振振」，當作「袀服振振」，其誤不辨自明。

文公十一年《傳》：「齊襄公之二年，鄋瞞伐齊。」《補正》云：

> 按：此年世太遠。陸氏曰：「《史記・魯世家》引此《傳》文，作「齊惠公之二年。」，又〈齊世家〉曰：「惠公二年，長翟來，王子城父攻殺之」，〈十二諸侯年表〉亦於齊惠公二年，書「王子城父敗長翟」，三文皆同。」按：惠之二年，即魯宣公之二年也，在晉滅潞之前，僅十三年爾。此傳以惠公為襄公，蓋傳寫之誤也。（卷中，頁四至五）

顧氏以《左傳》載鄋瞞伐齊事在齊襄公二年為「年世太遠」，因而用陸粲引《史記》於此事的三處記載，均作齊惠公之二年，故據以訂正，且認為此乃傳寫

―――――――――――――――――――――――――

〔註7〕〈勘書〉，《原抄本日知錄》，卷20，頁543。

致訛。

　　隱公八年《傳》：「諸侯以字爲諡，因以爲族。」《補正》云：

> 陸氏按鄭康成駁許叔重《五經異義》引此傳文云：「諸侯以字爲氏。」
> 今作「諡」者，傳寫誤也。朱子曰：「以字爲氏，如鄭之國氏，本子
> 國之後，駟氏本子駟之後。」下云：「公命以字爲展氏。」是也。（卷
> 上，頁三）

杜預所見《左傳》傳本，作「諸侯以字爲諡」，因此注云：「或使即先人之諡，
稱以爲族。」顧氏則不以爲然，他舉用陸粲所引鄭玄駁正許愼《五經異義》
所用傳文，作「諸侯以字爲氏。」又舉朱子所說鄭國國、駟二氏之所出，最
後更以下文有「公命以字爲展氏」之句可資對照，因此認爲作「氏」爲確，
作「諡」則非。而鄭玄在杜預之前，故斷定此乃傳寫之誤。

　　成公十三年《傳》：「能者養之以福。」《補正》云：

> 陸氏曰：「《漢書‧律曆志》此語作：『能者養以之福。』顏師古《注》：
> 『往也，往就福也。』孔穎達《左傳正義》亦云：『往，適於福也。』」
> 蓋古本如此。姚寬《西漢叢語》曰：「玩注，亦當是養以之福，傳本
> 誤也。」今本作「養之以福」，謂養之以致福爾，於義亦通。但杜預
> 注此，云：「養威儀以致福。」則恐非是。竊謂養是養所受之中，蓋
> 敬愼於動作威儀之間，乃所以養以中爾。」（卷中，頁十五）

顧氏以陸粲所引，認爲古人多以「能者養以之福」作解，推測古本當作如此。
而今本作「能者養之以福」，於義雖亦可通。然亦不可否認其爲傳本所致的
差誤。

　　昭公二十八年《傳》：「盂丙爲盂大夫。」《補正》云：

> 今本作盂丙者，非。《漢書‧地理志》云：「盂，晉大夫盂丙邑。」
> 以其爲盂大夫，而謂之盂丙，猶魏大夫之爲魏壽餘，閻大夫之爲閻
> 嘉，邯鄲大夫之爲邯鄲午也。（卷下，頁十六）

此乃古今文本差異所致之誤，顧氏以爲今本作「盂」者非，而當以「盂」爲
確。

　　除了在文字上的錯訛外，顧氏對於《左傳》文句的倒錯、失刪等情形，
亦有所留意，如文公十二年《傳》：「且請絕叔姬，而無絕婚，公許之。」《補
正》云：

> 啖叔佐曰：「《左氏》事迹倒錯者甚多，此文當在成四年：「杞伯來朝，

　　歸叔姬故也」之下，誤書於此。（卷中，頁五）

案：「杞伯來朝」之事，文公十二年、成公四年皆有記載，而《公羊》、《穀梁》二傳皆以文公十二年所載叔姬爲未嫁而卒，惟《左傳》獨以「絕」、「歸」作解。考之《春秋》經傳，於成公五年《經》有「春，王正月，杞叔姬來歸」的記載，則杞伯至魯言歸叔姬事，當在成公四年較爲合理。因此顧氏同意啖助所說：「且請絕叔姬、而無絕婚，公許之」當在成公四年：「杞伯來朝、歸叔姬故也」的傳文之下，故《左傳》傳文倒錯，誤置於前。

　　又如襄公四年《傳》：「定姒薨，不殯於廟，無襯，不虞。」《補正》曰：

　　啖叔佐曰：「此傳誤，宜在定十五年：「姒氏卒」下。按：如啖說，
　　則季文子當作桓子。（卷二，頁十四）

《春秋》有兩定姒：其一爲襄公之母，其一爲哀公之母。襄公之母，《公羊》作「定弋」，《穀梁》、《左氏》則同作「定姒」。哀公之母，《公羊》、《左氏》同作「定姒」，惟《穀梁》作「定弋」。三《傳》在文本即已有所差異，而啖助之所以認爲襄公之母的定姒爲非，大概著眼於若以丈夫（定公）之謚，冠之於其母姓之上，則此定姒應爲哀公之母的定姒，因此認爲此傳文當在定公十五年：「姒氏卒」之下。然而《左傳》又載百度謂季文子「不成小君之喪」事，其言之鑿鑿，又令人不得不信。因此顧氏在語氣上似乎持保留態度，僅說：「如啖說，則季文子當作桓子。」對於傳文的錯置，抱持姑備一說的態度。

　　定公元年《傳》：「魏子涖政。」顧氏云：

　　此即上年南面之事，而《傳》再書之者，兩收而失刪其一也。蓋周
　　之正月，爲晉之十一月，而庚寅即己丑之明日。士彌车既已分役，
　　豈有遲之兩月而始栽？宋仲幾乃不受功者乎！且此役不過三旬而異
　　矣。（卷下，頁十八）

透過周正、夏正的曆法對照，再加以人（衛彪傒、士彌车）、事（城周）的考察，顧氏以爲哀公元年的「魏子涖政」與定公三十二年的「魏子南面」同屬一事，而《左傳》再書者，乃兩收而失刪其一的緣故。

　　顧氏之所以對於《左傳》文本的諸多問題皆有所關注，其理由乃在於《左傳杜解補正》本來就是爲了補正杜《注》的缺失而作，而一切均以讀通《左傳》爲目的。因爲當《左傳》於文本發生問題，則無論後人如何地強加解釋，也無從通曉其義，且更難以通曉經文大義。因此，在批駁杜《注》而外，顧氏也從事《左傳》文本的正譌工作，俾學者明瞭《左傳》有此方面的錯誤，

而能藉以迅速掌握其文義脈絡，從而正確地解讀《左傳》，這大概是顧氏留心於此的用意。

第三節　補正文字音義

自漢武帝獨尊儒術，成立經學之後，歷朝歷代無論是官方學術或私人學者，都在從事儒家經典的整理工作，而這種工作通常表現在在兩個方面：一、「正經文」，二、「正經義」。例如唐太宗以「經籍去聖久遠，文字多訛謬」之因，詔顏師考定五經文字；後又以「儒學多門，章句繁雜」之故，令孔穎達與諸儒撰定《五經正義》等，皆是對於經典從事整理考訂的工作。

由於文字是一切知識、學問的基礎，而「正經文」又為「正經義」的前置工作，因此考訂文字的形、音、義，對於解讀經典至為重要，而顧炎武的《補正》亦不外乎此者，其於文字的考訂，茲分述如下：

一、《左傳》文字的考訂

經書的流傳，無論是成於口授，或有所本，均會使書籍產生文字上的訛誤。前者因口授筆書而發生錯訛，後者則是在傳鈔或板本流衍過程中所造成，而兩者均會造成因一字一句的差異，進而影響到經書解讀的正確性，顧氏於此，乃有所注意，如隱公八年《傳》：「諸候以字為謚，因以為族。」杜預於此《注》曰：「或使即先人之謚，稱以為族。」[註8] 顧氏則云：

> 陸氏曰：按：鄭康成駁許叔重《五經異義》引此《傳》文云：「諸候以字為氏。」今作謚者，傳寫誤也。朱子曰：「以字為氏，如鄭之國氏，本子國之後；駟氏本子駟之後。」下云：「公命以字為展氏。」是也。（卷上，頁三）

此乃顧氏直接引用陸粲之說，以釐清文字差異。蓋杜預所見，乃是「諸候以字為謚」；鄭玄所引，則作「諸候以字為氏。」二人所見不同，因此舉以朱子所謂鄭國國氏、駟氏二族之所自（鄭國七穆之二）。最重要的是，以下文有「公命以字為展氏。」因而認為作「氏」為確，作「謚」乃非。又鄭玄在杜預之前，故斷定此乃傳寫所誤，而杜預從而釋之，亦隨其誤。顧氏雖沒有點出杜

[註8] 【晉】杜預、【唐】孔穎達：《左傳注疏》（臺北：藝文印書館，1993年影印嘉慶二十年江西南昌府學刊本），卷4，頁12。

《注》的錯誤，但已不辯自明了。

又如僖公二十六《傳》：「室如懸罄。」顧氏云：

> 罄，《國語》作「磬」。韋昭《解》：「府藏空虛，但有楝梁如懸磬也。」

> 傅氏曰：「《禮記》：『磬于甸人。』《注》引此傳文，正作「磬」。（卷
> 上，頁十八）

罄、磬兩字，常易混淆，顧氏見年代稍早於杜預的韋昭，在其《國語注》作
「磬」，又從傅遜所得的《禮記》注文所引此傳文，亦作磬，顧氏因而補正之。

再如昭公二十二年《傳》：「毀其西南。」顧氏《補正》曰：

> 《唐石經》此下有「子朝奔郊」四字。（卷下，頁十三）

今本《左傳》查無「子朝奔郊」事，而顧氏見《唐石經》有此四字，故補述
以存文獻。案：此《傳》之上有「王師軍於京楚。辛丑，伐京。」杜《注》
云：「京楚，子朝所在。」〔註9〕蓋此次攻伐，對象即為子朝。因此，在「伐
京，毀其西南」之後，子朝必奔，則《唐石經》有「子朝奔郊」句，顧氏見
此，認為符合事件發展的合理性，且或有所本，於是補之。

此外，顧氏尤為重視群經記載的文字差異，如襄公二十五年《傳》：「《詩》
所謂：我躬不說，皇恤我後者。」顧氏說：

> 〈谷風〉、〈小弁〉皆有此文。說，《詩》作閱；皇，《詩》作遑。（卷
> 中，頁二十四）

又如文公五年《傳》：「沈漸剛克。」《補正》云：

> 補云：漸，《書》作潛。（卷中，頁三）

又如哀公六年《傳》：「惟彼陶唐，帥彼天常，有此冀方。」顧氏曰：

> 《古文尚書・五子之歌》也。今《書》無「帥彼天常」句。（卷下，
> 頁二十二）

再如僖公十二年《傳》：「王曰：『舅氏，余嘉乃勳，應乃懿德，謂督不忘，往
踐乃職，無逆朕命。』」《補正》云：

> 按：此數語與《書・微子之命》相類，從《書》作「篤不忘」較明。
> 古字通用，或傳訛，未可知也。（卷上，頁十三）

前面三例，顧氏並無批駁、辨析之語，而著重在呈現文獻的差異。而後面一
例，則可知顧氏認為這種差異，或為古字通用，或為傳寫所誤，而在未可知
也的情況下，顧氏僅作文獻上的提示而已，由此亦可見其謹慎的態度。

〔註9〕《左傳注疏》，卷50，頁17。

二、考訂文字音義

研讀經書，必先從考訂文字著手，俾使文獻資料正確無誤後，再予從事文字上的解釋，從而了解聖人蘊含在經典中的大義。因此，焦竑即說：

> 士未有不通古人之經，而能知其義者，亦未有不通古人之字，而能知其經者。〔註10〕

焦氏認爲欲通古人之義，必先通古人之經，而欲通古人之經，則以通古人之字爲先。因此，他強調「欲讀古書」，必先「通字學」〔註11〕，而這種觀念，在宋人早已有之，鄭樵云：

> 經術之不明，由小學之不振；小學之不振，由六書之無傳。聖人之道，惟藉六經。六經之作，惟藉文言。文言之本，在於六書。六書不分，何以見義？〔註12〕

鄭氏所謂，乃指小學爲通經之基礎，而小學則以文字音義方面著手，以達成通經的目標。因此，顧炎武在《左傳杜解補正》花了極高的篇幅比例從事文字音義的考訂，其原因不外是杜《注》於文字的訓詁多所違誤，以致《左傳》文義，晦澀難曉，例如莊公二十八年《傳》：「晉人謂之二五耦。」杜《注》解釋曰：「言二人俱共墾傷晉室若此。」〔註13〕顧氏《補正》於此則云：

> 言相比爲奸也。古人共耕曰耦，共射亦曰耦。僖九年《傳》曰：「耦俱無猜。」此解云：「墾傷晉室」，太巧。（卷上，頁八）

杜預以「耦」爲「耕耦」之耦，故有「墾」義，於是訓爲二五「墾傷晉室」。杜預此解看似並無不妥，顧氏則以爲此解太巧。他認爲古人共耕、共射皆曰耦，更舉以僖公九年《傳》：「耦俱無猜」爲證，則耦爲「二人相從」之義，故訓解爲二五（外嬖梁五與東關嬖五）兩人朋比爲奸。

又如僖公二十二年《傳》：「金鼓以聲氣。」杜《注》：「鼓以佐士眾之聲氣。」〔註14〕《補正》則云：

〔註10〕 【明】焦竑：《焦氏澹園集》（臺北：偉文圖書公司，1977 年），卷 15，頁 551。
〔註11〕 【明】焦竑：〈徐廣註誤〉，《筆乘》（臺北：臺灣商務印書館，1971 年《人人文庫》第 120 冊），卷 2，頁 32。
〔註12〕 【宋】鄭樵：〈六書略序〉，《通志》（北京：中華書局，1995 年），上冊，頁 233。
〔註13〕 《左傳注疏》，卷 10，頁 14。
〔註14〕 《左傳注疏》，卷 15，頁 4。

聲如「金聲而玉振之」之聲。劉用熙曰：「聲，宣也。」宣唱士卒之
勇氣。（卷上，頁十六）

杜預並「聲氣」爲一詞解釋，且於「金」字無所置辭。因此顧氏以爲不然，
他採用劉用熙所言，以「聲」當作「宣」解，則全句當解釋爲鳴金鼓以宣唱
士卒之勇氣。顧氏以爲如此的解釋，較合於《傳》義。

又如成公二年《傳》：「畏君之震。」杜《注》曰：「震，動也。」〔註15〕
《補正》云：「震，威也。」（卷中，頁十三）杜預注「震」爲「動」，乃順其
字而解其義，故解得似乎理所當然，然以之解讀《傳》義，未免不叶。顧氏
在此，僅作簡單的訓解：「震，威也。」而之所以如此從略爲之，乃由於在閔
公元年《傳》：「安而能殺」條已有解釋：

補云：《國語》曰：「車有震武也。」震有威武之象，故曰殺。（卷上，
頁九）

可知亭林此解，乃從《國語》而來，因而所釋不僅有理，且較杜預有據。

再如定公四年《傳》：「嘖有煩言。」杜《注》：「嘖，至也。煩言，忿爭。」
〔註16〕《補正》云：

嘖，爭言也。《管子》有嘖室之議，《荀子》：「嘖焉而不類」（卷下，
頁十八）

杜預訓「嘖」爲「至」，全句即爲「至有（於）忿爭」。而顧氏舉《管子》、《荀
子》爲證，認爲「嘖」乃爭言之義。二氏所訓，皆有其理，然案孔《疏》云：

嘖，至。賈逵云然，是相傳訓也。《易・繫辭》云：「聖人有以見天
下之賾」，謂見其至深之處，賾亦深之義也，謂至於會時有煩亂忿爭
之言，無才辨者，莫之能治也。〔註17〕

孔《疏》謂杜預此訓爲相傳之故訓，且引《易・繫辭》之言，謂嘖有至、深
之義，因此杜氏訓解，似無不當之處。然顧氏所解，乃以《管子》、《荀子》
二書爲據，似也有理，可備爲一說。

除了訂正杜《注》訓解字義錯訛外，《補正》於杜《注》未予訓解之字，
亦有所補，如莊公二十一年《傳》：「鄭伯享王于闕西辟。」杜預於「辟」字
無解。《補正》則云：「補云：辟，偏也。」（卷上，頁七）又如襄公十九年《傳》：

〔註15〕《左傳注疏》，卷25，頁15。
〔註16〕《左傳注疏》，卷54，頁13。
〔註17〕《左傳注疏》，卷54，頁13。

「夫銘天子令德。」杜預總其義，注曰：「天子銘德不銘功。」〔註18〕顧氏則訓「令」：「令猶龜令之令，言以德布於銘也。」（卷中，頁二十一）再如昭公二十二年《傳》：「無亢不衷，以獎亂人。」杜預於此沒有任何解釋，而顧氏則補之云：「舉而高之曰亢，不衷猶言不端。」則「無亢不衷」，謂不提拔不端正的人。諸如此者，皆是顧氏於杜《注》未注處之所補者。

而由於顧氏主張「考文自知音始」，因此在《補正》中也偶有用及藉音聲以訂正杜《注》訓解之失者，如昭公三年《傳》：「今嬖寵之喪，不敢擇位，而數於守適。」《補正》云：

　　　　數，列也，音色主反。（卷下，頁三）

顧氏訓「數」為「列」，強調其音為「色主反」，蓋緣於杜《注》：「不敢以其位卑，而令禮數如守適」〔註19〕，以數為「禮數」之數。若如杜預所言，則《傳》文應作「數如守適」，而非「數於守適。」因此顧氏認為數當為「音色主反」之數，於義宜訓解為「列」，則「數於守適」為「列於守適」，而根據上文「不敢擇位」之句，可知乃就地位而言，因知亭林之說於《傳》義則盡符合之。

再如昭公三年《傳》：「豆、區、釜、鐘。」杜《注》：「四豆為區，區斗六升，四區為釜，釜六斗四升。」〔註20〕《補正》云：

　　　　毛晃曰：「豆，當音斗，後人誤作俎豆之豆用之。」《考工記》：「一獻而三酬，則一豆矣。」豆，古斗字。（卷下，頁三）

顧氏於此，用毛晃、《考工記》的資料，透過豆音斗的音義聯結，故訓「豆」為「斗」。如此，則與杜預所注有所落差。核之其下《傳》文：「四升為豆，各自其四，以登於釜。」若用「斗」釋「豆」，而以觀下文，於《傳》較為井然分明。

三、審訂詞語

清儒戴震有言：

　　　　經之至者道也，所以明道者詞也，所以成詞者字也。由字以通其詞，

〔註18〕《左傳注疏》，卷34，頁4。
〔註19〕《左傳注疏》，卷42，頁7。
〔註20〕《左傳注疏》，卷42，頁9。

> 由詞以通其道，必有漸。〔註21〕

又說：

> 經之至者道也，所以明道者其詞也，所以成詞者，未有能外小學文
> 字者也。由文字以通乎語言。由語言以通乎古聖賢之心志，譬之適
> 堂壇之必循其階，而可以躐等。〔註22〕

上面所引述的兩段文字，皆爲戴震強調文字是通經的基礎，而詞乃是字的延伸，是所以明經典求至道之途徑。因此，詞語的解釋，也是訓詁的一環。《左傳》內容宏富，而多古言古字，杜《注》雖號稱精密，然猶有未備之處，此即顧炎武《補正》尤爲用心所在，如隱公元年《傳》：「莊公寤生，驚姜氏。」杜預於此，解曰：「寐寤而莊公已生。」〔註23〕顧氏《補正》則云：

> 《解》：「寐寤而莊公已生。」恐無此事。應劭《風俗通》曰：「兒墮
> 地能開目視者爲寤生。」（卷上，頁一）

杜預謂姜氏在寤寐之間而生莊公，顧氏以情理推之，認爲必無可能。且如此生產，則極爲順利，又何以驚姜氏？而以《史記·鄭世家》所載記的相同事件，也僅就其意說：「生之難」，則可知其爲難產。然而古人於「寤生」二字，多無解釋，唯有應劭《風俗通》：「兒墮地能開目視者爲寤生。」其說雖屬怪異，但是在可資憑據的情況下，顧氏仍據以訂正杜《注》不合情理的訓解。

又如莊公二十二年《傳》：「翹翹車乘。」《補正》云：

> 《解》曰：「翹翹，遠貌。」傅氏曰：「高貌。」按《詩》：「翹翹錯
> 薪。」錢氏曰：「翹翹，高聳貌。」此於車乘，亦當訓高。（卷上，
> 頁七）

「翹翹」，杜預訓爲「遠貌」，而顧氏參照傅氏、錢氏之說，又以翹翹用於車乘，因此主張當訓「翹翹」爲高。

又如襄公十二年《傳》：「夫婦所生若而人。」杜預於此，注曰：「不敢譽，不敢毀，故曰若如人。」〔註24〕顧氏《補正》云：

> 若而人猶言某某。（卷中，頁二十）

案：此乃周靈王求后于齊，齊侯問於晏桓子如何應對之事，其原文如下：

〔註21〕 【清】戴震：〈與是仲明論學書〉，《戴震文集》（北京：中華書局，1980年），
卷9，頁40。
〔註22〕 〈古經解鉤沈序〉，《戴震文集》，卷10，頁146。
〔註23〕 《左傳注疏》，卷2，頁15。
〔註24〕 《左傳注疏》，卷31，頁24～25。

靈王求后于齊，齊侯問對於晏桓子。桓子對曰：「先王之禮，《辭》

有之：天子求后諸侯，諸侯對曰：『夫婦所生若而人，妾婦所生若而

人』，無女而有姊妹及姑姊妹，則曰：『先守某公之遺女若而人。』」

齊侯許婚，使陰里逆之。〔註25〕

杜預所謂不敢毀譽曰若而人，而於「妾婦所生若而人」，注曰：「言非適也。」

〔註26〕蓋從地位言之，然就《傳》文上下觀之，則顯非言其地位。而顧氏以

「某某」訓解，於《傳》則文義暢然而明。

再如哀公十四年《傳》：「成子兄弟，四乘如公。」《補正》云：

傅氏曰：「四乘，四人同乘也。如文十一年富父終甥駟乘。」《解》

云：「兄弟八人。」不必皆在。（卷下，頁二十四）

杜預於此條傳文，於「成子兄弟」一句，歷數昭子莊、簡子齒、宣子夷、穆

子安、虞丘子意茲、芒子盈、惠子得」，加上成子，凡八人。〔註27〕又執著於

八人之數，乃訓「四乘」爲「二人共一乘」。顧氏於此則迻引傅遜所言：「四

乘」乃「四人共乘」爲訓，而認爲所謂「成子兄弟」乃是泛論，不必是八人

皆在，因此，也不必爲「二人共一乘」之說。

其他如昭公四年《傳》：「晉君少安，不在諸侯。」杜《注》謂：「安於少

小，不能遠圖。」〔註28〕於《傳》義未能盡符，《補正》則以「少安猶言少惰」

正之（卷下，頁四），於義乃合。又如昭公二十二年《傳》：「無亢不衷，以獎

亂人。」顧氏以「不衷」猶「不端」，而補杜預未注之闕漏。再如昭公十七年

《傳》：「其與不然乎！」釋「其與」猶曰「其諸」（卷下，頁十二）等，皆是

補正語詞之類者。

由於《左傳》多爲古字古言，亟賴訓詁以通一字一詞，而後乃藉由所得

字詞之義，構成一個完整的義理，這是與《春秋》宋學者只重經書義理的總

體闡釋，而較不重視零碎的訓詁以通經，其治學的次第與態度是截然有別的。

而顧氏在書中花了極多的篇幅，以從事文字、語詞的考訂，就是期望能補正

杜《注》所缺所失，使那些因杜預錯誤注解而晦澀難曉的《左傳》文義，得

以清楚明白地呈現，進而正確解讀經典。

〔註25〕《左傳注疏》，卷31，頁24～25。

〔註26〕《左傳注疏》，卷31，頁25。

〔註27〕《左傳注疏》，卷59，頁15。

〔註28〕《左傳注疏》，卷42，頁21。

第四節　考訂地理的闕誤

　　《春秋》本爲魯國史記，《左傳》又以史事解釋之，其間涉及列國地理者甚多，而這些列國地名看似與經義解釋毫無關聯，卻往往左右著義理的闡述，因此清儒江永在其《春秋地理考實‧序》中說：

　　　　讀《詩》者，當以鳥獸草木爲緒餘；讀《春秋》者，當以列國地理爲緒餘。〔註29〕

江氏所謂，即承認地理之考訂是爲《春秋》研究的一環，而歷代學者對於春秋時代地名的考訂，莫過於杜預的《春秋釋例》，他在《春秋經傳集解‧序》中說：

　　　　……又別集諸例及地名、譜第、曆數，相與爲部，凡四十部，十五卷，皆顯其異同，從而釋之，名曰《釋例》。〔註30〕

可知杜預在注解《左傳》的同時，亦別爲《春秋釋例》一書，而地名的解釋即爲其中之一項。

　　《春秋釋例‧土地名》謂《左傳》所記載的地名，「大凡一千二百一十二」，其中有五百五十九之數，闕疑無注，因知所缺業已過半。〔註31〕至於闕疑的理由，杜預說：

　　　　書契以來，歷代七百，餘年數十，其名號處所，因緣改變，加以四方之語，音聲有楚夏，文字有異同，或一地二名，或二地一名，或他國之人，錯得他國田邑，縣以爲己數，暨難綜練，且多謬誤闕疑。

　　　　〔註32〕

杜預以爲春秋地名之所以錯綜複雜，其理由有三：一、時代的變遷，二、語言文字的差異，三、政治情勢的轉變。這三種原因造成了杜預注解地名的闕疑殆半，甚或是有注即誤的情形。之後，孔顯達作《五經正義》，又秉持「疏不破注」的原則，對於杜預的闕疑之處，亦多略而不言。

　　明代中葉以後，考據之學漸興，學者對於地理之學多有用心，楊愼著有《春秋地名考》一卷，惜已不傳，而逮至顧炎武撰作《左傳杜解補正》更對杜預於地名闕誤之處予以考訂，例如隱公二年《傳》：「莒人入向。」顧氏曰：

〔註29〕【清】江永：《春秋地理考實》（臺北：復興書局，1972 年影印皇清經解本），〈自序〉，卷 251，頁 1
〔註30〕杜預：〈春秋經傳集解序〉，《左傳注疏》，卷 1，頁 21。
〔註31〕【晉】杜預：《春秋釋例‧土地名序》（北京：中華書局，1985 年《叢書集成初編》第 3629 冊），卷 5，頁 106。
〔註32〕《春秋釋例》，頁 104。

《解》：「譙國龍亢縣東南有向城。」非也。於欽《齊乘》言：「今沂
州西南一百里有向城鎮。」桓十六年：「城向」。宣四年：「公及齊侯
平莒及鄭，莒人不肯。公伐莒，取向。」襄二十年：「仲孫速會莒人，
盟于向。」杜氏於宣四年《解》曰：「向，莒邑，東海承縣東南。遠，
疑也。」按：春秋「向」之名四見於《經》，而杜氏解爲三地，然其
實一向也。先爲國，後并於莒，而或屬莒，或屬魯，則以攝乎大國
之間耳。龍亢在今鳳陽之懷遠，尤遠，惟沂州之向城近之。（卷上，
頁一至二）

顧氏認爲「向」之名雖四見於《春秋》，而其實爲一地。而就其所繫，則時而
屬莒，時而屬魯，因此推測其地當處魯、莒兩國之間，情勢使然。杜預在宣
公四年注解爲「東海承縣東南」，卻又懷疑其地甚遠。然而，顧氏則認爲杜預
此注（隱公二年）中的「龍亢縣」更遠乎其上（距莒、魯之間），故當以「沂
州之向城」爲是。

莊公三十二年《傳》：「城小穀，爲管仲也。」《補正》云：

小穀不繫齊，疑《左氏》誤。范甯解《穀梁傳》曰：「小穀，魯邑。」
《春秋發微》曰：「曲阜西北有故小穀城。」按：《史記》：「漢高帝
以魯公禮葬項王，穀城當即此地。」杜《解》以此小穀爲齊邑，濟
北穀城縣城中有管仲井，劉昭《郡國志》、酈道元《水經注》皆同。
按：《春秋》有言「穀」，不言「小」者：莊二十三年：「公及齊侯遇
於穀。」僖二十六年：「公以楚師伐齊，取穀。」文十七年：「公及
齊侯盟于穀。」成五年：「叔孫僑如會晉荀首於穀。」四書穀而一書
小穀，別於穀也。又昭十一年《傳》曰：「齊桓公城穀而寘管仲焉，
至於今賴之。」則知《春秋》四書之穀，即管仲所封在濟北穀城。
而此之小穀，自爲魯邑爾。況其時齊桓始霸，管仲之功，尚未見於
天下，豈遽勤諸侯以城其私邑哉？（卷上，頁八至九）

范甯、《春秋發微》、《史記》皆以小穀繫于魯，而《左傳》、杜《注》、劉昭《郡
國志》、酈道元《水經注》則認爲小穀當爲齊邑，二說莫衷一是。因此，顧氏
從《春秋》四書穀而一書小穀的記載，推知小穀與穀當爲分別之兩地。而又
提出昭公十一年《傳》爲證，知齊桓公爲管仲所城者爲穀，而魯之所城者，
乃己邑之小穀。故而顧氏提出齊桓、管仲「豈遽勤諸侯以城其私邑」的反問，
也質疑《左傳》記事之錯誤。

　　以上兩例，均爲顧氏諟正地理的錯誤，而補闕者，則如閔公二年《傳》：
「立戴公以廬於曹。」《補正》：

　　　曹，《詩》作漕。鄭志答張逸曰：「漕邑在河南，今大名府滑縣南二
　　　十里有白馬城故城是也。」（卷上，頁九）

閔公二年，衛懿公好鶴，荒怠國政，而爲狄人所破，衛國遺民乃立戴公於曹。
因尚在衛境，故杜《注》曰：「曹，衛下邑。」〔註33〕僅如此訓解而已，而未
明方位所在。因此顧氏乃以《詩》作「漕」，再尋繹鄭志答以張逸之言，核定
曹地乃位在河南大名府滑縣南二十里的白馬城，更以此而補杜《注》之未足。
　　又如襄公二十三年《傳》：「張武軍於熒庭。」《補正》曰：

　　　今翼城縣東南七十五里有熒庭城。《水經注》：「紫谷水西逕熒庭城
　　　南。」（卷中，頁二十三）

熒庭，杜《注》僅粗略地解爲：「熒庭，晉地。」〔註34〕因此，顧氏則補以當
時熒庭所在，且以《水經注》爲證。
　　值得注意的是，自明代中葉以後，從事考據的學者，如楊慎、朱謀㙔、
周嬰、方以智等，或利用《水經》從事地理的考證工作，這個風氣延續至顧
炎武，更譽《水經》爲「有明一部書」，〔註35〕且將其用之於地理的考證上，
因此在《左傳杜解補正》中，時而見到顧氏運用《水經注》來考訂杜《注》
於地理的闕誤，如成公七年《傳》：「子重請取于申、呂，以爲賞田。」顧氏
云：

　　　王應麟曰：「《國語》：史伯曰：『當成周者，南有申、呂。』」《漢‧
　　　地理志》：「南陽宛縣申伯國。」《詩》、《書》及《左氏解》不言呂國
　　　所在。」《史記正義》引《括地志》云：「故呂城在鄧州南陽縣西。」
　　　徐廣云：「呂在宛縣。」《水經注》亦謂：「宛西呂城，四嶽受封。」
　　　然則申、呂，漢之宛縣。（卷中，頁十四）

申、呂爲楚國二地，而群書所記，但言申而不及呂。顧氏以《括地志》爲資，
得知呂與申同在南陽，而又以徐廣所言、《水經注》所記，證明呂在宛西。
　　又如襄公二十三年《傳》：「封少水。」《補正》曰：

　　　《水經注》引京相璠曰：「少水，今沁水。」（卷中，頁二十三）

<hr />

〔註33〕《左傳注疏》，卷11，頁10。
〔註34〕《左傳注疏》，卷35，頁14。
〔註35〕梁啓超：《中國近三百年學術史》（臺北：臺灣中華書局，1987年），頁241。

杜《注》於此，曰：「封晉尸於少水，以爲京觀。」〔註36〕僅就「封」字作解，而於「少水」無說。因此顧氏直接引用《水經注》引京相璠所言，訂少水爲沁水。

再如定公十年《傳》：「公會齊侯于祝，其實夾谷。」《補正》曰：

> 在今萊蕪縣。按：杜《解》及《史記》、服虔注，皆云：「在東海祝
> 其縣。」今淮安府之贛榆。遠，非也。《水經》注「萊蕪」曰：「城
> 在萊蕪，各當路岨絕兩山間，道由南北門。」舊說云：「齊靈公滅萊，
> 萊民播流此谷，邑落荒蕪，故曰「萊蕪」。〈禹貢〉所謂：「萊，夷也。」
> 夾谷之會，齊侯使萊人以兵刼魯侯，宣尼稱夷不亂華是也。」是則
> 會於此地，故得有萊人，非召之東萊千里之外也。不可泥祝其之名，
> 而遠求之海上矣。（卷下，頁二十一）

顧氏以爲杜預、《史記》、服虔皆泥於祝其之名，而未考慮其地遠在海隅。因而以《水經》、〈禹貢〉所載，認爲祝當是「萊蕪」，而《水經》所載，更及於地貌，其說尤確。

此外，顧氏在考訂地理上，並不滿足於紙上文獻的求證而已，他也重視實地探訪得的資料，他說：

> 余自少時，即好訪求古人金石之文，而猶不甚解。及讀歐陽公《集
> 古錄》，乃知其事多與史書相證明，可以闡幽表微，補闕正誤，不但
> 詞翰之工而已。比二十年間，周遊天下，所至各山、巨鎮、祠廟、
> 伽藍之跡，無不尋求。登危峰、採窈窕、捫落石、履荒榛、伐頹垣、
> 畚朽壤，其可讀者，必手自鈔錄，得一文爲前人所未見者，輒喜而
> 不寐。〔註37〕

由其所至之地，可見其遊歷之廣；觀其採訪之狀，可見其蒐求之勤，故所得金石之文，當亦從事於學問之考究，而於《左傳杜解補正》中，用金石之文考訂者如文公七年《傳》：「敗秦師于令狐，至于刳首。」顧氏曰：

> 《水經注》引闞駰曰：「令狐即猗氏，刳首在西三十里。」〈後漢衛
> 敬侯碑〉陰文：「城惟解梁，地即刳首，山對靈足，各當猗口。」刳
> 字作郋，《玉篇》：「郋，口孤切，秦地，在河南。」當是河東之誤。

<hr>

〔註36〕《左傳注疏》，卷35，頁14。
〔註37〕【清】顧炎武：《金石文字記·序》（上海：上海古籍出版社，1995年《續修四庫全書》第1402冊），卷前，頁1。

（卷中，頁三至四）

此以〈後漢衛敬侯碑〉的碑文，作爲輔助考訂「刲首」之佐證。

又如定公五年《傳》：「卒於房。」顧氏曰：

> 房，疑即防字。古卩字作阜，脫其下而爲防字。〈漢仙人唐公房碑〉
> 可證也。（卷下，頁十九）

顧氏懷疑「房」字乃「防」字，並舉以〈漢仙人唐公房碑〉，證成己說無誤。

《左傳杜解補正》考釋地裡的內容，與亭林另一部興地之作——《天下郡國利病書》大不相類，例如在前面所述的「祝（夾谷）」，亭林考訂其地名當爲「萊蕪」，而非杜預等人所說的「東海祝其縣」。同此，《天下郡國利病書》於「萊蕪」則敘述其兵防險要，曰：

> 大王莊在縣西北六十里，南去劉元帥寨十里，累生變逆。東、西、
> 北三路皆阻高山峻嶺，惟南面通劉元帥寨，爲泰安山顏神。山徑僻
> 路，可以扼截。若守劉元帥，即大王莊無虞矣！委義勇官及鄉長守
> 之。夾谷嶺在縣西南三十里，與新泰楊柳店接盜賊之區，委義民官
> 守之。〔註38〕

據上，可知《補正》側重於地理方位、名稱的考釋，而《天下郡國利病書》則著重於經世致用之道，其注重層面之不同，乃因《補正》即是規杜而作，與《天下郡國利病書》的著作宗旨不盡相同。

與《補正》其他條目多引邵寶、陸粲、傅遜之說有所不同，顧氏在考訂地理上多爲己見，且補正的春秋地理爲數不少。這實賴於其自身的學養，透過大批文獻的比勘推衍，再加以實地的採訪，參酌印證，方能有此。其於《春秋》經傳地理的關注，也爲乾嘉學者所承襲，使之成爲更專門的地理考據。

第五節　考訂《春秋》經傳人物

《春秋》經傳所載記的人物，或由於氏族的支分派別，或由於爵秩的時異地殊，或由於異人而同名，或由於異名而同人，以致學者往往淆而列之，繁賾難紀，〔註39〕其「見於《春秋》經傳人名之概數，從來無人計及之也。」

〔註38〕 【清】顧炎武：《天下郡國利病書》（臺北：臺灣商務印書館，1966 年），第
31 冊，頁 58。

〔註39〕 【清】錢椒：《春秋左傳釋人‧序》（上海：上海古籍出版社，1995 年《續修
四庫全書》第 124 冊），卷前，頁 1。

〔註40〕

　　自《春秋》之學興起，即有以討論《春秋》經傳人物爲主的著作，其中又以《漢書‧古今人表》、杜預《春秋釋例‧世族譜》二卷、不著撰人的《春秋左氏諸大夫世族譜》十三卷、馮繼先《春秋名號歸一圖》二卷，程公說《春秋分紀》中的〈世譜〉、〈名譜〉等爲最者。而杜預既爲「《左氏》之忠臣」，其《春秋釋例，世族譜》將《春秋》經傳記載之人物分國分氏，載列一千四百餘人，然僅及《春秋》經傳載列人物之半，且所注詳略不一，甚爲闕漏。因此，顧炎武在補正杜《注》缺失時，人物亦是其補正的重點之一。

一、對於人物的訂正

　　僖公十五年《傳》：「瑕呂飴甥。」《補正》云：

　　　　呂，氏也；瑕，其邑名。如成元年：「瑕嘉」之瑕，蓋兼食瑕、陰二邑，非姓也。（卷上，頁十四）

亭林之所以辯證此條，蓋由於杜預謂：「瑕呂飴甥，即呂甥也，蓋姓瑕呂，名飴甥。」〔註41〕而顧氏舉以成公元年《傳》爲例，認爲呂是氏，瑕當爲其食邑之名，而非杜預所說兩者合爲一姓。

　　昭公十四年《傳》：「司徒老、祁慮癸。」杜《注》曰：「二人，南蒯家臣。」〔註42〕《補正》，云：

　　　　當從服氏說，以二人爲季氏家臣。其請於南蒯亦稱臣者，古人之謙辭爾。《史記‧高祖紀注》：「張晏曰：『古人相與言，多自稱臣，猶今人相與言，自稱僕也。』」（卷下，頁十至十一）

案：此事爲南蒯欲張魯公室而叛季氏，乃要盟於司徒老、祁慮癸二人。杜預見《傳》中有二人向南蒯自稱臣之文，遂以二人爲「南蒯家臣」，然而根據事後的發展，二人「僞廢疾」、「請待閒而盟」、「劫南蒯」、「歸費」於魯等事，皆不似爲南蒯家臣所爲。從事情的發展態勢，又舉以張晏所說，因此顧氏認爲當從服虔所說的「季氏家臣」爲是。

　　定公四年《傳》：「楚子取其妹季芊畀我以出。」顧氏云：

〔註40〕程發軔《春秋人譜‧前言》：「統計人名之見於經傳者，以晉國爲最多，計四百十一人，〔……〕，或不免有重複，然見於春秋經傳人名之概數，從來無人計及之也。」（臺北：臺灣商務印書館，1990年），頁3～4。
〔註41〕《左傳注疏》，卷14，頁7。
〔註42〕《左傳注疏》，卷47，頁2。

服云：「畀我，季芊之字。」下文但言季芊，知非二人。（卷下，頁十九）

杜《注》於此無說，而《釋文》則曰：「季芊、畀我，皆平王女也。服云『畀我，季芊之字。』」〔註43〕案：此事蓋由於吳攻伐楚國，入其郢都，楚昭王「取其妹季芊畀我以出」，而《釋文》注曰：「皆平王女也」，則以季芊、畀我爲二女。顧氏則從後有：「王奔鄖，鍾建負季芊而從」的傳文〔註44〕，推知季芊、畀我當爲同一人，而認爲當以《釋文》備列一說的服虔所釋爲確。

二、對於人物的補闕

昭公十年《傳》：「戊子，逢公以登。」顧氏曰：

補云：逢公，亦姜姓，見《國語》。（卷下，頁八）

杜預之注解「逢公」，僅說：「逢公，殷諸侯，居齊地者。」〔註45〕未及其姓氏，顧氏從《國語》尋繹資料，補其姓爲姜姓。

隱公五年《傳》：「使曼伯與子元潛軍，軍其後。」《補正》云：

無解。子元疑即厲公之字。昭十一年，申無宇之言曰：「鄭莊公城櫟而寘子元焉，使昭公不立。」杜以爲別是一人，厲公因之，以殺曼伯而取櫟，非也。蓋莊公在時，即以櫟爲子元之邑，如重耳之蒲，夷吾之屈，故厲公於出奔之後，取之特易。曼伯則爲昭公守櫟者也。九年，公子突請爲三覆以敗戎。桓五年，子元請爲二拒以敗王師，固即厲公一人，而或稱名，或稱字耳。合三事觀之，可以知厲公之才略，又資以嚴邑，能無簒國乎？（卷上，頁二）

杜預在此條傳文，並沒有任何解釋，因此顧氏予以考訂。首先，顧氏舉以昭公十一年《傳》所載申無宇之言爲證，斷定櫟城爲鄭莊公封予子元之食邑。因此，在厲公出奔之後，而能取之甚易。又舉以三事，以證厲公（子元）之才略，認爲既有嚴邑之資，又有雄才之略，終使厲公得以入鄭，而取得國君之位。因此，在眾多條件符合的情況下，顧氏懷疑子元當爲鄭厲公之字。

除了補正杜《注》於人物的闕漏與錯誤外，顧氏也對杜預在注解上的小缺失，亦有所留意，例如僖公九年《傳》：「晉郤芮使夷吾重賂秦以求入。」

〔註43〕《左傳注疏》，卷54，頁24。
〔註44〕《左傳注疏》，卷54，頁25。
〔註45〕《左傳注疏》，卷45，頁11。

顧氏曰：

> 郤芮解宜在六年「伐屈」條下。（卷上，頁十二）

又如成公三年《傳》：「叔孫僑如圍棘。」《補正》云：

> 僑如解宜在二年「戰于鞌」下（卷中，頁十三）

杜預於郤芮、叔孫僑如並無注錯或缺注的情形，然而此二人在《傳》中首見，卻非杜預所注的僖公九年、成公三年。因此，顧氏認為當移注在二人首見的僖公六年與成公二年之下，如此方合注例。

再如僖公五年《傳》：「孔叔止之。」顧氏曰：

> 孔叔解已見三年，此重出。（卷一，頁十一）

杜預於僖公三年《傳》：「楚人伐鄭，鄭伯欲成，孔叔不可」，注云：「孔叔，鄭大夫。」〔註46〕又於此條之下，注云：「孔叔，鄭大夫。」則重出的情形甚為明瞭。雖然這不妨害《傳》文的正確解讀，但是卻呈現杜預在注解上的小疏忽，而經由顧炎武的提示，更可瞭解其於注解上的認知與見解。

要之，《春秋》經傳所記載的人物，往往為人所忽略，然而其重要性可由《四庫全書總目》的敘述即可知曉：

> 雖似與經義無關，然讀經傳者，往往因官名、地名、人名之牴異；
> 於當日之事迹，不能融會貫通，因於聖人之褒貶，不能推求詳盡，
> 如胡安國之誤執季孫，橫生異論；毛奇齡之附會尹氏，牽合正經者，
> 蓋有之矣。〔註47〕

看似與經義毫無所涉的人名，往往因記載的不同，而造成解經上的困擾，即如善說《春秋》的胡安國、毛奇齡，也深受其害，以致不能推求經義，由此可知，人物的考訂工作，對於《春秋》經傳的研究，至為重要。而顧炎武撰作《左傳杜解補正》對此亦有所補闕考訂，對於杜《注》在注解體例上的微小疏忽亦有所注意，可是其撰作此書，乃在於對於傳注的重視。

第六節　禮制方面的討論

《春秋》之作，乃源於禮崩樂壞，因此孟子說：

> 世衰道微，邪說暴行有作。臣弒其君者有之，子弒其父者有之。孔

〔註46〕《左傳注疏》，卷12，頁21。
〔註47〕【清】永瑢、紀昀等：《四庫全書總目‧春秋識小錄提要》（臺北：藝文印書館，1997年），卷29，頁30。

子懼，作《春秋》。〔註48〕

孔子既懼於禮制的崩壞，而作《春秋》一經，因此三《傳》在解釋《春秋》時，亦以禮為核心，如《公羊傳》在解釋僖公八年：「秋，七月，禘于太廟，用致夫人」的經文，說：

用者何？用者不宜用也。致者何？致者不宜致也。禘用致夫人，非禮也。〔註49〕

又如桓公二年《經》：「夏，四月，取郜大鼎于宋。戊申，納于太廟。」《穀梁傳》解釋道：

桓內弒其君，外成人之亂，受賂而退，以事其祖，非禮也。〔註50〕

再如《左傳》解釋宣公八年：「冬，十月，己丑，葬我小君敬嬴。雨不克葬。庚寅，日中而克葬」的經文：

冬，葬敬嬴，旱，無麻，始用葛茀。雨，不克葬，禮也。禮，卜葬，先遠日，避不懷也。〔註51〕

三《傳》皆用「禮也」、「非禮也」，以闡述經旨，可見三《傳》於此的重視。而顧炎武在《左傳杜解補正》中亦針對杜預解釋禮制不合理處多所補正，如隱公元年《傳》：「弔生不及哀」，顧氏云：

杜氏主短喪之說，每於解中見之，謂既葬除喪，諒闇三年，非也，改云：不當既封反哭之時。（卷上，頁一）

杜預於此云：「諸侯已上，既葬則縗麻除，無哭位，諒闇終喪。」〔註52〕而《傳》文謂：「天子七月而葬，同軌畢至；諸侯五月，同盟至；大夫三月，同位至；士踰月，外姻至。贈死不及尸，弔生不及哀，豫凶事，非禮也。」〔註53〕案：宰咺歸賵事在隱公元年秋七月，時距惠公之葬，當已逾七月以上，是以《傳》文謂之「緩」，而杜預以「短喪」之說來解釋「緩」之緣由，因此亭林非之。

然而，亭林雖反對杜預的短喪之說，卻沒有再詳細的辨正，因此清儒在

〔註48〕《孟子注疏》（臺北：藝文印書館，1993 年影印嘉慶二十年江西南昌府學刊本），卷6，〈滕文公下〉，頁4。

〔註49〕《公羊注疏》（臺北：藝文印書館，1993 年影印嘉慶二十年江西南昌府學刊本），卷11，頁1。

〔註50〕《穀梁注疏》（臺北：藝文印書館，1993 年影印嘉慶二十年江西南昌府學刊本），卷3，頁5。

〔註51〕《左傳注疏》，卷22，頁8。

〔註52〕《左傳注疏》，卷2，頁23。

〔註53〕《左傳注疏》，卷2，頁21～24。

此基礎上，對「弔生不及哀」有更爲精細的說法，惠棟說：

> 樸庵子惠子曰：「荀卿云：『貨財曰賻，輿馬曰賵衣，死也。送死不
> 及柩尸，弔生不及悲哀，非禮也。』贈弔之事，禮之大也。荀卿所
> 稱，乃時王之禮，故《左氏》依以爲說。杜元凱遂借以文其短喪之
> 說，誕之甚，妄之甚。」〔註54〕

惠棟的祖父認爲《左氏》「弔生不及哀」的說法乃依據荀子，以贈弔爲時王之
禮，而杜預則借文以行其短喪之說，則甚爲妄謬。顧棟高也對杜預所持短喪
之說，其原始本末，作了一番考究，他說：

> 後世謂杜預短喪，其詳具見《晉志》。考晉泰始十年，武元楊皇后崩。
> 既葬，博士張清議皇太子宜從權制，除喪即吉，陳逵議以爲宜終服
> 三年。有詔，更詳議。時預爲尚書，以爲日者天子諸侯三年之喪，
> 始同齊斬。既葬，除喪服，諒闇以居，心喪終制，不與士庶同禮。
> 皇太子宜卒哭，除衰麻，以諒闇終制。〔註55〕

顧棟高考之《晉志》，謂杜預短喪之論，乃緣於晉武帝之楊皇后崩逝，朝內博
士對於喪期長短，持論未定，因此下詔更令詳議，而杜預則取媚於當時的政
治情勢，故而主張短喪之說。對於其成說之過程、動機，均有一定的交代。

又如僖公三十三年《傳》：「葬僖公，緩，作主，非禮也。」顧氏云：

> 劉原父曰：「當以『緩作主』爲一句」，此傳《經》書「文二年二月
> 丁丑作僖公主」之義，卒哭而祔，祔而作主，今僖公以文元年四月
> 葬，二年二月始作主，過祔之期。（卷上，頁二十一）

亭林此條利用文字的句讀以補正杜《注》，他採用劉敞之說，以爲此句當讀作
「葬僖公，緩作主，非禮也。」杜《注》解禮未全，亭林以祔而作主之期過
久爲非禮，故正之。

又如僖公三十三年《傳》：「遂墨以葬文公，晉於是始墨。」顧氏云：

> 喪事有進無退，已墨則不復反衰，故遂墨以葬文公。後遂墨以爲常，
> 則失禮甚矣。蓋以誇克敵之功，猶楚之乘廣，自邲之師而先左也。（卷
> 上，頁二十至二十一）

〔註54〕【清】惠棟：《春秋左傳補註》（臺北：藝文印書館，1986 年《皇清經解春秋
類彙編》第 2 冊），卷 1，頁 1。

〔註55〕【清】顧棟高：《春秋大事表・春秋左傳杜註正譌表敘》（臺北：藝文印書館，
1986 年《續經解春秋類彙編》第 1 冊），卷 48，頁 1。

此乃論晉文公之薨，而「晉於是始墨」，從而衍生出關於喪服之制的爭論。顧炎武以爲晉將有戰事於秦國，而「喪事有進無退」，「遂墨以葬文公」。其後，一戰取勝，而爲了誇耀克敵之功，晉國以墨爲常制，顧氏認爲晉國失禮甚矣。

顧氏於杜預此《注》：「後遂常以爲俗，記禮所由變。」〔註56〕並無任何非議之語，然而沈欽韓則對杜預此注有所不滿，他說：

> 按：晉於是始墨者，謂自後喪葬，遇有兵戎盟會之事，遂援此以墨衰從事，非謂居常不用衰麻也。閔子要絰而服事，故曰：「君使之，非也。臣行之，禮也。」晉雖失禮，不至如杜預所說也。〔註57〕

沈氏以爲《左傳》所謂「晉於是始墨」，乃謂晉國自此而後凡遇有兵戎、會盟之事，則援此例以墨衰從事，居常亦猶用衰麻，並非如杜預所說，變常制以爲習俗，自此而後均以墨衰從事。因此，晉國遂行墨制，乃臣行君禮，亦不算失禮太甚。

顧炎武在《左傳杜解補正》中關於禮制方面的考訂並不多見，且約略其詞，不若爾後的乾嘉學者所論之既博且專。然而，學術研究的專精，必有賴前人爲之先導，乃知何者是眞？何者爲誤？而在既知正譌爲何的情況下，則不用再汲汲於考辨眞假對錯，而可從事進一步的考證工作，則顧炎武於此必有一定的提示作用。

第七節　名物制度的考訂

研讀經典的目的是爲了探求義理，而探求義理，除了考釋經典文字與語詞的意義外，於名物制度的考究亦不可忽略。爲此，焦竑曾說：

> 夫詩有實有虛、虛者其宗趣也，而以穿鑿實之；實者其名物也，而以孤陋虛之，欲通經學古，以遊聖人之樊，豈可得哉！〔註58〕

焦氏雖以詩而論名物的重要，然其議論亦可通於他經。以《春秋》一經爲例，其文字簡略，而有「斷爛朝報」、「流水賬冊」之譏，必賴三《傳》方能解釋。然而，三《傳》的解釋重點迥異，《公羊》、《穀梁》著重在義理的發揮，在解經上容易有蹈虛穿鑿之弊。《左傳》雖具有眞實的史事作爲解經的基礎，但是

〔註56〕《左傳注疏》，卷17，頁16。
〔註57〕【清】沈欽韓：《春秋左氏傳補注》（臺北：藝文印書館，1986年《續經解春秋類彙編》第3冊），卷4，頁12。
〔註58〕〈詩名物疏序〉，《焦氏澹園集》，卷14，頁1。

其內容上卻包含有大量名物制度的資料；若是在不甚明瞭之餘，而以孤陋虛之，則將不明究理，以訛傳訛了。因此，在《左傳》的研究上，名物制度亦是重要的一環。

杜預雖因注解《左傳》，而搏得「《左氏》忠臣」的美名，但是當學者們將研究焦點放在傳、注間的疏通時，則發現杜預注解《左傳》，不只是在義理上未能盡通，於字句的訓詁，乃至於名物制度的解釋，多有錯誤的情形，也因此到了清代研究《左傳》最爲鼎盛的乾嘉時期，各家的著述均以規正杜預的缺失爲主，例如洪亮吉在其《春秋左傳詁‧序》謂：

> 余少從師受《春秋左氏傳》，即覺杜元凱於訓詁、地理之學殊疏。及長，博覽漢儒說諸書，而益覺元凱之《注》，其望文生義，不臻古訓者，十居五六。〔註59〕

而謂杜預爲「《左氏》之巨蠹」的沈欽韓則說：

> ……區區之衷，久懷憤滿，遂爲《補注》十二卷，發明婉約之旨，臚陳典章之要，象緯堪輿之細碎亦附見焉。注疏之謬，逐條糾駁，各見於卷，則《左氏》之沈冤稍白，杜預之醜狀稍彰。〔註60〕

洪、沈二氏均以杜預注解《左傳》粗疏，以至於叛經誣傳，因此發憤著述，以揭發杜預的缺失。乾嘉時期的《左傳》研究，大抵如是。而至於清末民初的劉師培也說：

> 杜說之誤，屬於訓詁、典制者其失小，屬於義例者其失巨。〔註61〕

劉氏雖謂杜預在義例解經的部份，其疏失較爲巨大，但亦承認杜預在訓詁與典制上有所錯訛。

顧炎武既爲清代學術的先驅，對於《左傳》中的名物訓詁等問題也甚爲注意，例如：

一、釋草木

如隱公三年《傳》：「蘋、蘩、蘊、藻之菜。」《補正》云：

〔註59〕【清】洪亮吉：《春秋左傳詁‧序》（上海：上海古籍出版社，1995年《續修四庫全書》第124冊），卷前，頁1。

〔註60〕【清】沈欽韓：《春秋左氏傳補注‧序》（上海：上海古籍出版社，1995年《續修四庫全書》第125冊），卷前，頁3。

〔註61〕劉師培：《春秋左氏傳傳注略例》（臺北：華世出版社，1975年《劉申叔先生遺書》第1冊），頁4。

《玉篇》：「薀，於粉切，菜也。」毛晃曰：「薀，亦水草也。」（卷
上，頁二）

杜《注》：「薀藻，聚藻也。」〔註62〕蓋訓「薀」為聚積之義。顧氏以為不然，
遂以《玉篇》、毛晃之說，訓「薀」亦水草之類。

二、釋器用

僖公四年《傳》：「共其資糧屝屨。」顧氏曰：

《解》：「屝，草履。」按：劉熙《釋名》：「齊人謂韋屨曰屝。」（卷
上，頁十一）

顧氏舉《釋名》所載，認為杜預不知齊人以屨為韋編，而注解為「草屨」，蓋
以「屝」為草編，實乃大謬。

定公九年《傳》：「皙幘而衣狸製。」杜《注》：「皙，白也。幘，齒上下
相值。製，裘也。」〔註63〕《補正》：

傅氏曰：「皙，白皙。幘以巾髮，卑賤所服。狸製，狐皮之衣。」（卷
下，頁二十一）

杜氏於「幘」，僅曰「齒上下相值」，語意不清，顧氏則以傅遜之說補之，其
說尤詳。

莊公三十二年《傳》：「能投蓋於稷門。」顧氏曰：

當從劉炫之說，以「蓋」為「車蓋」。《正義》謂：「車蓋輕而帆風，
非可投之物。」不知投重物易高，投輕物而使之高，則其人為有力
矣。《漢書・上官桀傳》：「從武帝上甘泉，天大風，車不得行，解
蓋授桀，桀奉蓋。」雖風常屬車，雨下蓋，輒御事亦類此。（卷上，
頁九）

杜《注》謂「蓋，覆也。稷門，魯南門。走而自投，接其屋之桷，反覆門上。」
〔註64〕顧氏以為杜《注》未得其解，認為當從劉炫之說，謂「蓋」為「車蓋」。
雖則《正義》駁斥劉說，以車蓋非可投之物，然而顧氏以物理之判斷，更舉
以《漢書・上官桀傳》為證，謂杜氏訓「覆」，其解乃非，而劉說為是。

〔註62〕《左傳注疏》，卷3，頁。6
〔註63〕《左傳注疏》，卷55，頁24。
〔註64〕《左傳注疏》，卷10，頁23。

三、考職官

僖公三十年《傳》:「行李之往來。」《補正》云:

> 古者謂「行人」爲「行李」,亦曰「行理」。此與襄八年:「亦不使一
> 介行李告於寡君。」並作「李」。昭十三年:「行理之命,無日不至」,
> 作「理」。《國語》:「周之秩官有之,曰:『敵國賓至,關尹以告,行
> 理以節逆之。』貫逵曰:「理,吏也,小行人也。」漢李翕〈折里橋
> 郙閣頌〉:「行李咨嗟。」(卷上,頁十九)

杜預釋「行李」爲使人〔註65〕,於《傳》義並無錯誤。而顧氏透過一連串的
考證,認爲「行書」爲「行人」,亦可謂之「行理」,使得「行李」之義,更
爲完備。

僖公十五年《傳》:「卜徒父筮之。」《補正》云:

> 《解》:「卜人而用筮,不能通三《易》之占。」非也。卜徒父,秦
> 之卜人兼管筮者。《周禮》:「大卜掌三兆、三《易》、三夢之法。」
> 是古之筮皆兼掌於卜人也。(卷上,頁十三)

杜預認爲卜徒父乃秦之掌龜卜者,因此僅能占,而不能筮。顧氏則以《周禮》
所載,卜人兼掌三兆、三《易》、三夢之法,於占、筮皆能通習之。

四、釋樂舞

襄公十年《傳》,「請以〈桑林〉。」顧氏曰:

> 宋洪氏《容齋四筆》引《呂氏春秋》云:「武王勝殷,立成湯之後於
> 宋,以奉〈桑林〉。高誘注曰:『桑山之林,湯所禱也。故使奉之。』
> 《淮南子》云:「湯旱以身禱於桑山之林。」許叔重注曰:「桑山之
> 林,能興雲致雨,故禱之。」陸氏曰:「《莊子》有桑林之舞,則〈桑
> 林〉者,樂名也。(卷中,頁十九)

杜預於「桑林」,注曰:「桑林,殷天子之樂名。」〔註66〕所釋並無差謬。而
顧氏則以群書群注所記,考訂「桑林」本爲商湯興雲致雨之地,而祈雨則禱
之以舞,因此「桑林」爲商湯祈雨之樂舞。

昭公二十年《傳》:「四物七音。」《補正》云:

> 傅氏曰:「四物,律度量衡也。七音以宮、商、角、徵、羽,而加變

〔註65〕《左傳注疏》,卷17,頁5。
〔註66〕《左傳注疏》,卷31,頁5。

宮、變徵也。」（卷下，頁十三）

杜預注「七音」曰：「周武王伐紂，自午及子，凡七日。王國以此數合之，以聲昭之，故以七同其數，以律和其聲，謂之七音。」〔註67〕蓋杜氏所解，是將音律比附於武王伐紂之事，其解甚謬，而使《傳》義更不得其解，反不若顧氏以傳遞所謂的宮、商、角、徵、羽五音，再加以變宮、變徵，合為七音，不僅合理，且更為清楚明瞭。

五、釋宮室

　　昭公十二年《傳》：「王是以獲沒於祗宮。」《補正》云：

　　　　《正義》：馬融云：「圻內游觀之宮。」按：《竹書紀年》：「穆王元年，
　　　　作祗宮於南鄭。」（卷下，頁十）

杜預於此，僅注曰：「獲沒，不見篡弒。」〔註68〕於「祗宮」則未置一辭。顧氏則以《正義》引馬融之注。考訂「祗宮」為圻內游觀之宮，更以《竹書紀年》所載，考訂「祗宮」為周穆王元年所建於南鄭者。

六、考軍制

　　宣公十二年《傳》：「廣有一卒，卒偏之兩。」《補正》云：

　　　　邵氏曰：「楚人易古偏法而為廣。廣之所有百人，故曰一卒，亦古偏
　　　　法。一卒之外，又有承副之卒焉」，其數如偏之兩；兩，二十五人也。
　　　　廣之所有一卒，一卒，百人也。一卒之外，有餘卒為承副者二十五
　　　　人為兩，故曰『卒偏之兩。』車法在古為偏，在今為廣，蓋舉古今
　　　　錯言之，不直曰「若干人」，而必曰「卒」，曰「偏」，曰「兩」，今
　　　　法不離於古也。（卷中，頁九至十）

此釋發生於魯宣公十二年的邲之戰，為求克敵，楚國將車兵變易舊制，改偏為廣。杜預所釋，與邵寶所謂，並無太大的差異，惟邵氏所論更為精細，尤能令人讀之暢然，故亭林選用以補杜《注》之不足。

　　再如同年《傳》：「楚子為乘，廣三十乘，分為左右。」《補正》曰：

　　　　傅氏曰：「兵法車十五乘為偏，今楚用舊法而易其名。」（卷中，頁
　　　　九）

〔註67〕《左傳注疏》，卷49，頁17。
〔註68〕《左傳注疏》，卷45，頁37。

此亦楚改偏爲廣，而杜預無注，顧氏在此則引用傅遜之說以補之。

七、考氏族

莊公二十八年《傳》：「小戎子生夷吾。」《補正》曰：

> 《解》：「小戎，允姓之戎。子，女也。」陸氏曰：「據《傳》云：『允
> 姓之姦，居於瓜州，自惠公始誘以來，則此非允姓，別一戎，而子
> 其姓爾。』」（卷上，頁八）

陸粲根據《傳》文謂允姓之戎來晉，實自惠公始，而此時爲惠公之父獻公當
國，其不應爲允姓之戎可證，自當爲別之一戎，而姓子。顧氏深以陸說爲然，
因而引以正杜預注解之誤。

昭公二十九年《傳》：「有烈山氏之子曰柱。」《補正》：

> 賈、鄭皆云：「烈山，炎帝之號。」（卷下，頁十七）

杜《注》以烈山氏爲「神農世之諸侯」〔註69〕，而賈逵、鄭玄則皆以烈山爲
炎帝之號，明顯有別，一則以神農本人，一則以神農時的諸侯，而顧氏從賈、
鄭二氏之說。

八、推曆法

莊公二十五年《傳》：「夏六月，辛未，朔，日有食之。鼓用牲于社，非
常也。唯正月之朔，慝未作，日有食之，於是乎用幣於社，伐鼓於朝。」顧
氏曰：

> 周之六月，夏之四月，所謂正月之朔也。然則此其常也，而曰「非
> 常」者何？蓋不鼓於朝，而鼓於社；不用幣，而用牲，此所以謂之
> 非常禮也。杜氏不得其說，而曰：「以《長曆》推之，是年失閏。辛
> 未，實七月朔，非六月也。」此則咎在《長曆》，不當責其伐鼓矣。
> （卷下，頁七至八）

顧氏認爲杜預見《傳》文釋經以「非常」二字，因此以自己的《長曆》推之，
而指責《春秋》經文記載失閏。然則顧氏以爲《左傳》所謂「非常」，乃指用
鼓於朝，用牲於社，是用非常之禮，而杜預不明傳義，認爲經文失閏，實屬
大謬。

〔註69〕《左傳注疏》，卷53，頁10。

　　經書義理的構成，是由字句與名物制度所組合的，而《左傳》尤以爲然。由於《左傳》的內容包含大量的敘述文句與豐富的名物制度，因此其義理的闡釋，尤賴字句的訓詁與名物制度方面的考訂，方得完成。顧氏在《左傳杜解補正》中，引用前人的資料，考訂《左傳》的名物制度，有時甚至完全用資料佐證，而不參以己意。這種論證手法看似簡單，然而從資料的鑑別、抉擇，以至於給予正確的判斷，都實有賴於博洽的學養，才能對杜《注》有誤則正，有缺則補。雖然其考證的方法，不若日後的乾嘉學者來得精細，但是顧氏的方法與觀念，爲後學奠立《左傳》研究的方向，這是不爭的事實。

第五章　《左傳杜解補正》於前人之承襲

　　前人對於顧炎武的學術探討甚多，論者要皆以其「實事求是」的治學態度爲主，筆者於此毋需贅述，而單就《左傳杜解補正》討論。四庫館臣在評述《左傳杜解補正》時，即以顧炎武爲國初學有根柢之最者稱之，而對於此書，則點出其特點所在：「博稽載籍」，是此書亦呈現顧氏講求實證的治學風格。〔註1〕當然，這種博采眾說的研究方式，在其他諸家的經解著作，時有所見，即如講求人心之所同，一切以己意斷之的《春秋》宋學者，亦不乏其例。而在各家大同小異之間，顧炎武在《左傳杜解補正》中，對於前人說法之承襲，採用與各家不大相類的方式處理，以下就此而論述之。

第一節　以邵寶、陸粲、傅遜之說爲主

　　顧炎武在《左傳杜解補正・序》即開宗明義地言道：

> 《北史》言周樂遜著《春秋序義》，通賈、服說，發杜氏違，今杜氏
> 單行，而賈、服之書不傳矣。吳之先達邵氏寶有《左觿》百五十餘
> 條，又陸氏粲有《左傳附注》、傅氏遜本之，爲《辨誤》一書，今多
> 取之，參以鄙見，名曰《補正》，凡三卷。（卷上，頁一）

觀顧氏所言，則撰作此書的宗旨，乃欲仿效樂遜《春秋序義》，通賈、服之說，以發杜氏之違。而更重要的，則是此書取之於邵寶《左觿》、陸粲《左傳補注》、

〔註1〕《四庫全書總目》說：「（亭林）博極群書，精於考證，國初稱學有根
　　　柢者，以炎武爲最。」見【清】永瑢、紀昀等：〈左傳杜解補正提要〉，《四
　　　庫全書總目》（臺北：藝文印書館，1997年），卷29，頁5。

　　　　　　　　　　　　　　　－103－

傅遜《左傳杜注辨誤》甚多,《四庫全書總目》所謂「至邵寶《左觿》等書,苟有合者,亦皆采輯」是也。〔註2〕則此書的最大特點,乃在於撰作時有此特定的三人經說作爲取資之參考,甚而以之爲纂述的基礎,而與其他各家不專主特定之某幾家經說有所不類。也因此,在討論《左傳杜解補正》時,於邵寶、陸粲、傅遜三人,必定不可略而弗論,以下就三人分別而敘述之。

一、邵寶 (西元 1460～1527 年)

邵寶,字國賢,無錫人。明憲宗成化二十年(西元 1484 年)舉進士,累官至南京禮部尚書,卒後贈太子少保,謚文莊,學者稱二泉先生。

邵氏爲學,以洛、閩爲宗,而「博綜群籍,有得則書之簡」,〔註3〕於《左氏》一學,著有《左觿》一卷,其〈自序〉言道:

> 壬午夏仲,暑雨連月,齋居無事,乃屬塾師高子明取《左傳》而讀
> 焉。予隱几聽之,遇難解處,則稽之《疏》義,而參諸他書,縱橫
> 推廣,往往有得,得輒呼筆記之於簡。是秋讀畢,敘錄成帙,凡者
> 千條。疎陋之見,不知丘明之意果有得歟否也?抑諸生佔畢或亦可
> 爲之資乎?故名之曰:《左觿》。俾里塾之觿,解結之具也。〔註4〕

根據邵氏〈序〉中所言,則此書乃其筆記所得,故而謙稱藏諸里塾,以作爲諸生佔畢取資之用。

邵氏雖謙稱其說乃「疎陋之見」,然顧炎武於其經說,則未等閒視之,而於《左傳杜解補正》中時而取用,以補正杜《注》,如僖公二年《傳》:「保於逆旅,以侵敝邑之南鄙。」《補正》曰:

> 邵氏曰:「逆旅,近晉南鄙之客舍也。出則侵,退則保。(卷上,頁
> 十至十一)

杜預於此《傳》文,注曰:「逆旅,客舍也。虢稍遣人分依客舍,以聚眾抄晉邊邑。」〔註5〕大抵而言,杜預此注並無大誤,惟以「虢稍遣人分依客舍」釋「保」,其說太過實際,卻不精確,未若邵寶所謂「出則侵,退則保」之簡單

〔註2〕 《四庫全書總目》,卷29,頁5。
〔註3〕 【清】張廷玉等:《明史・儒林傳一》(北京:中華書局,1995 年),頁 7246。
〔註4〕 【明】邵寶:《左觿・序》,(臺南縣:莊嚴出版社,1997 年《四庫全書存目叢書》第 117 冊),卷前,頁 1。
〔註5〕 【晉】杜預、【唐】孔穎達:《左傳注疏》(臺北:藝文印書館,1993 年影印嘉慶二十年江西南昌府學刊本),卷 12,頁 6。

明瞭，因此顧氏逕引而用之。

　　又如僖公二十八年《傳》：「出入三覲。」《補正》曰：

　　　　邵氏曰：「始至而見，一覲也；享醴受策，二覲也；去而辭，三覲也。

　　　　（卷上，頁十九）

杜預於「出入三覲」，注曰：「出入，猶去來也。從來至去，凡三見王。」〔註
6〕杜氏雖有所釋，然「三見王」所爲何事，則無詳說。邵氏則根據《左傳》，
補上晉文公三次朝覲天子所爲之事，其說尤詳，故爲顧氏所採用。

　　再如襄公二十一年《傳》：「季武子以公姑姊妻之。」《補正》云：

　　　　邵氏曰：「姑姊，一人也。其殆魯之宗女，於成爲妹者乎？故曰：『以
　　　　姬氏妻之。』稱姊，尊之也。」（卷中，頁二十二）

杜預於此《傳》文，曰：「計公年不得有未嫁姑姊，蓋寡者二人。」〔註7〕杜
氏此說，乃就情理而言，以襄公即位業已二十一年，則不應有未嫁之姑姊，
而具體地推斷此姑、姊當爲寡居之二人。邵氏則並「姑姊」爲一詞，以「姑
姊」爲廣泛之稱謂，而推論其爲魯之宗女，成公之妹，而以公之姑姊稱之，
乃尊其姬氏宗女的身份。杜預所釋雖依情理推斷，然結論並無實質的根據，
而邵氏雖採取廣義的解釋，卻較杜說爲通達，因此亭林採用邵寶的意見。

　　《左觽》內容凡百五十餘條，而據筆者的統計，《左傳杜解補正》有言明
「邵氏」者計有五十三之數，可見亭林的重視程度。然而，四庫館臣對於《左
觽》的評價並不高，說：

　　　　是編乃其讀《左傳》所記，雜論書法及注解，然寥寥無多，蓋隨意
　　　　標識於《傳》文之上，亦其簡端錄之類也。其中精確者數條，顧炎
　　　　武《左傳補註》已採之，所遺者其糟粕矣。〔註8〕

四庫館臣以《左觽》所論乃寥寥無多之雜論，而精確者已爲顧氏採輯，則所
遺者盡數糟粕，故而在纂修《四庫全書》時，僅將《左觽》列於〈存目〉當
中，顯見其不受重視的程度。

二、陸粲（西元 1494～1551 年）

　　陸粲，字子餘，長洲人。明世宗嘉靖五年（西元 1526 年）進士，選庶吉

〔註 6〕《左傳注疏》，卷 16，頁 25。

〔註 7〕《左傳注疏》，卷 34，頁 12。

〔註 8〕〈左觽提要〉，《四庫全書總目》，卷 30，頁 8～9。

士，七試皆第一。其時張璁、桂萼盡出庶吉士為部曹、縣令，獨粲以才得二科給事中。後因敢言，劾張、桂二人，讁貴州都鎮驛丞，後遷永新知縣。久之，以念母乞歸，不復出仕。母殁、陸粲哀毀甚鉅，未終喪而卒。

據《經義考》著錄，陸粲於《春秋》之學，有《左傳附注》五卷、《春秋左氏鐫》二卷與《春秋胡傳辨疑》四卷，其中又以《春秋胡傳辨疑》與《左傳附注》最引人注意。

《春秋胡傳辨疑》謂胡安國說經之弊，乃在於求之過深，辭不厭繁，致使「聖人之意愈晦矣。」〔註9〕因而有此書之作。而《左傳附注》則於前三卷駁正杜預之《注》義，第四卷則駁正孔穎達之《疏》文，第五卷駁正陸德明《釋文》之音義。其間則多旁采諸家之說，間斷以己意，而為顧炎武《補正》所取資，例如閔公二年《傳》：「衛文公大布之衣，大帛之冠。」《補正》云：

> 《解》云：「蓋用諸侯諒闇之服。」非也。陸氏曰：「言其儉樸」。（卷上，頁十）

閔公二年，衛國為狄人所破，懿公被殺。衛之遺民立戴公以盧于曹。其後，文公繼立為君。案：戴公初立時，齊桓公歸「戴公乘馬，祭服五稱，牛、馬、豬、雞、狗皆三百，與門材。歸夫人魚軒，錦三十兩。」〔註10〕則衛國乍破復國之初，物資甚為貧乏，因此齊侯重歸之。爾後，文公繼位為君之後，「元年，革車三十乘。季年，乃三百乘。」〔註11〕此以儉約治國乃有所成，則「大白之衣，大帛之冠」非若杜預所謂諸侯諒闇所用之服，而陸粲以「言其儉樸」作解，顧氏以為此說甚得《傳》義，故而採用。

又如昭公二十五年《傳》：「為父子、兄弟、姑姊、甥舅、婚媾、姻亞，以象天明。」《補正》曰：

> 陸氏曰：「言其親疏倫序，比象於天文之行列也。」（卷下，頁十四）

杜預於此，注曰：「六親和睦以共事嚴父，若眾星之共辰極也。」〔註12〕案：若依杜《注》謂：「六親和睦以共事嚴父」，則如眾星拱日之狀，而「父」即當獨為一詞或一義作解。然觀此傳文，則明顯地以父子當一詞，而兄弟、姑姊、甥舅、婚媾、姻亞排比而與之並列，故當如陸氏所謂序人倫親疏，猶若

〔註 9〕〈春秋胡氏傳辨疑提要〉，《四庫全書總目》，卷28，頁26。
〔註10〕《左傳注疏》，卷11，頁10～11。
〔註11〕《左傳注疏》，卷11，頁15。
〔註12〕《左傳注疏》，卷51，頁13。

天文行列之象者較爲明晰且精確。顧氏蓋緣於此，故採用陸說。

再如襄公二十六年《傳》：「晉人將與之縣，以比叔向。」《補正》曰：

　　陸氏曰：「令其祿秩比叔向。」《解》非。（卷中，頁二十四）

案：此傳文乃楚人椒舉畏罪逃奔鄭國，其後又不自安，遂至晉國，而「晉人將與之縣，以比叔向。」若杜預此注，則云：「以舉材能比叔向。」〔註13〕謂椒舉之材可與晉國的叔向比擬，則僅就「以比叔向」一句作解，於「晉人將與之縣」則無注。而「與之縣」乃給予椒舉食邑，爲爵秩之封賞，故陸氏之說爲確，故亭林以爲杜《注》此解乃誤。

　　要之，顧炎武於陸粲之說時亦間而採之，在《左傳杜解補正》中有直接標明「陸氏」者凡三十七條，其他尚有未予標明，而實則「鈔述」陸氏之說者亦不在少數。四庫館臣於陸粲《左氏》之說，於《左傳附注》，云：「於訓詁家頗有裨益。」〔註14〕給予甚高的評價。然而於另一部《左傳》著作－《春秋左傳鑴》，則以爲其說「未免務爲高論，仍蹈明人臆揣之習，所謂畫蛇添足者也。」〔註15〕予以不高的評價。此蓋緣於其書以《左傳》爲戰國人所作，而劉歆以己意附益之，故所論往往卑賤不中道。又陸粲撰有《春秋胡傳辨疑》，同時亦有兩部關於《左傳》的著作。從他的《春秋》著述，可看出胡安國《春秋傳》典範動搖的端倪，而《左傳》之學漸興的跡象，這一點是陸粲《春秋》之學最值得注意的地方。

三、傅遜（西元?年）

　　傅遜，字士凱，太倉人。士凱曾師事歸有光，爲文長於論古今成敗，卻屢困場屋，晚乃以歲貢身份，授建昌訓導。

　　據王世貞言，傅遜少時爲胡氏《春秋》，而心獨儀《左氏》，乃倣效袁樞《通鑑紀事本末》之法，變《左傳》之體而整齊之，成《左傳屬事》二十卷。〔註16〕是書體例，乃變《左傳》編年爲屬事，事以題分，題以國分，傳文之後，各隱括大意而論之。王世貞評傅氏於《左傳》之學，說道：

〔註13〕《左傳注疏》，卷37，頁17。

〔註14〕〈左傳附註提要〉，《四庫全書總目》，卷28，頁26。

〔註15〕〈左傳附註提要〉，《四庫全書總目》，卷28，頁26。

〔註16〕王世貞言：「吾鄉傅遜氏，少爲胡氏《春秋》，而心獨儀《左氏》，乃用袁樞法而整齊之。」引自【清】朱彝尊：《經義考》（臺北：臺灣中華書局，1979年影印《四部備要》本），卷203，頁4。

執杜氏以治《左氏》，十而得八；執傅氏以治《左氏》，十不失一，
故夫傅氏者，《左氏》之慈孫，而杜氏之諍臣也。〔註17〕

由「《左氏》之慈孫」、「杜氏之諍臣」來看，王氏對於傅遜《左傳》之學的評
價極高。而傅氏在編纂《左傳屬事》時，亦從事於杜《注》之整理，作《左
傳注解辨誤》二卷，他說：

及編《左傳屬事》，以不可無註，雅愛杜《註》古簡，謂註書者莫過
是矣。至舉筆錄之，乃覺有未然。既得吾郡先達陸貞山《附註》，皆
正杜誤，與鄙意多會，始猥會眾說而折之衷，有未經辨議者，亦創
以己意，而爲之釐革焉。〔註18〕

傅遜述及《左傳注解辨誤》的成書，乃由於編纂《左傳屬事》時，必需編寫
杜《註》的資料，而在處理資料的過程當中，傅氏的心態，竟從一開始的「雅
愛杜《註》古簡」，到後來的「乃覺有未然」。在此情形下，又看到陸粲《左
傳附註》的意見與自己的認知相合，因此促使他開始從事杜《注》的辨誤工
作。

而在《左傳杜解補正·序》中，顧炎武即強調其書採自《左傳注解辨誤》，
然而《四庫全書總目》云：

顧炎武《日知錄》於駁正《左傳注》後附書曰：「凡邵、陸、傅三先
生所已辨者不錄。」邵者，邵寶《左觽》；傅者，傅遜《左傳屬事》；
陸即粲也。〔註19〕

四庫館臣雖就《日知錄》而論顧氏之取資來源，然而《日知錄》中駁正杜《注》
的內容，幾乎與《左傳杜解補正》相同。又，從《左傳屬事》與《左傳注解
辨誤》的編纂過程中，可知兩者互爲表裡的關係。因此兩書皆爲亭林《補正》
取材之資，是極爲合理之事。

傅遜雖因困頓場屋，以致於宦途的發展不如邵、陸二人，然於《左傳》，
尤其是辨正杜《注》方面，則因吸收邵、陸二人的意見頗多，故集此中之大
成，而爲顧氏《補正》所引述。據筆者統計，顧氏直接標明「傅氏曰」者，
粗估有八十八條之數，幾與邵、陸二人之總和齊等（計邵氏五十三、陸氏三

〔註17〕《經義考》，卷203，頁4～5。
〔註18〕【明】傅遜：《左傳注解辨誤·序》（上海：上海古籍出版社，1995年《續修
四庫全書》第119冊），卷前，頁1。
〔註19〕《四庫全書總目·春秋類三》，卷28，頁26。

十七，合爲九十），在《補正》中所佔的份量不可謂之不高，而亭林之採用傅氏說者，如莊公二十八年《傳》：「狄之廣莫，於晉爲都。」《補正》云：

> 《解》謂「遣二公子出都之」，非也。都者，大邑之名。隱元年《傳》日：「大都不過參國之一」是也。傅氏日：「以狄地之曠絕，而在晉則爲都，其威遠樹，宜關土之廣。」（卷上，頁八）

案：此乃二五（東關嬖五與外嬖梁五）勸誘晉獻公之語，而見其下《傳》文有「晉之啓土，不亦宜乎」之語，則狄地於此時尚未屬晉國，何來杜《注》所謂「遣二公子出都之」的情形？因此顧氏以爲非也，而傅氏所謂「以狄地之曠絕，而在晉則爲都」，以喻「其威遠樹」、「關土之廣」，則所解之意方足以勸誘獻公，故亭林採用其說。

又如僖公十五年《傳》：「以太子罃弘與女簡璧登臺而履薪焉。」《補正》日：

> 傅氏日：「履薪，示欲自焚。」（卷上，頁十四）

案：秦、晉兩國戰于韓原，秦國戰勝而獲晉惠公以歸。秦穆姬聞晉侯將至，因而偕同子女二人「登臺而履薪焉。」杜預於此，注日：「穆姬欲自罪。」〔註20〕而覈之整段《傳》文，乃穆姬欲用自殺的方式，而以「若晉君朝以入，則婢子夕以死；夕以入，則朝以死」爲辭，以脅迫其夫－秦穆公釋放其兄弟晉惠公。最後，穆公將晉侯「舍諸靈臺」。因此，從整段《傳》文全無「自罪」之情，而僅有以死要脅之狀，故可確定杜《注》爲非，傅說爲是，而爲亭林所採納。

再如宣公十二年《傳》：「使改事君，夷於九縣。」《補正》日：

> 九縣：莊十四年滅息，十六年滅鄧，僖五年滅弘，十二年滅黃，二十六年滅夔，文四年滅江，五年滅六，滅蓼，十六年滅庸。又有滅權，文王滅申，凡十一國。傅氏日：「時楚適有九縣，故鄭願得比之，言服事恭謹，如其縣邑耳，非必追記其所滅之國也。（卷中，頁九）

魯宣公十二年，「楚子圍鄭，旬有七日」，鄭國面臨亡國的危急狀況。最後，由「鄭伯肉袒牽羊以逆」，而以「使改事君，夷於九縣」爲辭，向楚國俯首稱臣。

杜預於此，注日：「楚滅九國以爲縣，願得比之。」〔註21〕蓋以縣當所滅之國。《釋文》則根據杜預之說，歷敘楚國所滅之國，得十一之數，而提出「不

〔註20〕《左傳注疏》，卷14，頁6。
〔註21〕《左傳注疏》，卷23，頁3。

知何以言九」之問。〔註22〕而顧氏所計，亦爲十一國之數，顯然義有未合者。故舉以傅氏之說，以爲楚是時適有九縣，而鄭願服事楚國，以一國比其轄下之縣邑耳。此說甚爲合理，且合《傳》義，故亭林採用之。

　　此外，傅遜另有《左傳奇字古字音釋》一卷、《春秋古器圖》一卷，兩書的評價皆不高。〔註23〕要之，亭林《左傳杜解補正》既取資於《左傳屬事》、《左傳注解辨証》二書，則欲探究傅氏《左氏》之學，自當以此二書爲主，萬不能以《左傳奇字古字音釋》、《春秋古器圖》而否定其說其學。

第二節　承襲邵、陸、傅經說之方式

　　一般而言，探求經書中的聖人義理，必定要透過某些研究方式，方能得到眞確圓滿的答案，而無論是採用主觀的推論或是客觀的考據，其大要皆以不離參考其他各家的說法，俾使己說能不囿於自身的限制，而得到顚滅不破的眞理。因此，當論及一部經解著作的優點時，兼采各家之長似乎成爲一個論其優劣的必要條件。而在這種大同小異的情形下，顧炎武的《左傳杜解補正》似乎也因本身「學有根柢」，且其書「博稽載籍」，而有如是的特點。然而，與其他諸家不同的是，顧氏在撰作《左傳杜解補正》時，即有邵寶、陸粲、傅遜等人的經說作爲基礎，他不僅在著作的體例上有所承襲，甚至在內容上亦有所祖述。這種引述特定經說，並以之爲論述主體的方式，與其他說經者之參考他說，或用以證成己說，或用以推衍新論，皆是以之作爲闡述的配角，以免主客易位，這點是顧氏《補正》與其他著作頗不相類之處。也因此，若能從這個角度切入，將《補正》與邵、陸、傅等經說的關係加以釐清，即能考察顧氏是如何看待《左傳杜解補正》，及期望它在經學史，甚至是《春秋》學史、《左傳》學上所扮演的角色與功能，而予以定位。

一、對邵寶的承襲方式

　　據筆者統計，《左傳杜解補正》引述邵寶《左觿》之說者，約有五十三條，

〔註22〕《左傳注疏》，卷23，頁3。
〔註23〕《四庫全書總目》說：「〔……〕前有《古字奇字音釋》一卷，乃《左傳屬事》之附錄，裝輯者誤置此書中，頗淺陋無可取。後附《古器圖》一卷，則其孫熙之所彙編，亦勦襲楊甲《六經圖》，無所考訂也。」〈左傳注解辨誤提要〉，卷30，頁14。

少於傅遜而多於陸粲。而其徵引之最大特徵，則是無論邵寶說法之長短，凡所徵引者，幾乎採取全文照錄，而長者多至百餘言如宣公十二年《傳》：「廣有一卒，卒偏之兩。」《補正》云：

> 邵氏曰：「楚人易古偏法而爲廣，廣之所有百人，故曰一卒，亦古偏法也。一卒之外，又有承副之卒焉，其數如偏之兩；兩，二十五人也。廣之所有一卒；一卒，百人也。一卒之外，又有餘卒爲承副者二十五人爲兩，故曰：「卒偏之兩。」車法在古爲偏，在今爲廣，蓋舉古今錯言之。不直曰「若干人」，而必曰「卒」，曰「偏」，曰「兩」者，今法不離古也。（卷中，頁九至十）

此釋楚國爲求在邲之役戰勝晉國，因而更易車兵之編制，改偏爲廣。顧氏認爲其說足以解釋傳文，故全數援引以釋之。

至其援引其說之短者少至寥寥數語，如昭公十七年《傳》：「其與不然乎？」《補正》云：

> 邵氏曰：「其與，語辭，猶曰其諸。」（卷下，頁十二）

此釋語辭，顧氏認爲邵寶以「其諸」解釋「其與」的說法甚當，故援引以釋《傳》。

除了少數之三例外，亭林徵引邵氏之說，要皆以全文照錄的「鈔述」形式爲主，而此三例爲：

(一) 宣公十二年《傳》：「內官序當其後。」邵氏曰：「當夜若今宿直遞持更也，與日中之事無異。」〔註24〕

(二) 昭公十二年《傳》：「壼何爲焉？其以中雟也。」邵氏曰：「『壼何爲焉』之下，微讀，不句。壼何爲焉，而以其中爲異哉！言無與於師，諸侯之事也。」〔註25〕

(三) 昭公二十五年《傳》：「使有司待於平陰，爲近故也。」邵氏曰：「齊侯將唁公於平陰，而魯侯先至野井，齊侯言爲近之故，而使有司待於平陰，所謂寡人之罪者如此。」〔註26〕

第一例，顧氏僅徵引「當夜若今宿直遞持更也」，而刪去「與日中之事無異」之句（卷中，頁十）。第二例，顧氏則刪改其說，成「言壼何爲焉，而以

〔註24〕《左觿》，頁9。
〔註25〕《左觿》，頁21。
〔註26〕《左觿》，頁26。

其中爲雋異。」（卷下，頁九）第三例則改寫爲「齊侯言爲魯之故，使有司先待於平陰，將自往迎之，而魯侯已至於野井，此寡人之罪也。」（卷下，頁十四）此三例，皆取邵氏成說大較之義而刪述之，當可視爲全文引述之徵引。

　　此外，亭林援引邵氏之說時，皆標明「邵氏曰」，以表明此說取之於邵氏者，惟於襄公十九年《傳》：「夫銘天子令德」，乃引述邵氏之說，卻沒有標明「邵氏曰」，《補正》云：

　　　　令猶令龜之令，言以德布於銘也。（卷中，頁二十一）

同此，邵氏曰：

　　　　令德之令猶令龜之令，言以德布於銘也。〔註27〕

以邵說原文與顧氏所引，兩相對照，則亭林取自於邵寶成說，顯而可見。而全書徵引邵氏之說又未予標出者，僅此一例耳。未若後之陸、傅二氏之多者，則抑亭林偶疏漏之耶？

二、對陸粲的承襲方式

　　在陸粲所有的《春秋》著述中，惟獨《左傳附注》沒有〈序言〉以說明撰述動機。雖然，從《春秋胡傳辨疑》與《左氏春秋鑴》這兩部書，足可看出其反胡宗《左》的基本立場。但是，這種基本立場是祖述於他人，抑或是自發性的舉動，則無從得知。不過，從書中所引述的資料，可以肯定其必受到邵寶一定程度的影響，例如在僖公二十八年《傳》：「距躍三百，曲踊三百。」陸氏云：

　　　　邵文莊公曰：「距躍，直跳也。曲踊，橫跳也。橫跳者必先直而旋，
　　　　故不曰橫而曰曲。百音陌，猶阡陌之陌。三百蓋躍踊之度大約有此。
　　　　
　　　　〔註28〕

文中所引述的邵文莊公，即邵寶。因此，即使兩人之作並無直接的傳承關係，然而就其書中有不少引據《左觿》的論點，足可說明邵寶對於陸粲或多或少產生一些影響。

　　至於顧炎武對於陸粲之說的引述，如文公八年《傳》：「唯或思或縱也。」顧氏云：

〔註27〕　《左觿》，頁 15。

〔註28〕　【明】陸粲：《左傳附註》（臺北：臺灣商務印書館，1983 年影印《文淵閣四庫全書》第 167 冊），卷 1，頁 18。

　　陸氏曰：「有思啓封疆者，有縱弛而不設備者，故多兼併以成大國。」
　　（卷中，頁十四）
而襄公二十五年《傳》：「風隕妻，不可娶也。」顧氏曰：

　　陸氏曰：「當以『風隕妻』爲句，言夫既從風，風能隕妻。（卷中，
　　頁二十三）

以上兩條，顧氏於陸粲的說法完全採納，幾乎隻字未改地引用（僅於陸氏言
「風能隕妻也」，刪「也」字）。又如閔公二年《傳》：「衛文公大布之衣，大
帛之冠。」陸氏云：

　　此特言其簡樸耳，何必是諒闇之服。〔註29〕

同此，《補正》曰：

　　《解》云：「蓋用諸侯諒闇之服」，非也。陸氏曰：「言其儉樸。」（卷
　　上，頁十）

僖公十五年《傳》：「入至未定列。」陸氏云：

　　列，師之伍列也。晉侯自言能合其眾，故秦伯以是復之。〔註30〕

同此，《補正》則云：

　　《補》：「列，位也。」陸氏曰：「謂師之伍列。」（卷上，頁十四）

文公六年《傳》：「樹之風聲。」陸氏曰：

　　謂樹立其風化聲教也。如杜說，則惟樹聲耳，故孔《疏》亦微譏其
　　誤。〔註31〕

同此，《補正》云：

　　陸氏曰：「樹立其風化聲教也。」（卷中，頁三）

成公十六年《傳》：「致死以補其闕。」陸氏曰：

　　闕謂軍國之事有所闕乏，不專謂戰死者。〔註32〕

同此，《補正》曰：

　　陸氏曰：「軍國之事有所闕乏。」《解》非。（卷中，頁十五）

襄公二年《傳》：「官命未改。」陸氏云：

　　官命猶言公命，謂成公之命未改耳。凡云官者，皆謂國家，後《傳》

〔註29〕《左傳附註》，卷1，頁10。
〔註30〕《左傳附註》，卷1，頁13。
〔註31〕《左傳附註》，卷1，頁21。
〔註32〕《左傳附註》，卷2，頁9。

云：「無失官命。」又云：「官之師旅。」其義並同。〔註33〕

同此，顧氏云：

陸氏曰：「官命猶言公命。」（卷中，頁十六）

以上數條，皆顧氏直接擷取陸氏之結論，而刪其補充論證之語。至於何爲而刪？抑亭林認爲其結論已足以釋《傳》義，而規正杜《注》之誤耶？

另，顧氏《補正》多有刪述改寫陸氏之說，或襲用陸氏考證之材料的情況，甚或有不言明陸氏者，如莊公二十八年《傳》：「小戎子生夷吾。」陸氏云：

《傳》稱：「允姓之姦，居於瓜州，自惠公始誘以來。」則獻公之時，固未入中土，何緣得薦女於晉？假令有之，然當時之戎，自非一種，亦安知此小戎必爲允姓也。據《傳》言：「大戎狐姫。」小戎子則此戎，蓋子姓耳。〔註34〕

同此，《補正》取此說而刪改成：

陸氏曰：「允姓之姦，居於瓜州，自惠公始誘以來。」則此非允姓，則一戎，而子則其姓爾。（卷上，頁八）

又閔公二年《傳》：「內寵竝后，外寵二政，嬖子配適，大都耦國。」陸氏云：

劉炫謂：「二五嬖賤，不得爲二政，太子不以曲沃作亂，不得爲大都。」以此譏杜之誤。今案：古人援證前聞，皆取其大致，不必事事符同，杜說誠太拘。〔註35〕

顧氏《補正》則改寫爲：

陸氏曰：「古人引言，但取大意，不必事事符同。」祇取內寵、嬖子二事，今從之，改曰：「驪姬寵、奚齊嬖，亂之本也。」（卷上，頁十）

在「小戎子生夷吾」的例子，顧氏認爲陸粲所據《傳》文，已足以說明杜《注》所謂：「小戎，允姓之戎。子，女也」〔註36〕之誤，因此對於陸粲論證之語，刪述其說而僅取用其參考的《傳》文及其結論。第二例，則是陸粲認爲杜預不知古人引證前聞，只取其大意而已，而乃必求事事符同，一一解釋，則顯

〔註33〕《左傳附註》，卷2，頁11。
〔註34〕《左傳附註》，卷1，頁9。
〔註35〕《左傳附註》，卷1，頁10。
〔註36〕《左傳注疏》，卷10，頁13。

得說法太過拘泥。顧氏則深以陸說爲然，故而改寫之。

再如襄公二十一年《傳》：「子離於罪，其爲不知乎？」陸氏云：

譏其知不能保身，非謂不能去也。〔註37〕

《補正》則云：「譏其不能保身。」（卷中，頁二十二）昭公二年《傳》：「國則不共，而執其使。」陸氏云：

……蓋曰：齊國則不共矣，而執其使，則晉君之刑已頗，言罪不在使人也，杜誤斷其句。〔註38〕

《補正》僅簡略地說：

言齊國不共，非使人之罪，《解》非。（卷下，頁三）

昭公二十九年《傳》：「人實不知，非龍實知。」陸氏云：

言人自不智，無擾畜龍之術耳，非龍之有智也。〔註39〕

同此，顧氏則曰：

言人自無擾龍之術，故不生得爾，非龍之知也。（卷下，頁十七）

以上皆是顧氏襲取陸粲成說，而刪述改寫之例。而在襲用陸氏考證材料者，如隱公元年《傳》：「莊公寤生，驚姜氏。」顧氏云：

《解》：「寐寤而莊公已生。」恐無此事。應劭《風俗通》曰：「兒墮地能開目視者爲寤生。」（卷上，頁一）

同此，陸氏曰：

《史記》：「寤生，生之難。」或說云：「難產，因而後寤也。」又應劭《風俗通》云：「兒墮地能開目視者爲寤生。」與杜義乖。錄之，示不絕異說耳。〔註40〕

在此，陸粲臚列諸說，以考證「寤生」之義，而《風俗通》之說因與杜說相違，故錄之以示備列一說之意。顧氏則認爲杜說恐無其事，而《風俗通》之說正可解釋「寤生」二字，故引用之，然而卻未申述其說。觀陸粲之語，可能對《風俗通》說法頗有懷疑，因此表達其「不絕異說」的態度。顧氏可能也對《風俗通》之說有所懷疑，故而於此並無詳說，或許也與陸氏一樣，抱持「備列一說」的態度。

〔註37〕《左傳附註》，卷2，頁17。
〔註38〕《左傳附註》，卷3，頁3。
〔註39〕《左傳附註》，卷3，頁17。
〔註40〕《左傳附註》，卷1，頁1。

閔公二年《傳》：「用其衷則佩之度。」陸氏云：

> 劉奉世曰：「佩之使合法度也。」世子佩瑜玉，而綦組綬。〔註41〕

同此，顧氏云：

> 劉奉世曰：「佩之合法度也。」《記》云：「世子佩瑜玉，而綦組綬。」
> （卷上，頁九至十）

陸、顧二人所述並無二致，惟於劉奉世所說的字句稍有出入（陸氏多「使」字），而顧氏於「世子佩瑜玉而綦組綬」之語外，另增其出處。

僖公九年《傳》：「以是藐諸孤。」陸氏云：

> 《太玄》曰：「藐德靈徵失。」范望注：「藐，小貌。」毛晃《韻》
> 引此《傳》文，亦云：「藐，小也，弱也。」杜以為藐遠之意，非是。
>
> 〔註42〕

同此，顧氏《補正》僅簡單注云：「藐，小也。」（卷上，頁十二）蓋以此，足以讀通《傳》義，故約略言之。

僖公二十二年《傳》：「金鼓以聲氣也。」陸氏云：

> 丘光庭《魚明書》曰：《注》當云『金鼓以佐士眾之氣』，今云『佐
> 聲氣』，於文不順。劉用熙曰：「聲，宣也，宣倡士卒之勇氣。」
>
> 〔註43〕

顧氏《補正》則曰：

> 聲如「金聲而玉振之」之聲。劉用熙曰：「聲，宣也，宣倡士卒之勇
> 氣。」（卷上，頁十六）

陸粲引據丘光庭、劉用熙之說，以解釋此《傳》。顧氏則以為此《傳》文之重點在「聲」字，而劉用熙所言，已足以解釋之，故僅取劉用熙之說。

昭公三年《傳》：「其或寢處我矣。」陸氏曰：

> 襄二十八年，慶封聞子雅、子尾怒告盧蒲嫳，嫳曰：「譬之如禽獸，
> 吾寢處之矣。」故子雅云：「爾以復往言。」謂彼雖老而故智尚存，
> 或能寢處我矣。〔註44〕

《補正》於此，則曰：

〔註41〕《左傳附註》，卷1，頁9。
〔註42〕《左傳附註》，卷1，頁13。
〔註43〕《左傳附註》，卷1，頁15。
〔註44〕《左傳附註》，卷3，頁4。

本上襄二十八年，盧蒲嫳：「譬之如禽獸，吾寢處之矣」之語。（卷
下，頁四）

陸、顧二人均採襄公二十八年，盧蒲嫳所言「吾寢處之矣」爲據，以解釋「其
或寢處我矣。」惟顧氏之說，取其精要而不及蕪蔓之辭。

昭公四年《傳》：「晉君少安，不在諸侯。」陸氏云：

……少安猶叔向云：「晉少懦矣。」又晏子云：「後世若少惰。」《外
傳》亦有「若少安，恐無及也」之語。〔註45〕

於此，顧氏則言道：

少安猶言少惰。二十六年，晏子對景公曰：「後世若少惰。」（卷下，
頁四）

陸粲以叔向「少懦」、晏子「少惰」之語，以解釋「少安」之義，惟「少懦」
與「少惰」於義略有不同，而義理不得兩解之，陸氏僅以兩說並存處理。顧
氏在此，則以晏子「少惰」解釋「少安」之義，顯見有其自身的學術判斷。

其他如宣公二年《傳》：「文馬百駟。」陸氏曰：

《說文》引此《傳》作「䮲馬」，亦云：「畫馬也。」丘光庭曰：「文
馬，馬之毛色自有文采。」重其難得，若畫馬爲文，乃是常馬，何
足貴乎？〔註46〕

顧氏於此，則曰：「邱光庭曰：『文馬，馬之毛色有文采者。』」（卷中，頁八）
僅取邱光庭之說。再如昭公三年《得》：「民人痛疾或燠休之。」陸氏曰：

燠休，依《注》讀爲「嫗呴」。王若虛以爲溫煦安息之意，讀如本字，
亦通。〔註47〕

因此，顧氏云：「玉若虛曰：『燠，溫煦安息之意。』」（卷下，頁三）亦僅取
王氏之說，而不及其他。

根據筆者的統計，《左傳杜解補正》中有標明「陸氏曰」者，約有三十七
條，爲邵、陸、傅三人之中最少者，然而未標明其名，而刪改、取資於陸氏
成說者，則所在多有。顧氏的弟子潘耒即點出這種狀況，如僖公二十三年
《傳》：「若以相夫子，必反其國。」陸氏云：

《傳》文云：「若以相夫子，必反其國。」當在夫子句絕。《晉語》

〔註45〕《左傳附註》，卷3，頁4。
〔註46〕《左傳附註》，卷2，頁1。
〔註47〕《左傳附註》，卷3，頁3。

說此事，云：「其從者，皆國相也。」以相一人，必得晉國。用彼文相方，其義益明。〔註48〕

顧氏則言道：「當讀至『夫子』爲句，夫子即公子。」（卷上，頁十六至十七）於此並未注明從陸氏之說，而潘耒則說：

按：此陸氏說也。玩文勢，仍當從杜，「以相」句絕。（卷上，頁十七）

潘氏既點明其師有襲用他說而未標明出處的狀況，顯見筆者所舉之例，雖然不能說是亭林完全鈔述他人之說，但是或多或少有此情形。當然，若「藐，小也」之注、王若虛、丘光庭之說，因是古人之成說，故而能直接引述之，這毫無疑義。但是顧炎武在論及引述他人之說時，言道：

凡述古人之言，必當引其立言之人；古人述古人之言，則兩引之，不可襲以爲己說也。〔註49〕

以此衡諸《左傳杜解補正》取資於陸氏說法的情況，則與其所述的原則相互違背，不免令人產生疑惑。

三、對傅遜的承襲方式

由於有前人（邵寶、陸粲）的研究成果作爲基礎，傅遜因而成爲明代學者當中辨正杜《注》缺誤的集大成者，也因此顧炎武在撰作《左傳杜解補正》時，直接引述傅氏之說者凡八十八處，居於三人之冠。而所援用之說解，涵蓋層面甚廣，如桓公六年《傳》：「接以太牢。」《補正》曰：

《解》：「以禮接夫人。」傅氏曰：「以太牢之禮接太子。」（卷上，頁四）

此辨太牢之禮。杜預以爲此乃接夫人之禮，而傅遜則以之爲接太子之禮，二說所接對象不同。在此，顧氏看似未確孰是孰非，而按《補正》體例，實以傅說爲是。

又如僖公十五年《傳》：「先君之敗德，及可數乎？史蘇是占，勿從何益。」《補正》云：

傅氏曰：「先君以敗德致咎，史蘇之占，從、不從，皆無益也。古人

〔註48〕《左傳附註》，卷1，頁15。
〔註49〕【清】顧炎武：〈述古〉，《原抄本日知錄》（臺南市：平平出版社，1975年），卷21，頁589。

語急，故略其字爾」，亦通。（卷上，頁十四至十五）

又如昭公二十六年《傳》：「帥群不弔之人。」《補正》云：

> 傅氏曰：「好行禍亂，不相弔恤之人。」（卷上，頁十六）

再如成公十二年《傳》：「天下有道，則公侯能爲干城而制其腹心。」《補正》
云：

> 傅氏曰：「言能制御武夫之腹心者，使不爲害。」（卷中，頁十四至
> 十五）

以上三例，蓋以古文之語法與今語不同，而傅氏根據《左傳》之上下文句，
總其義而以今語釋之。亭林以爲其說可通《傳》義，故而取以釋之。

昭公元年《傳》：「使后子與子干齒。」《補正》：

> 傅氏曰：「齒，猶齊列也。」（卷下，頁三）

又，昭公三年《傳》：「以樂慆憂。」《補正》云：

> 傅氏曰：「慆，慢也。以淫樂慢其憂禍。」（卷下，頁三）

以上兩則皆釋字義。杜《注》以「齒」爲：「以年齒爲高下而坐。」〔註50〕蓋
以齒爲年歲、歲數作解。傅遜則以爲「齒列」之意。

案：此《傳》文之上有「秦、楚匹也」之句，亦即兩個乃匹敵、對等之
地位，而於此不應有高下之分，故以傅氏「齊列」之解爲是。「以樂慆憂」，
杜《注》：「慆，藏也。」〔註51〕蓋以「以樂藏憂」作解，則有雖處淫樂之中，
猶有憂患之慮。然而對照此《傳》文之下，有「公室日卑，其何日之有」之
句，蓋謂晉國公室已近季世而不自知，故杜預以「藏」釋「慆」則非。傅氏
以「慢」釋之，可通此《傳》義，故顧氏用之。

再如宣公十二年《傳》：「其君之戎，分爲二廣。」《補正》：

> 其君之戎謂戎車。傅氏曰：「廣，楚乘車名。以其親兵，分左右二部，
> 故名二廣。」（卷中，頁九）

此釋楚國車乘之軍制，杜預於此，僅簡單注曰：「君之親兵。」〔註52〕顧氏則
因其釋義未足，遂以戎車釋「戎」，再取傅氏之說，以足成其義。

昭公十年《傳》：「居其維首，而有妖星焉。」《補正》曰：

> 《解》：「客星居玄枵之維首。」傅氏曰：「非也。言婺女居於玄枵之

〔註50〕《左傳注疏》，卷41，頁30。

〔註51〕《左傳注疏》，卷42，頁11。

〔註52〕《左傳注疏》，卷23，頁12。

維首，而有妖星見焉。」（卷下，頁八）

又昭公三十一年《傳》：「日月在辰尾。」《補正》曰：

> 傅氏曰：「辰尾居東，吳在楚東，故知必吳入郢也。」（卷下，頁十七）

以上二例，一以釋天文星象，一以分野之說，解釋吳、楚兩國強弱之勢。

昭公九年《傳》：「晳幘而衣狸製。」《補正》曰：

> 傅氏曰：「晳，白晳。幘以巾髮，卑賤所服。狸製，狐皮之衣。」（卷下，頁二十一）

又如昭公二十年《傳》：「四物七音。」《補正》云：

> 傅氏曰：「四物，律度量衡也。七音，以宮、商、角、徵、羽，而加變宮、變徵也。（卷下，頁十三）

此二例爲引用傅氏之說以釋名物。前者解釋晳、幘、狸製等服飾。後者則訓解律度量衡之四物，與七音之樂音聲調。

又，傅遜嘗自謂「於《傳》中文義，頗竭思慮，特於地理殊多遺憾，恨不獲偏蒐天下郡縣志而精考之」云云〔註53〕，則其自承於地理之學稍疏，然亦有爲《補正》所承襲者，如定公四年《傳》：「蔡侯以吳子及楚人戰於柏舉。」《補正》云：

> 傅氏曰：「柏舉，楚地，在今河南西平縣，本柏子國。」（卷下，頁十八）

又同年《傳》：「楚子涉睢、濟江，入於雲中。」《補正》云：

> 傅氏曰：「雲中，雲夢澤中，蓋江兆之夢，在今湖廣德安府。」考瞿、漢二水皆入江，楚子既涉睢而西，復還入瞿，由瞿而入江，繞吳兵之南，而北濟以入郢，自郢而奔隨也。《解》以爲「江南之夢」，非也。（卷下，頁十九）

從上述兩說的徵引，可以發現亭林雖在《左傳杜解補正》中，於《春秋》經、傳所列載的地理考釋，多爲己身考證所得，然猶有取之於傅遜之說者。綜觀以上所舉諸例，可考見顧氏承襲自傅遜之說，所涉及涵蓋的層面甚廣。以亭林之取其說者甚多，涵蓋層面甚廣而論之，稱傅遜爲集三人之大成者，實不爲過。

同樣地，《左傳杜解補正》引述傅遜之說，亦與之前的邵寶、陸粲相同，皆有「引述全文」、「逕引結論」、「刪述其說」、「援用佐證」等情形。由此也

〔註53〕 〈左傳屬事提要〉，《四庫全書總目》，卷28，頁34。

可間接證明《左傳杜解補正》乃一鈔述體的著述。又，傅遜既集三人之大成，且自云本之陸粲，故而於亭林徵引其說時，便會發現此一脈絡，如僖公二十二年《傳》：「戎事不邇女器。」《補正》引述傅氏之說云：

> 傅氏曰：「戎事尚嚴，不近女子所御之物，況使婦人至軍中，又示以俘馘乎？」（卷上，頁十六）

顧氏所引傅氏之說，乃刪改其說而成，傅氏之原文曰：

> 杜云：「俘馘非近婦人之物。」陸曰：「依杜云，是以俘馘爲器，與《傳》文乖矣。」郭定襄言：「戎事尚嚴，不近女子所御器」是也。
> 〔註54〕

傅氏所說的「陸曰」，即是陸粲，而郭定襄（登）之言，亦是陸粲引用之佐證，陸氏曰：

> 依《注》所言，是以俘馘爲器，與《傳》文不相應矣。郭定襄曰：「言戎事尚嚴，不近女子所御之器物，況使婦人至軍中，又示以俘馘乎？」
> 此說是也。〔註55〕

觀陸粲之辨證，可知亭林所引述傅遜之說，實乃郭定襄之語。然而，傅氏援用郭說，僅引述一半，未若《補正》所徵引之全文，亦不若陸氏援引之全，因此，亭林於此條之引證，是從傅遜而來？抑或得之於陸粲？頗值玩味。而僅此一條，既可說明此一條貫串的學術脈絡，亦可間接證明《左傳杜解補正》爲一鈔述之著作矣。

此外，如襄公三十年《傳》：「唯君用鮮，眾給而已。」《補正》云：

> 陸氏曰：「殺新爲鮮。」傅氏曰：「眾給者不必用鮮，惟物之足已。」
> （卷中，頁二十七）

亭林於此，兩引二人之說，一引陸粲之說以解釋「鮮」義，一引傅遜之說爲「眾給」作解，而此乃刪述傅氏之說而成，傅遜曰：

> 杜云：「鮮，野獸：眾臣祭，以芻蕘爲足。」陸云：「殺新爲鮮。」
> 愚謂：君祭所以必田獵者，必其上殺最鮮者以獻祖考。二說皆偏其一矣。眾給者，云不必用鮮，惟物之足而已，何必專於芻蕘乎？」
> 〔註56〕

〔註54〕《左傳注解辨誤》，卷上，頁18。
〔註55〕《左傳附註》，卷1，頁25。
〔註56〕《左傳注解辨誤》，卷下，頁13。

此條的關鍵點在於亭林徵引陸粲「殺新爲鮮」之說，到底是直承於陸氏《左傳附注》，還是間接引自於傅遜之言。觀陸粲《左傳附注》原文，其僅於「唯君用鮮」作解，注曰：「宣十二年《注》：「殺新爲鮮。」〔註57〕蓋此訓源自於杜《注》，陸氏引之，除用以注解而外，亦用以證明杜《注》之自我矛盾（此作「野獸」解）。而亭林援此，乃書陸氏曰：「殺新爲鮮」，而非宣十二年《注》：「殺新爲鮮。」或陸氏曰：「宣十二年《注》：『殺新爲鮮。』」則顧氏引用陸粲之說，很明顯地乃鈔自於傅氏之言，而非得之於陸氏《附注》之原文。

再如成公十七年《傳》：「孟姬之讒，吾能違兵。」《補正》云：

> 傅氏引《晉語注》曰：「違其兵難，卒存趙氏。」（卷中，頁十六）

亭林以傅氏引用《晉語注》以解此《傳》爲是故兩引之。而同此《傳》文，陸粲曰：

> 《晉語》章昭注：「違兵者，能違其兵難，卒存趙氏，今未可脅以殺
> 君。」此說是也。〔註58〕

是則陸粲亦以章昭之注《晉語》的相同資料爲解，而粲在前，遜在後，何不選用陸氏之說？抑亭林認爲傅氏書且較完備，而常置之於側歟？

第三節　顧炎武鈔述前人說法之商議

從顧炎武在《左傳杜解補正》中對於邵寶、陸粲、傅遜的徵引方式來看，此書乃以鈔述爲主的著作。而除此三家之說外，亭林於其他各家說法之精當者，亦會依循徵引邵、陸、傅三人的模式而採用之，例如文公十四年《傳》：「不出七年，宋、齊、晉之君皆將死亂。」《補正》：

> 劉歆曰：「斗，天之三辰，紀綱之星也。宋、齊、晉，天子方伯，中
> 國綱紀，故當之也。斗，七星，故曰不出七年。」（卷中，頁七）

此周內史叔服見「有星孛入于北斗」後所發之預言，而杜預注此，僅歷數宋昭公、齊懿公、晉靈公之被弒，至於爲何有此占言，杜預實爲不知，因此以「固非末學所得詳言」作解。〔註59〕劉歆此說，則無論從天文星象、政治情勢而言，皆於《傳》頗能符合，因此顧氏援用其說，以補杜《注》未解之處。

〔註57〕《左傳附註》，卷2，頁25。
〔註58〕《左傳附註》，卷2，頁10。
〔註59〕杜預《注》曰：「後三年，宋弒昭公；五年，齊弒懿公；七年，晉弒靈公。史服但言世徵，而不論其占，固非末學所得詳言。」《左傳注疏》，卷19下，頁16。

又如昭公三十一年《傳》：「欲求名而不得，或名蓋而名章。」《補正》云：

> 王應麟曰：「欲求名而不得，如向戌欲以弭兵爲名，而宋之盟，其名
> 不列焉。或欲蓋而名章，如趙盾僞出奔，崔杼殺太史，將以蓋弒君
> 之惡，而其惡益彰焉。」推此類言之，可見謹嚴之法，求名非謂齊
> 豹，名章亦不止三叛也。（卷下，頁十七）

此段《傳》文，杜預並無任何解釋，而王應麟從《左傳》中尋得事例以釋之，
亭林認爲其說可採，更推類而廣之。

再如定公四年《傳》：「命以伯禽。」《補正》云：

> 孫寶桐曰：「於《書》，當有〈伯禽之命〉，而今逸之。」（卷下，頁
> 十八）

杜預於此《傳》文，曰：「伯禽，周公世子。時周公唯遣伯禽之國，故皆以付
伯禽。」〔註60〕蓋以義釋之，且甚爲精當。孫寶桐讀此《傳》文，則懷疑如
若周公有「命以伯禽」之事，則《尚書》應當有〈伯禽之命〉的篇章，而今
《尚書》並無此篇，乃亡逸之也。顧炎武認爲孫氏之論或有可能，可備爲一
說，故採用以補杜《注》思慮未及之處。而姑且不論此說是否正確，如此的
徵引，代表著亭林某種程度的懷疑與認同。

這種鈔述他說的作法，充斥於《左傳杜解補正》當中，而與一般著述形
式與作法大不相類，不免令人感到疑惑，如若換個角度去看待這個問題，則
不難理解亭林的用心所在：

一、引述他人之說，需有自身的學術判斷

一個問題，會因各人理解角度的差異，而有不同的詮釋，而在眾說紛云
的情況下，如何抉擇出正確的說法以解決問題，實有賴於豐厚的學養。因此，
無論鈔述、引述或刪述的方式，凡及於他人之說，必有自身的學術判斷，方
能論其是非。試以邵、陸、傅三人爲例，亭林在《左傳杜解補正·序》中曾
言道，書中所論有本之於邵寶之《左觿》者，然而《四庫全書總目》曰：

> 其精確者數條，顧炎武《左傳補註》已採之，所遺者其糟粕矣。
> 〔註61〕

四庫館臣所謂採其精確，遺其糟柏，即是倚賴自身的學術判斷，方能在取舍

〔註60〕《左傳注疏》，卷54，頁17。
〔註61〕《四庫全書總目·春秋類存目一》，卷30，頁9。

之間，有所採又有所遺。而據筆者統計，如亭林在〈序〉中謂邵氏《左觿》辨正杜《注》之失，凡百五十餘條，其所採而言明取自於「邵氏」者，有五十三處，則其所遺者甚多，約莫有百條之數，而此乃四庫館臣所謂的「糟粕」。

亭林既謂《左傳杜解補正》本之於邵、陸、傅三人之書甚多，則邵氏一書猶尚如此，況陸、傅二氏之書亦復如此。假若顧氏於三人之說，僅以「鈔述」爲樂，而沒有進行學術判斷的抉擇，則單就邵氏《左觿》一書，其一百五十餘條的內容，將盡皆收入《補正》之中，若再加以陸粲《左傳附注》，傅遜的《左傳屬事》、《左傳注解辨誤》的內容，則《左傳杜解補正》的卷帙將不只現有的三卷而已了。

再者，從三人在相同《傳》文的說解差異，也可看出亭林在取舍間作出的學術判斷，例如昭公五年《傳》：「豎牛禍叔孫氏，使亂大從。」《補正》云：

> 傅氏曰：「大從猶云亂大作，蓋不忍斥言殺其父耳。」（卷下，頁五）

同《傳》文，陸粲的解釋說：

> 服虔云：「使亂大順之道」是也。大順者，適庶之常分。〔註62〕

雖則傅氏自謂其說與陸粲之說多所意會，然於此《傳》文的解釋乃有南轅北轍的說解。陸粲所採用的服虔之說，乃就「從」的字義作解釋，認爲「從」當訓爲「順」，「亂大從」即爲「亂大順」。傅遜則明顯地就《傳》文上下文句來對照，而不拘泥於字義的訓詁，推論「大從」即是「大作」之意。將二人之說，以《傳》文衡之，自以傅氏之說爲勝。而服虔「亂大順」之說，不通則甚，陸氏解釋「大順」爲「嫡庶之常分」，尤爲添足。因此，亭林不用陸說，而取傅氏之論。

又如宣公十二年《傳》：「御下兩馬，掉鞅而還」。《補正》曰：

> 邵氏曰：「兩車掉鞅，掉兩馬之鞅也。蓋驂馬車族，則其鞅須掉之，而示閒暇之意，亦在其中矣。」（卷中，頁十）

同此，傅遜說道：

> ……邵文莊曰：「兩馬掉鞅，掉兩馬之鞅也。蓋驂馬折族，則其鞅必掉，而示閒暇之意在其中。」陸似從邵說，愚詳味之，非也。左既射以菆，御下不兩馬何爲乎？御下兩馬而左，于此時乃代執轡，而掉鞅爲閒暇耳。〔註63〕

〔註62〕《左傳附註》，卷3，頁5。
〔註63〕《左傳注解辨誤》，卷上，頁36。

觀傳氏所言,陸粲認同邵寶的說法,而在邵、陸二人皆同聲氣,傳氏一己「詳味之」的狀況下,他仍認為邵氏之說有誤。而亭林在傳遜「詳味」之餘,且有一番推論的狀況下,仍採用邵寶的說法,此豈非己身亦「詳味之」歟?

再如昭公十三年《傳》:「依陳、蔡之眾以立國。」《補正》援用陸粲之說,云:

> 陸氏曰:「依陳、蔡之眾以立國。」(卷下,頁十)

而傳遜於此,曰:

> 杜云:「國陳、蔡而依之。」陸云:「依倚陳、蔡之眾以立國耳。」
> 是時倉卒舉事,何暇遽國陳、蔡乎?愚謂二說俱未為得。蓋以陳、
> 蔡既滅,以依附二國之人心耳。〔註64〕

傳氏以事理推論,認為在倉卒舉事之下,豈能遽然立國?因此,傳氏認為杜、陸二人之說,皆未得《左傳》原意。而傳氏在糾駁杜、陸二人之後,亦有己見,然而顧氏在權衡諸說後,仍從陸粲之說。

綜觀以上所論,則亭林在《左傳杜解補正》中引述他人的意見辨正杜《注》,且以之解釋《傳》文,並非代表沒有任何一己之見,因為在抉擇眾說之時,其標準是能否符合《傳》義,其說是否精當,而在選擇讜言正論的同時,自身的學術觀點亦隨之顯露而出。這實有賴於豐厚的學養。反之,若無一己的學術觀點,又無紮實的學術基礎,則即使是如何精確的學術證據呈現在面前,亦將過目不視、充耳不聞,而所採擇者,徒然錯上加錯,致使經義愈晦了。因此,以引述他人之意見,而認為亭林於此毫無自身的學術意見者,豈不大謬?

二、著書不以「鈔述」為嫌,而以「述而不作」為要

承上一節所述,顧炎武在《日知錄》中及引述他人之說的原則應當有二:一、述古人之言,必當引其立言之人;二、古人又述古人之言,則兩引之。然而,《左傳杜解補正》之徵引他人之說,尤其是邵寶、陸粲、傳遜等三位明代學者的看法時,其情形則與其所述的原則相互違背。例如「藐,小也」之注,王若虛、丘光庭之釋,皆援用引述陸粲之佐證而未註明其出處,雖然這種不言明「陸氏曰」者的狀況,自然可以用徵引自原典解釋。然而,在《左

〔註64〕《左傳注解辨誤》,卷下,頁27。

傳杜解補正》中多有引述其說而不言明之例，而這些並無法與「徵引原典」
之例等同視之，即使是用顧氏偶一疏忽所致，亦無法為其緩頰，由於這種情
形並不在少數幾則，因此這種狀況不免令人產生疑惑。而為了解決這種令人
困惑的問，則不妨從顧氏對於著書的觀念入手。

　　《左傳杜解補正》既有大部份的篇幅是由引述而來，因此在釐清其著書
原則時，必先論其鈔書的觀念。關於此點，亭林〈鈔書自序〉說：

> 先祖曰：「著書不如鈔書。凡今人之學，必不及古人也；今人所見之
> 書之博，必不及古人也。小子勉之，惟讀書而已。」〔註65〕

是則亭林之有此觀點，乃從其先祖而來，而鈔書是讀書的入門，也是成就其
「博學」的基礎。因此，亭林從不以「鈔書」為嫌，在其十八年的遊歷過程
中，凡遇「有賢主人以書相示者則留，或手鈔，或募人鈔之」〔註66〕，造就
其學愈趨博洽，而用之於所著之書，更收「博證」之功。

　　再從與亭林私交甚篤的朱鶴齡所著的《讀左日鈔》來看，內容則能看出
一些端倪，《四庫全總目》曾述及內容說：

> 是書採諸家之說，以補正杜預《春秋經傳集解》之闕，於趙汸、陸
> 粲、傅遜、邵寶、王樵五家之書所取為多。大抵集舊解者十之七，
> 出己意者十之三，故以「鈔」名。〔註67〕

據四庫館臣所言：「集舊解者十之七，出己意者十之三」，則朱鶴齡所作，無
論從內容、體例，甚至是著述方法上，均與《左傳杜解補正》無異，所不同
的只是朱氏所作乃以「鈔」為名。

　　朱鶴齡不以「鈔述」為嫌的另一證明，可從其引述顧炎武之說得以看出，
他在《讀左日鈔·凡例》說道：

> 亭林顧先生，去秋自華陰寄余《左傳注》數十則，析疑正舛，皆前
> 人未發。時此書已刻逾半，不及纂入，間取三《傳》、三《禮》注疏
> 閱之，尚多可錄者，因復綴輯，與亭林所貽，彙成二卷，附之簡末。
> 〔註68〕

〔註65〕 【清】顧炎武：《亭林文集》（北京：北京出版社，2000年《四庫禁燬書叢刊》
　　　　集部第118冊），卷2，頁8。

〔註66〕 同前註。

〔註67〕 〈讀左日鈔提要〉，《四庫全書總目》，卷29，頁11。

〔註68〕 【清】朱鶴齡：《讀左日鈔·前言》（臺北：臺灣商務印書館，1983年影印《文
　　　　淵閣四庫全書》第175冊），卷前，頁2。

則《讀左日鈔》所補之兩卷，取之於亭林之說猶多，而據筆者之統計，朱氏取於亭林之說者，有三十五條。茲將其引述之情形錄之如下，僖公五年《傳》：「太伯不從。」《日鈔》云：

> 顧炎武曰：「不從者，謂太伯不在太王之側爾。《史記》述此文曰：『太伯、虞仲，太王之子也，太伯亡去，是以不嗣。』以亡去爲不從，其義甚明。杜氏誤以『不從父命』爲解，而後儒遂傳合〈魯頌〉之文，謂太王有翦商之志，太伯不從。此與秦檜之言『莫須有』者何異哉！」〔註69〕

此條乃亭林不引述他人之說，而參諸《史記》所作之補正。由於辨證有據有理精當可取，故而爲朱鶴齡所鈔，全文照錄於《日鈔》之附錄中。

再如桓公二年《傳》：「孔父嘉爲司馬。」朱氏云：

> 顧炎武曰：「杜氏以孔父名而嘉字，非也。孔父字而嘉其名。按：《家語·本姓篇》曰：『宋湣公生弗父何，何生宋文周，周生世子勝，勝生正考父，考父生孔父嘉，其後以孔爲氏。然則仲尼氏孔，正以全文之字，而楚成嘉、鄭公子嘉皆字子孔，亦其證也？』……然則孔父亦必其字，而學者之疑，可以渙然釋矣。君之名變也，命卿之書字，常也，重王命，亦所以尊君也。」愚按：杜氏以父爲名，嘉爲字，特拘於古例之失。至云孔父有罪而稱名，則於義尤舛，辨詳《集說》。〔註70〕

孔父嘉，杜預以孔父爲名，嘉乃其字，亭林以爲不然，反透過一些考證，而以孔父爲字，嘉乃其名，朱氏則認爲亭林之辨證甚當，而將其所論錄之於己書之內，加以案語，認爲杜預訓解之所以失者，乃拘泥於所謂的弑君之例，從而在義理上認爲孔父爲有罪。

朱氏鈔錄顧炎武之考釋「孔父嘉」至爲重要，而之所以重要的原因，乃在本條並不見於《左傳杜解補正》，而見於《日知錄》中。前面述及，亭林在《補正》中引述他人之說，時而有與其所持之原則相悖，然而在《日知錄》中，其〈左傳註〉則甚爲留意這一點，甚至還在文末說：

> 凡邵、陸、傅三先生之所已辯者，不錄。〔註71〕

〔註69〕《讀左日鈔補》，卷上，頁12。
〔註70〕《讀左日鈔補》，卷上，頁1～4。
〔註71〕〈左傳註〉，《原抄本日知錄》，卷28，頁780。

以此核之〈左傳註〉所辨之五十三條，僅有一條爲援引邵寶之說，而收之於內：

> （襄公）二十八年，陳文子謂桓子曰：「禍將作矣，吾其何得？」對曰：「得慶氏之木百車于莊。」文子曰：「可慎守也已。」《解》曰：「善其不志於貨財。」非也。邵國賢曰：「此陳氏父子爲隱語以相喻也。」愚謂：木者，作室之良材；莊者，國中之要路。言將代之執齊國之權。〔註72〕

此條的考辯亦見之於《補正》之中，而文字稍有不同：

> 邵氏曰：「此三言者，陳氏父子爲隱語以相喻也。知禍將作，而以『何得』問其子。既得『得木』之對，則知其所知所從遠矣，故以慎守堅之。守謂守志，非守其木。」愚謂：木者，作室之良材；莊者，國中之要路。言將代之執齊國之權。（卷中，頁二十五）

兩相對照，則《補正》引述邵氏之言雖較完整，然其旨要則與《日知錄》所引者無異，而〈左傳註〉中除了少數四條之外，其餘諸條均見於《左傳杜解補正》中，惟在文字上有一些微末的差異而已。

《日知錄・左傳註》援用邵寶說法的條目透露出一些訊息與思考的方向：其一、此條雖引用邵寶之說，然其中亦有顧氏的意見，而邵氏之說於此僅是「引證」之資，並非「主述」之用，因此亭林以此爲己身創獲之見視之，而錄之於內。其二、如若將此條視爲亭林偶一誤收所致，亦可看出其徵引他說的嚴謹態度：「凡邵、陸、傅三先生之所已辯者不錄。」

綜合以上兩點，可以確信：亭林在著書之時，顯然地有意識到引用他說所應秉持的原則性問題，而於其準則的拿捏上有所權衡。然則在《左傳杜解補正》中，其嚴謹度卻不若《日知錄》。關於此點，我們不妨以皮錫瑞論述清初經學概況的一段話切入，他說：

> 國初諸儒治經，取漢、唐注疏乃宋、元、明人之說，擇善而從。由後人論之，爲漢、宋兼采一派；而在諸公當日，不過實事求是，非必欲自成一家也。〔註73〕

且不論亭林是否爲漢、宋兼采一派，以《補正》之內容而論其治經，的確是「博稽載籍」，擇善而從。而「實事求是，非必欲自成一家」，則是指著書立說者的

〔註72〕〈左傳註〉，《原抄本日知錄》，卷28，頁778～779。

〔註73〕【清】皮錫瑞：《經學歷史》（北京：中華書局，2004年），頁222。

態度而言。大凡著書立說的心態，必欲自成一家之言，俾後世能有所稱焉。然而，皮氏所言之國初諸儒，在心態上則與一般文人迥異。以《左傳杜解補正》而言，其引述他人之說，其作爲「主述」之用的部份，無可諱言地是以「鈔述」的形式呈現，而這種作法，與自立其說的著書心態，顯有一些落差，因此皮錫瑞所言的「非自成一家」的情形，與顧炎武之作《補正》甚爲符合。而亭林之所以如此，從其自身而言，則有「著書不如鈔書」的想法，且又有「爲文須有益於天下」、「立言不爲一時」的觀念〔註74〕。因此，在《補正》當中，不以賣弄自身學問爲能事，儘可能傳述正確的知識以示來者。

再者，從其所處的學術環境而論，《補正》是亭林爲挽救因科舉流弊所導致經學淪喪的產物，因爲其主張通經致用，而欲通《春秋》大義，必當以讀《左傳》爲先；欲通《左傳》，則需從杜《注》入手，亦即亭林示人治學之法，當以讀傳注起始。而由杜《注》頗多舛誤，爲避免後學爲杜《注》所誤，於是在「甚重杜《解》，而又能彌逢其闕失」的情形下，撰作此一「掃除門戶」、「持是非之平」的《補正》〔註75〕。總的來說，顧氏寫作此書之目的，是希望透過《補正》的示範，期望後繼之學者態投身於《左傳》的研究，以彰顯因胡《傳》而隱沒的《春秋》大義，則亭林之所願也。

又，沈玉成《春秋左傳學史稿》在評顧棟高的《春秋大事表》時曾言道：

> 顧氏這部書在方法上還處在承襲階段，他把宋人學風中優良的一面
> 發展到一個完善階段，但這畢竟只能意味著一個時代的結束，而不
> 能像顧炎武的《左傳杜解補正》以考據學的發凡起例開創出一個新
> 的時代。〔註76〕

對照《左傳杜解補正》中於前人說法之承繼，則沈氏「發凡起例」之說，頗有值得商榷之處，此毋寧說是亭林間採他說，再加以己見，撰爲此書，然後再憑藉自己在學術界的成就與影響力，讓學者們受其感染，而激起已頹廢甚久的學術氛圍，從而促成《左傳》學之再興，此方爲《左傳杜解補正》眞正價值所在。

〔註74〕〈爲文須有益於天下〉、〈立言不爲一時〉，同見於《原抄本日知錄》，卷21，頁547、550。

〔註75〕〈左傳杜解補正提要〉，《四庫全書總目》，卷29，頁6。

〔註76〕沈玉成、劉寧：《春秋左傳學史稿》（南京：江蘇古籍出版社，1992年），頁262。

第六章 《左傳杜解補正》的學術定位

　　《左傳杜解補正》著成後，從清初歷經乾嘉、道咸，乃至於清末民初的學者，皆對其有所推重。因此，它在《春秋》學史上的地位，不會因其爲數甚少的三卷內容所壓低，反而更因此而彰顯其價值所在。

第一節　清初《春秋》的研究概況

　　清儒於《春秋》一經的研究，可以用皮錫瑞的說法，而分爲三個階段，他說：

> 國朝經學凡三變。國初，漢學方萌芽，皆以宋學爲根柢，不分門户，各取所長，是爲漢、宋兼采之學。乾隆以後，許、鄭之學大明，治宋者已鮮。說經皆主實證，不空談義理，是爲專門漢學。嘉、道以後，又由許、鄭之學導源而上，《易》宗虞氏以求孟義，《書》宗伏生、歐陽、夏侯，《詩》宗魯、齊、韓三家，《春秋》宗《公》、《穀》二傳。〔註1〕

類似的言論，劉師培則說：

> 順、康之交，說《春秋》者，仿宋儒空言之例，如方苞《春秋通論》、俞汝言《春秋平義》、《四傳糾正》之書是也。毛奇齡作《春秋傳》，又作《春秋簡書刊誤》、《春秋屬辭比事記》，以經文爲綱，然穿鑿無家法。惠士奇《春秋說》，以典禮說《春秋》，其書亦雜採三《傳》，顧棟高

〔註 1〕【清】皮錫瑞：《經學歷史》（北京：中華書局，2004 年），頁 249～250。

《春秋大事表》，博大精深，惜體例未嚴。〔註2〕

按皮錫瑞、劉師培的說法，則清初的《春秋》研究，是屬於爲乾嘉漢學作準備的萌芽階段。而當時於《春秋》的研究，大致可分爲三個方面：

一、《春秋》宋學的餘緒

自明代纂成《五經大全》，以科舉將胡安國《春秋傳》定爲一尊後，雖將胡《傳》的聲勢推至頂點，然轉捩點亦由此而生。在官方的規範之下，某些學者如張以寧、陸粲、袁仁等已作出一些批判性的回應，甚至對《左傳》投以關注。不過，這些學者的回應，並無法改變現實的學術環境，其原因在於官方學術仍在胡《傳》的宰制之中。再者，就整體的學術而言，批判胡《傳》並不等同於要揚棄《春秋》宋學的研究方式。這種創發自唐代啖助等異儒的研究方法，在歷經宋、元、明三代長時間的發展，其經說解釋可謂相當完備，而學者所爲僅不過就此種研究方式的漏洞，或是針對胡《傳》的缺夫，略事修正而已。這種自身內部的修正並無法搖憾《春秋》宋學至於崩潰。因此，清初的《春秋》學者大抵承襲這種學風，多爲直解《春秋》的經解著作，例如俞汝言撰《春秋平義》十二卷、《春秋四傳糾正》一卷，四庫館臣評以「多得經意」、「深得經意者矣」。〔註3〕毛奇齡作《春秋毛氏傳》三十六卷，其內容「一反胡《傳》之深文，而衡以事理，多不失平允之意」。〔註4〕徐庭垣《春秋管窺》十二卷，其「大旨醇正，多得經意。」〔註5〕焦袁熹作有《春秋闕如編》八卷，其書「足破穿鑿之說」，而「於經學深爲有裨」〔註6〕，爲當時說《春秋》者之最。

「說經尤橫」的姚際恆則撰有《春秋通論》十五卷，又作《春秋論旨》、《春秋無例詳考》各一卷。於《春秋》一經的研究，姚氏主張破除以義例之說所建構的「常事不書」、「一字褒貶」等解經體系。對於胡安國之說《春秋》，認爲是以「不學無術」之才〔註7〕，所釋猶如「兒童說經，祇堪捧腹」〔註8〕，

〔註2〕 劉師培：〈近儒之春秋學〉，《經學教科書》（臺北：華世出版社，1975年《劉申叔先生遺書》第4冊），第32課，頁24。

〔註3〕 【清】永瑢、紀昀等：《四庫全書總目‧春秋四傳糾正提要》（臺北：藝文印書館，1997年），卷29，頁9、10。

〔註4〕 〈春秋毛氏傳提要〉，《四庫全書總目》，卷29，頁14。

〔註5〕 〈春秋管窺提要〉，《四庫全書總目》，卷29，頁19。

〔註6〕 〈春秋宗朱辨義提要〉，《四庫全書總目》，卷29，頁22。

〔註7〕 【清】姚際恆：《春秋通論》（臺北：中央研究院中國文哲研究所，1994年），卷10，頁240。

又「安用予辨爲？」〔註9〕而予以譏諷。

　　以上所舉的清初《春秋》學者，或破穿鑿之說，或糾正胡《傳》之失，要皆以《春秋》爲本。即如論學強悍的姚際恆，在盡掃前人說解《春秋》的弊病之餘，亦強調回歸《春秋》原典，以站在《經》的角度來解釋《春秋》。這是以宋學的角度攻擊同爲《春秋》宋學的胡《傳》，學者所做的，只是宋學內部的自我討論，並無法促使宋學傳統，乃至於宋學典範——胡安國《春秋傳》的全面崩潰。

二、《春秋》經、傳的專門性研究

　　由於考據之學興起，入清以後，學者們研究《春秋》經、傳，已不是以說解《春秋》經義爲滿足，而是在經、傳之間的某些特定記載，憑藉自身擅長的考據方法，從事一些與《春秋》相關的專門性著作，例如在人名氏族方面，陳厚耀撰《春秋世族譜》一卷、顧棟高在其《春秋大事表》中的〈春秋列國卿大夫世系表〉尤爲此中特出之作。陳、顧二氏之書均採杜《注》、孔《疏》之說，而詳略互見，四庫館臣認爲「以此二書互推考證，則《春秋》氏族之學，幾乎備矣！」〔註10〕高士奇撰有《左氏姓名考》四卷，由於該書係成於其門客之手，而士奇亦未曾寓目，因此「顛倒錯亂，自相矛盾」之處甚多，幾乎展卷即是。〔註11〕程廷祚則撰有《春秋識小錄》九卷，其中三卷爲《左傳人名辨異》。此書內容雖較簡明，然爲「讀《春秋》家所當知也。」〔註12〕

　　在《春秋》地理的考訂方面，清初學者於此的成果有：陳淑《春秋左傳分國土地名》二卷，程廷祚《春秋識小錄》中的《春秋地名辨異》三卷，高士奇《春秋地名考略》十四卷，顧棟高《春秋大事表》的〈春秋列國疆域表〉、〈春秋列國都邑表〉、〈春秋列國山川表〉、〈春秋列國險要表〉等，皆是研治春秋地理爲主的著作，各書雖體例不一，繁簡各異，然多以杜《注》爲據。

　　以地理爲治經之緒餘的江永，撰有《春秋地理考實》一書，凡四卷。至其內容大要，則根據《四庫全書總目》所云：

　　　　是編所列春秋山川、國邑、地名，悉從經、傳之次。凡杜預以下舊

〔註 8〕　《春秋通論》，卷10，頁256。
〔註 9〕　〈春秋論旨〉，《春秋通論》，卷前，頁7。
〔註10〕　〈春秋世族譜提要〉，《四庫全書總目》，卷29，頁27。
〔註11〕　〈左氏姓名考提要〉，《四庫全書總目》，卷31，頁29。
〔註12〕　〈春秋識小錄提要〉，《四庫全書總目》，卷29，頁31。

說，已得者仍之，其未得者始加辨證。〔註13〕

又說：

其訂譌補闕，多有可取，雖卷帙不及高士奇《春秋地名考》之富，而精核則較勝之矣。〔註14〕

由此可見其體例、內容及考辨之精核，勝於其他諸家。

春秋時代，諸侯並立，各國職官，互有差異，即使經、傳所載，亦往往詳略不一。因此清儒亦將職官的考訂，列為研治《春秋》的一環。而在此方面：李調元撰有《左傳官名考》二卷、沈淑撰有《左傳職官》一卷。二書皆裒集《左傳》官名而輯之，載列注疏之說，而與《周官》參校，以見春秋時代的官名職掌。

程廷祚《春秋識小錄》的《春秋職官考略》三卷，將各國職官，分為「數國共有之官」、「一國自有之官」，而分列排纂，凡與《周禮》異同者，一一根據注疏為之辨證，四庫館臣評其「頗為精核」。其末更附有〈晉軍政始末表〉，歷敘晉國軍制之演變，而詳列其將佐之名，又表列御戎、戎右於後，四庫館臣謂此為「亦皆整密」。〔註15〕顧棟高《春秋大事表》的〈春秋列國官別表〉亦取法程氏之書，分春秋列國官別為「列國互有之官」與「一國獨有之官」，國以「補《周禮》之闕遺」，亦可為「學《春秋》者之一大掌故也。」〔註16〕

其他如陳厚耀為補杜預《春秋長曆》之缺，而作《春秋長曆》十卷。是書內容有四：一曰曆證，二曰古曆，三曰曆編，四曰曆存。由於厚耀長於曆算，故所推算較杜預嚴密，四庫館臣評之曰：

蓋非惟補其闕佚，並能正其譌舛，於考證之學，極為有裨，治《春秋》者，固不可少此編矣。〔註17〕

此外，吳鼐撰《三正考》二卷，其書駁斥胡安國、蔡沈改月不改時之說，以明《左氏》周正月之旨，四庫館臣認為其書「辨證極有根據」，「判數百年紛耘轇轕之論，於經學亦為有功矣。」〔註18〕

〔註13〕 〈春秋地理考實提要〉，《四庫全書總目》，卷29，頁37。

〔註14〕 〈春秋地理考實提要〉，《四庫全書總目》，卷29，頁38。

〔註15〕 〈春秋識小錄提要〉，《四庫全書總目》，卷29，頁30

〔註16〕 【清】顧棟高：《春秋大事表·春秋列國官制敘》（臺北：藝文印書館，1986年《續經解春秋類彙編》第1冊），卷10，頁2。

〔註17〕 〈春秋長曆提要〉，《四庫全書總目》，卷29，頁26。

〔註18〕 〈三正考提要〉，《四庫全書總目》，卷29，頁39。

要之，清初學者於《春秋》經、傳專門性的考訂，爲日後的乾嘉學者累積豐富的研究成果，使他們可以利用這些既有的資料，從事於《左傳》各個層面的考訂工作，爲建立專門的《左傳》漢學奠立一個紮實的基礎。

三、《左傳》地位的日昇

清初《春秋》研究的另一條脈絡，則是由顧炎武所引領的《左氏》傳、注研究。這種以傳、注爲對象的研究方式與官方所認定的規範有所牴牾，因而未能成爲當時的學術主流。不過，《春秋》學的研究亦在此時發生微妙的轉變。

一則由於胡《傳》內容的穿鑿附會，二則由於胡《傳》過於強調「攘夷」、「復讎」等大義，使得清朝官方已開始刻意貶低胡《傳》的地位。康熙三十八年（西元 1699 年），頒布《春秋傳說彙纂》三十八卷，四庫館臣即敘述朝廷當時的立場，說：

> 俯念士子久誦胡《傳》，難以驟更，仍綴於三《傳》之末，而指授儒臣詳爲考證，凡其中有乖經義者，一一駁正，多所刊除。至於先儒舊說，也以不合胡《傳》擯棄弗習者，亦一一采錄，表章闡明古學。
> 〔註19〕

根據四庫館臣所言，蓋謂胡《傳》之所以保留的理由，乃因康熙皇帝「俯念士子久誦胡《傳》，難以驟更」，遂指示儒臣刊除其乖於經義的部份，而附於三《傳》之末。而同在康熙年間纂輯而成的《日講春秋解義》六十四卷，其體例乃在每條經文之下，先列《左氏》之事蹟，而不取其浮夸之辭；次明《公》、《穀》之義例，而不取其穿鑿之說。在內容上僅收三《傳》，而不取胡《傳》。這兩部官方修訂的經解對於胡《傳》的處置，再再地說明了當政者在有意與無意之間，已有壓低胡《傳》地位的事實，因而使得在明代曾以之當一經（《春秋》），而使孔子徒具虛名的胡《傳》，即使在科舉制度的保護之下，也落得附於三《傳》之末，甚至不得與之並列的下場。

《春秋傳說彙纂》另一項目的在於「表章古學」，這更是朝廷解除胡《傳》的禁錮之餘，所作的一項學術宣示。自此，《春秋》研究的面貌不再侷限胡《傳》及《春秋》宋學，代之而起的，則是本在民間已日漸興盛的《左氏》傳、注

〔註19〕〈春秋傳說會纂提要〉，《四庫全書總目》，卷 29，頁 3。

研究，與多樣化的《春秋》專門性考證。而在此期間，研究《左氏》傳、注與從事《春秋》考證的學者累積其豐富的研究成果，已爲日後更爲專門的《左傳》研究作好準備。乾隆二十三年（西元 1758 年），《御纂春秋直解》修纂完成，則再次將「胡安國《傳》之傅會臆斷」，明詁天下，已透露胡《傳》將廢的訊息。最後，決定其功成身退，則由紀昀奏請所致：

> 《四庫全書》成，表上，上曰：「表必出昀手。」……疏請鄉、會試
> 《春秋》罷用胡安國《傳》，以《左傳》本事爲文，參用《公》、《穀》，
> 從之。〔註20〕

從這段資料，我們得知胡《傳》之罷用，乃由紀昀上疏所請，只是無法得知其罷廢的確切年代，惟可知者，在《四庫全書》修纂完畢之後，隨即罷用胡《傳》。而這個結果，是一步一步逐漸累積下來而成的。

大抵而言，清初於《春秋》的研究，仍以胡《傳》爲首的《春秋》宋學爲主，此乃以其懸爲功令，久爲士子誦習，而不得遽然罷廢。然而在清廷刻意地壓抑之下，已呈現岌岌可危之勢。值得注意的是，如果只是朝廷的刻意打壓，也不足以使胡《傳》走上末路，因爲朝廷亦會遷就於眾多士子的壓力，而不敢有貿然之舉。

而從三部官修的《春秋》經解著作的內容、體例及其宗旨，可以如此地看待，即這三部官方的《春秋》經解之所以漸次地貶低胡《傳》的地位，學術勢力的消長也是其中的關鍵。

在民間，日漸活絡的《左氏》傳、注研究，與既多元且專門的《春秋》考證，兩股勢力雙管齊下，以豐碩的研究成果呈現在世人，乃至於當政者的面前，迫使官方一再地修正其經說規範，最後更一舉更改已歷數百年未予變動的科考內容，使得官方與民間的學術旨趣趨於一致。這與啖助學派突破漢唐注疏之學的束縛，進而引發《春秋》宋學的浪潮，如出一轍，而這個過程，正是經學史互相代勝的規律。

第二節　《左傳杜解補正》之後的《左傳》研究

劉師培曾根據清代《左傳》學的發展，簡述其流變，說：

> 治《左氏》者，自顧炎武作《杜解集正》，朱鶴齡《讀左日鈔》本之。

〔註20〕趙爾巽：《清史稿・紀昀傳》（北京：中華書局，1986 年），頁 10771。

而惠棟《左傳補注》、沈彤《春秋左傳小疏》、洪亮吉《左傳詁》、馬宗璉《左傳補注》、梁履繩《左傳補釋》，咸糾正杜《注》，引伸賈、服之緒言，以李貽德《賈服古注輯述》爲最備。至先曾祖孟瞻公作《左傳舊注正義》，始集眾說之大成，是爲《左氏》之學。〔註21〕

張素卿教授則謂：

顧氏雖在規正杜《注》的學術脈絡裡，有上承明人、下啓清儒的先驅地位，卻未能別開新局；沈氏（彤）書則宗旨不明確，分量及影響都十分有限。如段玉裁所陳，「顧氏弟尋繹經文，裁以己意；定宇則廣摭賈、服舊注。」惠棟始確宗漢詁，標榜「漢學」，並帶動一系列的「古義」之作絡繹而出，如洪亮吉《左傳詁》、馬宗璉《左傳補注》及張聰咸《杜注辯證》等，率皆依循「漢學」典範，爲惠氏後勁。〔註22〕

以劉、張二氏所述而綜論之，則《左傳》學之再興，殆由顧炎武《左傳杜解補正》起始。其後，朱鶴齡歸本於後，而惠棟、沈彤、洪亮吉、馬宗璉、梁履繩、李貽德等人均以《左傳》古義，亦即標舉《左傳》漢學爲規杜主流，乃至劉文淇「新疏」（《左傳舊注疏證》）確立而大備。

　　學者均以顧炎武爲清朝研治《左傳》之濫觴，據此可知《左傳杜解補正》的重要性，顧氏而後的清儒於《左傳》之研究，針對其著作內容所側重面向之不同，而有若干的差別，以下分別而敘述之：

一、以訂正杜《注》之失爲主

（一）朱鶴齡（西元1608～1683年）

　　約與顧炎武（西元1613～1682年）同時的朱鶴齡於《左氏》之學，著有《左氏春秋集說》二十二卷、《讀左日鈔》十二卷，補一卷；而《左氏春秋集說》今已亡佚，故而《讀左日鈔》遂爲朱氏說解《左傳》之專著。

　　是書以「元凱《注》既多未備，而孔仲達《疏》復卷帙繁重，學士家罕闚其書」之故〔註23〕，取劉原父（敞）、呂東萊（祖謙）、陳止齋（傅良）、王

────────────

〔註21〕〈近儒之春秋學〉，《經學教科書》，頁24。

〔註22〕張素卿：《清代漢學與左傳——從「古義」到「新疏」的脈絡》（臺北：里仁書局，2007年），頁230。

〔註23〕【清】朱彝尊：《經義考》（臺北：臺灣中華書局，1979年影印《四部備要》

伯厚（應麟）、陸貞山（粲）、邵國賢（寶）、傅士凱（遜）諸儒之辨以成書。據四庫館臣統計，大抵集舊解者十之七，其中取之趙汸、陸粲、傅遜、邵寶、王應麟等五家爲多，而出己意者惟十之三。故以《鈔》名之。〔註24〕

又，朱氏與亭林常以書信往返論學，而《日鈔》所補二卷，乃多用顧氏之說以析疑正舛，朱氏說：

> 亭林顧先生，去秋自華陰寄余《左傳注》數十則，析疑正舛，皆前人未發。時此書已刻逾半，不及纂入。間取三《傳》、三《禮》注疏閱之，尚多可錄者，因復綴緝，與亭林所貽彙成二卷，附之簡末。
>
> 〔註25〕

由此可知，朱氏所補二卷，取諸亭林之說尤多，而顧氏《左傳杜解補正》鮮採清儒之說，於朱氏之說則取用較多，以之補正杜《注》缺失，如文公二年《傳》：「勇則害上，不登於明堂。」顧氏曰：

> 朱鶴齡曰：「一語出汲冢《周書‧大匡解》。」（卷中，頁一）

「勇則害上，不登於明堂」乃出自於《左傳》引述《周志》之文，而杜預於此，僅以「周志，周書也。明堂，祖廟也」〔註26〕作解。朱鶴齡於此，則考證此語乃出自汲冢所出之《周書‧大匡解》中，而顧氏乃取之用以補全杜《注》。

又如昭公二十六年《傳》：「攜王奸命。」顧氏《補正》云：

> 《解》云：「幽王少子伯服也。」朱鶴齡曰：「幽王在位十一年，計伯服之生，不過數歲，而褒姒爲犬戎所虜，必無復立其子之理。《正義》引汲冢《紀年》：『幽王既弒，申侯、魯侯及文公立太子宜臼於申。虢公翰立王子余臣於攜。二王竝立二十一年，攜王爲晉文侯所殺。』是攜王者，余臣也。（卷下，頁十五）

杜預解釋「攜王」爲幽王少子伯服，而朱氏以爲不然，他先以事理推論，斷定攜王必非伯服，再以《正義》引用《竹書紀年》的資料，認爲攜王乃是爲虢公於攜地所立的王子余臣。朱氏於此條的論證，深爲亭林所認同，因此錄而以正杜《解》之譌。

本），卷208，頁5。

〔註24〕　〈讀左日鈔提要〉，《四庫全書總目》，卷29，頁11。

〔註25〕　【清】朱鶴齡：《讀左日鈔‧前言》（臺北：臺灣商務印書館，1983年影印《文淵閣四庫全書》第175冊），卷前，頁2。

〔註26〕　【晉】杜預、【唐】孔穎達：《左傳注疏》（臺北：藝文印書館，1993年影印嘉慶二十年江西南昌府學刊本），卷18，頁10。

朱、顧二人相善，而朱氏更以「知交海內一亭林」〔註27〕稱之，由此可見兩人之交游甚篤，而更以其所得，相與討論，因此在他們的《左傳》著作中，可以看到兩人心得相互影響之結果。

（二）焦循（西元 1763～1820 年）

焦循著有《六經補疏》，其中有五卷爲《春秋左傳補疏》，而關於此書之作，乃緣於焦循對杜預注解的懷疑，焦循說：

> 《春秋》者，所以誅亂賊也，而《左氏》則云：「稱君，君無道；稱臣，臣之罪。」杜預者，且揚其辭而暢衍之，與孟子之說大悖，《春秋》之義遂不明。〔註28〕

又說：

> 吾於《左氏》之說，信其爲六國時人，爲田齊、三晉等飾也。《左氏》爲田齊、三晉等飾，與杜預爲司馬氏飾，前後一轍，而孔子作《春秋》之義乖矣。〔註29〕

焦循認爲《左傳》的作者，有其政治上的考量，多爲田齊、三晉粉飾篡弒的劣跡，以如此的內容解經，本已大謬，而又被有相同背景的杜預利用，從而注解，致使《春秋》誅亂臣、討賊子的功能喪失。因此，焦循翻檢史書，指斥杜預「忘父怨而竭忠於司馬氏」，故凡《左傳》之亂臣賊子處，均曲暢其說，顯然是替當時司馬氏篡奪曹魏政權文過飾非。其影響所及，整個南北朝，甚至隋、唐兩代，莫不是政權交替頻仍，而杜預之說亦因此大行於當時。〔註30〕

是書以此作爲脈絡，凡杜預飾說之處，皆一一揭示出，如桓公五年《傳》：「夜，鄭伯使祭足勞王，且問左右。」杜預注云：「祭足即祭仲之字，蓋名仲，字仲足也。勞王問左右，言鄭志在苟免，王討之，非也。」焦循對此注則批評道：

> 循按：射王中肩，鄭不臣甚矣！勞王問左右，奸也。而杜預以爲王

〔註27〕【清】朱鶴齡：〈歲暮雜詩六首之五〉，《愚菴小集補遺》（臺北：臺灣商務印書館，1983 年影印《文淵閣四庫全書》第 1319 冊），卷 1。

〔註28〕【清】焦循《春秋左傳補疏》（臺北：藝文印書館，1986 年《皇清經解春秋類彙編》第 2 冊），卷前，頁 1。

〔註29〕《春秋左傳補疏》，卷前，頁 2。

〔註30〕焦循：「師、昭而後，若裕，若道成，若衍，若霸先，若歡、洋，若泰，若堅、廣。他如石虎、冉閔、符堅，相習成風，而《左氏傳》、杜預《集解》適爲之便，故其說大行於晉、宋、梁、陳之世。唐高祖之於隋，亦躓魏晉餘習，故用預說作《正義》。」《春秋左傳補疏》，卷前，頁 2。

討之非，明爲高貴討司馬昭而發。幸祝聸射僅中肩，尚未至成濟之
惡耳。自救之說，原是飾辭，《左氏》述之，非《左氏》以鄭志在苟
免也。預援寇生答聸之言爲司馬昭作解，已非，而乃直斥王討爲非，
何謬戾至此？〔註31〕

焦氏認爲自救之說，原是鄭莊公的飾辭，而《左傳》只是引述莊公之語，別
無他義，未料杜預竟以此言鄭志在苟免，直斥周天子討伐鄭國爲非，其爲司
馬昭弒殺高貴鄉公飾說甚明，而與《春秋》之義大悖。

除揭發杜預爲司馬氏飾說外，焦氏對於訓詁亦有所留心，如隱公六年
《傳》：「猶懼不暨。」對於杜預注解「暨」爲「至」的說法，焦循有一番考
證，說：

循按：莊公九年：「盟于暨。」《公羊》、《穀梁》作「暨」。韋昭《國
語注》：「暨，至也。」杜以暨通暨，故訓至。《爾雅》：「逮、及、暨，
與也。」暨訓至，不若訓及。善鄭以勸來者，猶恐不及，於義爲達。
訓「至」於上下兩來字，且複矣。〔註32〕

焦氏於此，先說明杜預訓暨爲至，乃因見《公羊》、《穀梁》於相同經文均以《左
傳》之「暨」作「暨」，遂以暨、暨兩字互通，而韋昭既訓「暨」爲「至」，因
此杜預亦訓爲「至」義。然而，焦循則以爲若以「暨」爲「至」義，則與傳文：
「善鄭以勸來者」之「來」字，於義爲重複（至亦可作「來」解）。因此，以《爾
雅》釋暨、及，同爲「與」義，而訓「暨」爲「及」，其義較訓之以「至」爲達。

一般而言，清儒解經以訓詁名物爲主，於杜《注》頗能諟正，惟杜預之
隱衷伏奸處，多未能予以指摘，此書於此，特別留心，是焦氏與他書頗異之
處。〔註33〕

（三）沈欽韓（西元 1775～1831 年）

沈欽韓的《春秋左傳補注》十二卷，乃針對杜預而發，因此凡遇杜《注》
訛謬之處，皆詳加辨析，例如僖公二十六年《傳》：「以其不臣也」，沈氏《補
注》云：

〔註31〕《春秋左傳補疏》，卷1，頁10。
〔註32〕《春秋左傳補疏》，卷1，頁2。
〔註33〕焦循：「吳中惠氏半農作《春秋說》，正杜氏之失；無錫顧氏棟高作《春秋大
事表》，特糾杜氏之誤。而預撰《集解》之隱衷，則未有摘其奸而發其伏者。
賈、服舊注，惜不能全見，而近世儒者補《左氏注》，亦徒詳核乎訓故名物而
已。」《春秋左傳補疏》，卷前，頁2。

注：「言其不臣事周室。」按：楚已僭號，豈復有尊周之心？此云「不

臣」者，以齊、宋不肯尊事楚耳。〔註34〕

按：此事發生於魯僖公二十六年。該年齊國屢次侵略魯國，致使魯國派遣「公
子遂如楚乞師」，於是有「公以楚師伐齊，取穀」之事（皆見僖公二十六年《春
秋》）。當時魯國為齊國的侵逼所苦，因此魯大夫公子遂向楚國請求援助，而
其所持的理由，就是「以其不臣也」。杜預注解此傳文時，言「其不臣事周室」，
而沈氏則以楚國在當時已僭號稱王，豈肯為「不臣事周室」的理由為魯出兵？
故當「以齊、宋不肯尊事楚」為辭，因知杜《注》之不合情理。

　　沈氏認為杜《注》錯謬甚多，而對於其注解失當的原因，沈欽韓歸結於
杜預其人的品學麤疏，他說：

有杜預者，起紈絝之家，習篡殺之俗，無王肅之才學，而慕其鑿空，

乃絕智決防，以肆其猖狂無藉之說，是其於《左氏》如蟹之敗漆，

蠅之汙白，而《左氏》之義理埋沒於鳴沙礁石中。〔註35〕

沈氏認為杜預既無才學，又遷就於自身的政治考量，因此導致《左氏》大義
淹沒無存，而認為杜預實為埋沒《左氏》大義之巨蠹。更重要的是，沈氏點
明杜預注解《左傳》錯誤的根本原因，在於其對於禮制的懵然無知，他說：

奈何杜預以周利之徒，懵不知禮文者，蹶然為之解，儼然形於世。

滅天理，為《左氏》之巨蠹。〔註36〕

在沈氏的認知裡，《春秋》乃孔子本之典禮而作，而《左氏》親受指歸，因此
備載禮制，以體現夫子述作之意。由於沈氏長於禮學，因此對於杜預錯解禮
制之處，尤為用心考訂，例如在隱公元年《傳》：「弔生不及哀」中，他批評
杜預為清人所詬病的短喪之說。在此條傳文的解釋裡，沈氏透過一些考證，
做出最後的結論，說：

三年之喪，天下之達禮。杜預謂天子、諸侯既葬無服，非聖無法，

古今之罪人也。〔註37〕

沈氏對於杜預遷就己身所處的政治環境，而任意曲解經義，因而稱杜預為「古

〔註34〕【清】沈欽韓：《春秋左氏傳補注》（臺北：藝文印書館，1986年《續經解春
　　　　秋類彙編》第3冊），卷4，頁2。

〔註35〕【清】沈欽韓：《春秋左氏傳補注・序》（上海：上海古籍出版社，1995年《續
　　　　修四庫全書》第125冊），卷前，頁2。

〔註36〕《春秋左氏傳補注・序》，卷前，頁3。

〔註37〕《春秋左氏傳補注》，卷1，頁3。

今之罪人」，其口氣與「《左氏》之巨蠹」相等，可見其深惡痛絕之程度。

　　《補注》之內容大較如此，至於對顧炎武的意見，沈氏亦參酌考訂之，如莊十一年《傳》：「蕭叔大心」，顧氏《補正》云：

　　《解》：「叔，蕭大夫名。」按：大心當是其名，而叔其字，亦非蕭大夫。二十三年：「蕭叔朝公。」《解》曰：「蕭，附庸國。叔，名。」按：《唐書·宰相世系表》云：「宋戴公生子衎，字樂文，裔孫大心，平南宮長萬有功，封於蕭，以爲附庸，今徐州蕭縣是也。其後，楚滅蕭。（卷上，頁六）

沈氏對於顧氏的說法，深表認同，因此引用於《補注》之中，曰：

　　顧炎武曰：大心當是其名，而叔其字。《唐書·宰相世系表》：「宋戴公裔孫大心，平南宮長萬有功，封於蕭，以爲附庸，今徐州府蕭縣是也。」〔註38〕

沈氏於顧炎武之說，取其可用之詞，錄於己書之內，可見其十分認同顧氏的考辨。又如僖公二十二年《傳》：「大司馬固諫」，沈欽韓云：

　　顧炎武曰：大司馬即司馬子魚也。固諫，堅詞以諫。按：子魚爲左師，不爲大司馬。《晉語》：「公子過宋，與公孫固相善。」是此大司馬固矣。顧失之。〔註39〕

顧炎武於此，以「固諫」爲堅詞以諫，而非其名曰「固」。其後，又透過一些考證，包含朱鶴齡所言，斷定大司馬爲司馬子魚，而認爲杜預「以固爲名，謂莊公之孫公孫固爲非」（卷上，頁十五）。沈氏則以子魚爲左師，不當兼大司馬之職，又據《晉語》有「公子（晉文公重耳）過宋，與公孫固相善」的記載，認爲此公孫固當即以大司馬固，因而顧說失之，當從杜預之說。

　　對於《春秋左傳補注》，沈氏雖謙稱「聊正杜氏之失而已」，然而透過規正杜失，本於典禮的訓解方式，藉以闡明《左氏》經義，是爲沈氏解經的特色，而這個特點，也爲後繼者劉文淇《左傳舊注疏證》所承襲。〔註40〕

〔註38〕《春秋左氏傳補注》，卷2，頁4。

〔註39〕《春秋左氏傳補注》，卷3，頁15。

〔註40〕參曾聖益：〈沈欽韓對劉文淇《左傳舊注疏證》之影響〉，《儀徵劉氏春秋左傳學研究》（臺北：國立臺灣大學中國文學研究所博士論文，2005年），頁36～40。

（四）張聰咸（西元 1783～1814 年）

張聰咸撰有《左傳杜注辯證》六卷，觀其書名，即知以辨證杜《注》為主，所以在其〈自序〉即論及杜《注》的弊病，他說：

> 竊以為杜解之乖於義者，大端有四：《長歷》，非歷也。抉其謬者，
> 發端於《通鑑外紀目錄》，而鄭漁仲以為杜氏通星歷，則淺識矣。論
> 喪，短喪也，詳列於顧棟高《杜注正譌表》，而是時博士殷暢，猶為
> 強相證會，則亂禮矣。釋軍制，則車法、徒法不分；釋田賦，則丘
> 賦、甸賦莫辨。〔註41〕

綜上所述，張聰咸認為杜《注》乖於《左氏》之義者有四：一、長歷，二、論喪，三、釋軍制，四、釋田賦。張氏以為此四大弊端，乃緣於杜預不諳古法，而自為新說，例如僖公二十八年《傳》：「晉侯作三行以禦狄。」杜《注》：「晉置上、中、下三軍，今復增三行，以辟天子六軍之名。三行無佐，疑大夫帥。」張氏辨之云：

> 《周禮·大司馬·序官》鄭氏注：「行謂軍行列，晉作六軍而有三行，
> 取名於此。」鄭不以三行合三軍為六，謂三行為六軍之佐，故三行無
> 佐。杜以三行為三軍，遂疑三行之佐為大夫帥，此無據之說矣。〔註42〕

杜預於此，以為晉國本有上、中、下三軍，如今為了抵禦狄人所需，復增三軍，而成六軍諸侯。然而，《周禮》有明確規定天子六軍，因此晉國將新增之三軍稱作「三行」，以規避天子之建制。鄭玄則與杜預相反，謂晉國於六軍之外，更增以三行以為六軍之佐。由於鄭玄的說法是根據《周禮》而來，因此張氏認為杜預之說為無據。

又如隱公三年《傳》：「鄭伯之車僨于濟。」杜《注》：「既盟而遇大風，《傳》記異也。」張氏云：

> 《禮·大學》鄭氏注：「僨猶覆也。」引此《傳》為證。僨或為犇。
> 案：《漢書·韓王信傳》云：「伍子胥所以僨於吳也。」張晏曰：「僨，
> 僵仆也。」如淳注〈匈奴傳〉、高誘注《呂覽》皆同。蓋鄭伯之車覆
> 敗而仆於濟也，不必因風而仆。杜氏創為此論，何也？〔註43〕

〔註41〕【清】張聰咸：《左傳杜注辨證·序》（上海：上海古籍出版社，1995 年《續修四庫全書》第 125 冊），卷前，頁 3。
〔註42〕《左傳杜注辨證》，卷 2，頁 25。
〔註43〕《左傳杜注辨證》，卷 1，頁 7。

杜預於「鄭伯之車僨于濟」,不以訓詁來解釋,而以《傳》文書此,只是記異而已。張氏以爲不然,他羅列眾多資料爲證,考證「僨」有「覆敗」之義,從而認爲鄭伯戎車的覆敗,不必是因風而仆。因此認爲杜預自創新說。

而爲了辨證需要,張氏以群經諸子爲證,更廣蒐漢人舊注,藉以考訂杜《注》之失,他說:

> 今參以末學之見,更正以群經諸子,及《漢志》載子峻說之可證會者,悉蒐輯之。其辭繁而不殺,誠欲使劉、賈、服之古義,今時猶得窺其遺緒,亦知杜解多本之舊說,而刪逸其精詳,更易其義例,轉不若韋叔嗣之注外,猶存賈侍中、唐尚書之舊也。〔註44〕

可知此書所輯者,多爲杜預所勦襲之劉歆、賈逵、服虔等舊說,例如於隱公元年:「是以隱公立而奉之」條,張氏辨曰:

> 賈侍中云:「隱立桓爲大子,奉以爲君。」鄭司農云:「隱公攝立爲君,奉桓爲大子。」案:司農之說是也。如杜解,則惠公薨而隱公始奉桓爲大子,是魯有大子而無君,隱公幾若贅斿矣!《正義》徇杜,謂賈、鄭之說皆誤,殊繆。〔註45〕

因此,除了規正杜失外,輯存古注,也是本書一大特色。另,在張氏之前,清儒於《左傳》各方面的考訂,如曆法、地理、訓詁名物等,均有不錯的成果,而張氏均能擇而用之,於杜《注》在此的失解處,亦頗能諟正。〔註46〕

二、輯存前人舊說,以規正杜《注》之夫

有清一代,輯佚之學頗爲專門,梁啓超即曾言道:

> 書籍遞嬗散亡,好學之士,每讀前代著錄,按索不獲,深致慨惜,於是乎有輯佚之業。最初從事於此者爲宋之王應麟,輯有《三家詩考》、《周易鄭氏注》各一卷,附刻《玉海》中,傳於今。明中葉後,文士喜撦拾僻書奇字以炫博,至有造偽書以欺人者,時則有孫瑴輯《古微書》,專搜羅緯書佚文。然而範圍既猶,體例亦復未善。入清而此學遂成專門之業。〔註47〕

〔註44〕《左傳杜注辨證‧序》,頁4。
〔註45〕《左傳杜注辨證》,卷1,頁1。
〔註46〕張聰咸說:「至訓詁之小誤、地理之參差,則有顧亭林《補正》、江慎修《考實》,與夫惠君之《補注》,皆各詳其說。」《左傳杜注辨證‧序》,頁4。
〔註47〕梁啓超:《中國近三百年學術史》(臺北:臺灣中華書局,1987年),頁261。

梁氏以輯佚之學始於宋末的王應麟，而大盛於清。皮錫瑞更認爲「輯佚書」爲清代經師有功於後學者三事之一。〔註48〕

輯佚之學何以在清代大放異彩？除了搜羅範圍擴大，體例漸備外，學術的需要更是促成其蓬勃發展的一大關鍵。以《春秋》一經爲例，自顧炎武以實事求是的態度，重新審視《左傳》，撰作《左傳杜解補正》，使當時會通三傳，直解《春秋》的研治方式，開始產生轉變。此後，學者以《左傳》，甚至是杜預《注》爲研究對象，撰作著述，更在研究過程中，學者們發現杜預錯解《左傳》義理之處甚多，而爲了尋求眞正的義理，學者不得不尋求其他經說以析疑正舛，而較杜《注》爲古的東漢舊注即爲良好的標的。至於爲何有此認知？阮元說道：

> 聖賢之道存于經，經非詁不明。漢人之詁，去聖賢爲尤近。譬之越
> 人之語言，吳人能辨之，楚人則否。高、曾之容體，祖、父及見之，
> 雲、仍則否，蓋遠者見聞終不若近者之實也。〔註49〕

清儒將經書大義之乖舛，肇因於去聖之久遠，而認爲經說愈古，則愈近於眞，這可說是一種經學的復古。基於此論調，學者莫不以漢、魏的《左傳》舊注佚文爲蒐羅對象，用以糾正杜《注》之失，進而闡明《左傳》義理。因此，學術需求促成輯佚之學的蓬勃發展，而用之於經學上的貢獻，也成爲當代的特色之一。

清朝學者蒐集《左傳》舊注佚文的成果，根據其所輯文獻資料處理方式的不同，而呈現兩種不同的方向：一、保存舊注佚文，二、用以考訂疏釋。

（一）保存舊注遺文

根據程南洲先生的考證，兩漢於《左傳》有經說者，計有劉歆、陳元、賈徽、賈逵、鄭興、鄭眾、孔奇、孔嘉、許愼、馬融、鄭玄、服虔、彭汪、延篤、謝該等十五家。〔註50〕而蒐集漢儒《左傳》舊注佚文者，當以宋之王應麟爲最早。王氏輯有《古文春秋左傳》十二卷，然以輯佚之學方興，體例

〔註48〕皮錫瑞云：「國朝經師有功於後學者有三事：一曰輯佚書。……，一曰精校勘。……一曰通小學。」〈經學復盛時代〉，《經學歷史》，頁363〜365。

〔註49〕【清】阮元：《揅經室集二集‧西湖詁經精舍記》（上海：上海古籍出版社，1995年《續修四庫全書》第1479冊），卷7，頁15。

〔註50〕程南洲說：「兩漢時代有著作可考者計有十五人。」《東漢時代之春秋左氏學》（臺北：國立政治大學中國文學研究所博士論文，1978年），頁28。

未備之故，所輯尙嫌疏陋。

　　時至清代，無論官方學術或私人著述，在經學上均有輯佚之舉。以官方而言，乾隆年間纂修《四庫全書》時，即輯得《春秋》學著述多種。在私人方面，由於論學的需要，因此學者如孔廣林、王謨、袁均等，皆廣爲蒐集，其中又以王謨最爲突出。王謨輯有《漢魏遺書鈔》一書，內容多以羽翼經傳爲主，而於《左傳》一門，自漢朝劉歆起始，下迄隋朝劉炫，皆是蒐集的對象。

　　王謨而後，以馬國翰的《玉函山房輯佚書》所輯最爲可觀。該書雖成於道光年間，然亦可視爲乾嘉學風的輯佚成果。而眞正以《左傳》舊注爲輯存對象者，當屬嚴蔚的《春秋內傳古注輯存》。

　　在撰作《春秋內傳古注輯存》之前，嚴蔚嘗輯魯、齊、韓三家詩的佚文，而成《詩補異考》二卷。此書一成，王鳴盛不僅爲之作序，而更以《左傳》之漢學無有輯本，亟囑嚴氏以成。

　　《春秋內傳古注輯存》分上、中、下三卷，亦由王鳴盛作序，其言曰：

> （嚴）生性謙，未敢定從一家，要其輯之之本意，原欲定從服氏。服《注》殘闕，故不得不兼取賈逵。賈《注》又殘闕，故不得不兼取鐔歆、鄭興，及興子眾。而諸《注》又不全，不得不旁取以益之。掇拾鳩聚，遂至數家。〔註51〕

盧文弨之〈序〉亦云：

> ……於是凡唐人《正義》及《史》、《漢》、《三國》舊注，與夫唐宋人類書所引，綜而輯之。賈、服兩家而外，若王肅之《注》、孫毓之《異同略》、京相璠之《土地名》，雖已竝佚，偶有一二言之見於他說者，亦不忍棄也。〔註52〕

可知此書本欲定從服虔之說而已，然因服《注》殘闕，遂兼及賈逵，進而旁及劉歆、鄭興、鄭眾，與其他各家注解。

　　至於內容，凡尙有可見之舊注可用以釋《春秋》經傳之文者，逕引而解之，不另申說。而遇有舊注與杜預違異者，嚴氏即加案語以釋疑，例如隱公四年《傳》：「將修先君之怨於鄭。」杜預以爲「先君」爲衛桓公，而嚴氏從《左傳正義》輯得服虔的說法，以「先君爲莊公」，其案語云：

〔註51〕 【清】王鳴盛：《春秋內傳古注輯存・序》（上海：上海古籍出版社，1995年《續修四庫全書》第122冊），卷前，頁3。
〔註52〕 【清】盧文弨：〈春秋內傳古注輯存序〉，同前註，卷前，頁3～4。

　　蔚案：杜《注》謂：「二年，鄭人伐衛之怨。」《史記・衛世家》稱：
桓公，十六年爲州吁所弑，則隱之二年，當桓之十四年也。州吁弑
桓而稱先君，恐無是理。先君之怨，其在春秋之前明矣，服說是。
〔註53〕

　　如此考證，可知此書非僅如其書名，僅只「輯存」而已。因此，盧文弨認爲
嚴氏撰作此書，可以「扶絕學」、「廣異誼」，使後之學者能擇善而從，定其所
宗。〔註54〕

　　漢儒舊注因杜《注》之故，而久淹其說，而清儒不厭其煩地從古籍當中
將其鉤輯出來，雖然梁啓超給以「鈔書匠」的評價，但也不得不承認其用力
之勤。〔註55〕他們所輯雖是不全的吉光片羽，但已可讓從事於此的學者，略
見漢儒經說之梗概。就此言之，其貢獻不可說是不大。

　　（二）疏釋經傳義理

　　輯佚所得的資料，絕不單純只是爲了保存文獻而已。眞正從事於其間的
學者絕不滿足於此，他們尤爲重視資料的掌握與運用，或比較經說之差異，
或考訂字句之訛誤，或駁正陳習之謬說，一切均以探求眞正的義理爲主要目
標。因此，乾嘉學者莫不以所輯的舊注資料，充分運用在各方面的考訂，以
闡發《左傳》義理。其中，惠棟、洪亮吉、臧壽恭、李貽德、劉文淇等，皆
有可觀的成績。

　　1、惠棟（西元 1697～1758 年）

　　自從顧炎武撰作《左傳杜解補正》後，《春秋》一經的研究重心逐漸轉移
至《左傳》。然而顧氏卻沒有漢、宋之別的觀念，因此其論述《左傳》時，常
雜以明人的見解。而眞正以漢學自任，保存古義者，乃惠棟《春秋左傳補註》
首開門徑。自此，乾嘉之研治《左傳》學者多以此爲途徑，大規模地蒐羅漢
人舊注，而用以考訂。

　　惠氏一家，四世傳經，宗漢學，其曾祖有聲時，即有《左傳》之著述，
惠棟說：

　　棟曾王父樸菴先生，幼通《左氏春秋》，至耄不衰，常因杜氏之未備

─────────────

〔註53〕《春秋內傳古注輯存》，卷上，頁 6。
〔註54〕盧文弨：〈春秋內傳古注輯存序〉，頁 2
〔註55〕梁啓超：「總而論之，清儒所做輯佚事業甚勤苦，其成績可供後此專家研究者
　　　　亦不少，然畢竟一鈔書匠之能事耳。」《中國近三百年學術史》，頁 270。

者，作《補註》一卷，傳序相受，于今四世矣。……自杜元凱爲《春
秋集解》，雖根本前修而不著其說，又持論閒與諸儒相違，於是樂遜
《序義》、劉炫《規過》之書出焉。棟少習是書，長聞庭訓，每謂杜
氏解經，頗多違誤，因刺取經、傳，附以先世遺聞，廣爲《補註》
六卷。用以博異說，袪俗議。宗韋、鄭之遺，前修不搛；效樂、劉
之意，有失必規。〔註56〕

又說：

余家世通漢學，嘗謂亂《左傳》者杜預，亂《漢書》者顏籀；故《左
傳》扶賈、服，《漢書》用古注。一經一史，淆亂已久，他日當爲兩
書刪注，以存古義，詔後學耳。〔註57〕

可知此書在惠棟曾祖之世，已粗具規模，而棟自幼稟承庭訓之教，於杜《注》
違誤之處，尤爲用心。與顧炎武所不同的是，他認爲杜預之失，在於「根本
前修而不著其說，又持論閒與諸儒相違」，也就是或剽襲舊注，或自立新說。
因此，基於對杜《注》的不滿，遂有存賈、服《左傳》古義，以糾舉杜《注》
謬誤之心，於是將草具規模的《補註》增廣爲六卷，成《春秋左傳補註》一
書。

本書既以存扶古義爲主，因此大量採輯前人舊說，以解釋經傳，如《左
傳》宣公十二年：「左射以菆」，惠棟《補註》云：

服虔曰：「凡兵車之法，射者在左，御者在中，戈盾在右。」〔註58〕

由於要扶助古學，因此惠氏在書中大部分採取這種直接注解的方式，以解釋
經傳之義，表明舊注之可取。若舊注與杜《注》解義兩相伯仲，惠氏則辨析
之，例如昭二十八年《傳》：「不夕食」，惠氏云：

服虔曰：「昨顧酒醉，故不夕食。」案：二人謂昨不夕食，故始饋而
恐不足耳。杜《注》不及服氏之分明。〔註59〕

又，此書另一撰作動機，乃在規正杜預《集解》之違誤。因此，於杜《注》
未備處，而舊注無說者，也一一加以糾駁，如桓公二年《經》：「孔父」，杜預

〔註56〕【清】惠棟：《春秋左傳補註》（臺北：藝文印書館，1986 年《皇清經解春秋
　　　　類彙編》第 2 冊），卷 1，頁 1。

〔註57〕國立中央圖書館特藏組編：《國立中央圖書館善本提跋真跡》（臺北：國立中
　　　　央圖書館，1982 年），第 1 冊，頁 318。

〔註58〕《春秋左傳補註》，卷 2，頁 20。

〔註59〕《春秋左傳補註》，卷 6，頁 7。

《注》云：「孔父稱名者，內不能治其閨門，外取怨於民，身死而禍及其君。」
〔註60〕惠氏對杜預的說法頗不以爲然，說：

> 棟案：孔父，孔子之先也。《傳》云：「孔父嘉爲司馬。」是嘉名，
> 孔父字。古人稱名字，皆先字而後名，蔡（祭）仲足是也。鄭有子
> 孔名嘉，《說文》曰：「孔，從乙、從子。乙，謂之鳥也。乙至而得
> 子，嘉美之也。古人名嘉，字子孔。」《說文》此訓，蓋指宋、鄭兩
> 大夫，故先儒皆謂善孔父而書字。杜輒爲異說，不可從也。〔註61〕

案：「孔父」見魯桓公二年《經》：「宋督弒其君與夷及其大夫孔父。」根據《左
傳》的記載，此事乃華督的弒君行爲，然而杜預執著於「稱君，君無道；稱
臣，臣之罪」的弒君例，認爲宋殤公之見弒，乃因其無道所致，而無辜被波
及的孔父嘉，杜預也深責其「內不能治閨門，外取怨於民」，最後更導致其君
之死。惠棟對於杜預如此的解釋相當不滿，於是以古人稱名字之例，認爲《春
秋》書「孔父」並無任何貶抑之意，再藉由舊說，認爲「孔父」乃稱美之辭，
以指斥杜預妄爲異說，根本不足採信。

　　此書廣徵博引，尊崇舊說，諸所引據舊說，皆以存古、正杜爲要，《四庫
全書總目》說：

> 蓋其長在博，其短亦在於嗜博；其長在古，其短亦在於泥古。〔註62〕

四庫館臣此論，是此書的持平之論。

　　2、臧壽恭（西元 1788～1846 年）

　　臧壽恭的《春秋左氏古義》在內容上有兩個作用：一、校勘經傳文字，
二、輯存《左傳》古義。前者以《左傳》經文爲主，凡遇有三《傳》經文互
異，則臚列《公羊》、《穀梁》異文，並考釋之。後者則列舉漢人舊說，以示
與杜《注》之別，如昭公九年《左傳》經文：「夏，四月，陳災。」臧氏引賈
逵、服虔之說，云：

> 賈、服以爲陳已滅，而書陳災，愍陳不與楚，故存陳而書之，陳尚
> 爲國也。〔註63〕

同樣此條經文，杜預注云：

〔註60〕《春秋左傳補註》，卷1，頁5。
〔註61〕《春秋左傳補註》，卷1，頁5。
〔註62〕《四庫全書總目》，卷29，頁34。
〔註63〕【清】臧壽恭：《春秋左氏古義》（臺北：藝文印書館，1986年《續經解春秋
　　　　類彙編》第3冊），卷5，頁15。

> 天火曰災。陳既已滅，降爲楚縣，而書陳災者，由晉之梁山沙鹿崩，
> 不書晉災，言繫於所災所害，故以所在爲名。〔註64〕

平心而論，在此條經文上的解釋，杜預舉晉國梁山沙鹿崩爲闕，認爲書陳乃是繫於所災所害之地，是純就事實而言之，因此在解釋上並無不當。但賈逵、服虔認爲陳已滅而書陳，乃因其不與楚國的緣故，所以國存而書之。或許以講求「尊王攘夷」的《春秋》經而言，賈、服的解釋在臧氏的眼中，遠較杜預符合聖人大義，所以輯而用以解釋此條經文。

此外，臧氏引用劉歆、賈逵、服虔等漢儒經說，以闡明經義；惟其所注，多引用陰陽災異之說，如隱公三年：「春，王二月，己巳，日有食之」條云：

> 劉歆以爲正月二日，燕趙之分野也。凡日所而有變，則分野之國，失政者受之。人君能修政、供御、厥罰，則災消而福至；不能，則災息而禍生。故經書災而不記其故，蓋吉凶無常，隨行而成禍福也。〔註65〕

若此，在此書中屢見不鮮。潘祖蔭以臧氏未及見洪亮吉、嚴蔚、李貽德等人之書，而考證尤詳，因此給予此書極高的評價：「非諸家所及者也。」他說：

> （臧氏）精於算術，據《三統》以攷正歲星超辰朔閏之次，又備掇《漢志》所引劉歆之說。以《左氏》之學興于歆，其言皆足裨古義，則非諸家所及者也。〔註66〕

根據潘氏所言，精於曆算，是爲臧氏之說視之諸家較爲特出之一面。

3、洪亮吉（西元 1746～1809 年）

洪亮吉在《春秋左傳詁・自序》即開宗明義說：

> 名爲《春秋左傳詁》者，詁、古、故字通，欲存《春秋》之古學耳。
> 〔註67〕

據上，可知此書乃以存《春秋》之古學爲主旨。而所謂的「古學」，蓋指杜預以前之漢人經說，以此亦可知另一撰作動機，乃緣於對杜注的不滿，而欲發揚《春秋》之古學。他說：

> 余少從師受《春秋左氏傳》，及覺杜元凱于訓詁、地理之學殊疎。及

〔註64〕《左傳注疏》，卷45，頁1。

〔註65〕《春秋左氏古義》，卷1，頁4。

〔註66〕【清】潘祖蔭：《春秋左氏古義・序》（北京：北京圖書館出版社，2003 年影印《滂喜齋叢書》第 3 冊），頁 2～3。

〔註67〕【清】洪亮吉：《春秋左傳詁・序》（上海：上海古籍出版社，1995 年《續修四庫全書》第 124 冊），卷前，頁 2。

長，博覽漢儒說經諸書，而益覺元凱之注，其望文生義、不臻古訓
者，十居五六。〔註68〕

洪氏以杜預於訓詁、地理之學齟疏，而所注亦多望文生義，不及古訓者竟達
十之五六，故「冥心搜錄，以他經證此經，以別傳校此傳」〔註69〕，歷十年
寒暑，成書二十卷。

　　此書訓詁以賈逵、許淑、鄭眾、服虔為主，於地理則採用班固、應劭、
京相璠、司馬彪之說。舊注文字則參酌本經，《公羊》、《穀梁》兩傳，漢、唐
石經、《經典釋文》，與先儒之信說互為校正，可謂廣徵遠引，為求申明古人
之旨。

　　書中體例，凡杜預用賈、服舊注者曰「杜取此」，用漢、魏諸儒訓詁者曰
「杜本此」，用京相璠、司馬彪諸人之說者曰「杜同此」，皆一一標明以別之，
如隱公五年《經》：「春，公矢魚于棠。」洪氏曰：

《詩》毛傳：「矢，陳也。」賈逵云：「棠，魯地。陳魚而觀之。」
《史記‧魯世家集解》按：《毛傳》及賈並本《爾雅‧釋詁》文，《公》、
《穀》作「觀魚」。《史記》、《漢書‧五行志》並作「觀魚于棠」。杜
取賈說。《郡國志‧山陽郡》：「方與有武唐亭，魯侯觀魚臺。」杜同
此。〔註70〕

隱公五年，魯侯至棠地觀魚，因其地懸遠，且違禮法，故為《春秋》所記。
賈逵於此條經文注「矢魚」為「陳魚而觀之」，與《毛傳》並本《爾雅》。杜
預於此則注云：「陳魚以示非禮也。」亦以「矢」為「陳」義，故洪氏認為杜
取賈說。而杜預於棠地又注云：「今高平方與縣北有武唐亭、魯侯觀魚臺。」
亦同於《郡國志》所記，故洪氏標示「杜同此」。因知作如此的標明、注釋，
意在揭示杜《注》之精者，無非襲取前儒之舊說，而舊說又可正杜氏之失，
故遠視杜《注》為優。

　　洪氏雖謙稱此書乃「藏諸家塾，以教子弟，欲復漢儒說經之舊而已，非
與杜氏爭勝」〔註71〕。然其揚古學，抑杜《注》的成果，頗受稱道。

〔註68〕《春秋左傳詁》，卷前，頁1。
〔註69〕《春秋左傳詁》，卷前，頁1。
〔註70〕【清】洪亮吉：《春秋左傳詁》（臺北：藝文印書館，1986年《續經解春秋類
　　　　彙編》第2冊），卷1，頁4。
〔註71〕洪亮吉云：「書成，合為二十卷，藏諸家塾焉。」《春秋左傳詁‧序》，卷前，
　　　　頁2。

4、沈彤（西元 1688～1752 年）

沈彤的《春秋左傳小疏》卷帙頗小，僅一卷，其內容以辨證杜失為主，間於顧炎武之說亦有所討論，如僖公十五年《傳》：「涉河，侯車敗。」沈氏說：

> 此五字正卜人之言，乃明所以吉之義也。當從杜《解》，顧說非。
> 〔註72〕

又如「三敗及韓」，說：

> 《正義》謂「晉之車乘三度與秦戰而敗壞」是也。顧依劉光伯說，非。〔註73〕

此兩條乃出自僖公十五年：「秦、晉韓之戰」的傳文。而沈氏與顧炎武之所以認定不同，乃在於顧氏以「涉河，侯車敗」乃就事實而言，非貞卜之辭，而認為敗者為秦穆公。沈氏則以五字當為卜人之詞，認為此敗者當為晉國之車乘，而非穆公之侯車。因此當從杜《解》，而觀後來戰局演變，當以沈氏之說為是。

又，沈氏長於三《禮》之學，因此於《左傳》所載禮制考辨尤多，如僖公十一年《傳》：「賜晉侯命，受玉惰。」沈氏云：

> 命謂策命。《周禮・內史職》：「凡命諸侯及孤卿大夫，則策命之典命云：『侯伯七命玉謂命圭。』」古禮：諸侯薨，還主。見《白虎通・崩薨篇》策命新君仍賜之。〔註74〕

此釋策命諸侯，當以圭玉。又如隱公元年《傳》：「弔生不及哀。」沈氏歷敘〈檀弓〉所記，對於「弔生不及哀」大加闡述。其後，又以顧炎武所謂「不當既封，反哭之時」為未盡「弔生不及哀」之說，洋洋灑灑近二百言，幾與之前的論述相等。〔註75〕由此可見沈氏深於《禮》學，故考辨尤精。

5、馬宗璉（西元?～1831 年）

馬宗璉的《春秋左傳補注》三卷，乃因服膺惠棟《補注》而作，其〈自序〉言道：

> 東吳惠先生棟，遵四代之家學，廣搜賈、服、京君之注，援引秦、漢子書為證，繼先儒之絕學，為《左氏》之功臣。余服膺廿載於惠

〔註72〕【清】沈彤：《春秋左傳小疏》（臺北：藝文印書館，1986 年《皇清經解春秋類彙編》第 1 冊），卷 1，頁 4。
〔註73〕《春秋左傳小疏》，頁 4。
〔註74〕《春秋左傳小疏》，頁 4。
〔註75〕參隱公元年：〈弔生不及哀〉條，見《春秋左傳小疏》，頁 2。

君《補注》，間有遺漏，復妄參末議焉。效子愼之作《解誼》，家法
是守；鄙沖遠之爲《疏證》，曲說鮮通，是亦惠君有所仰望於後學者
也。〔註76〕

由馬氏〈自序〉所言，此書之作，乃因其服膺惠棟《補注》二十載，於惠氏
遺漏之處，有所補正而作，例如僖公九年《傳》：「以是蒐諸孤。」馬氏云：

杜訓蒐爲幼賤，顧亭林訓蒐爲小，惠定宇本呂忱《字林》，訓蒐爲
小兒笑貌。皆非是。《爾雅・釋詁》：「蒐，美也。」《說文》作「懇，
美也。」〈大雅・瞻仰篇〉：「蒐蒐昊天。」鄭《箋》云：「蒐蒐，
美也。」《方言》：「蒐，廣也。」《詩毛傳》云：「蒐蒐，大貌。」
是蒐爲美大之稱。言以是美大諸孤，託在大夫，可不善爲保護乎？
〔註77〕

一個「蒐」字，杜預、顧炎武、惠棟三人的訓解各異，而馬氏舉以《爾雅》、
《說文》、《方言》等書所載，再以《詩經》傳、注所釋，訓「蒐」爲「美大」
之義，而認爲三人之說皆非。

　　本書既以補惠棟《補注》之遺漏爲職志，因此廣蒐漢魏舊注以規正杜《注》
之失。於《左傳》舊注，則以賈逵、服虔等東漢諸儒之說爲主，如成公十七
年《傳》：「公遊於匠麗氏。」馬氏曰：

賈逵曰：「匠麗氏，晉外嬖大夫在翼者。」杜《注》未全本賈說，與
下「葬翼東門外」不貫。〔註78〕

杜《注》於「匠麗氏」，僅說：「匠麗，嬖大夫家。」〔註79〕馬氏認爲杜說未
盡其義，故舉以賈逵之注，蓋以賈說與十八年「葬之于翼東門之外」的傳文
乃能連貫，可解釋晉厲公爲何葬於翼城，因此認爲杜預未能全本賈逵之說。

　　又如昭公二十五年《傳》：「公居於長府。」馬氏云：

鄭元（玄）《論語注》：「長府，藏名、藏財貨曰府。」〔註80〕

杜預於「長府」，僅注之曰：「官府名。」〔註81〕馬氏嫌其簡略，故以鄭玄《論

〔註76〕【清】馬宗璉：《春秋左傳補注》（臺北：藝文印書館，1986年《皇清經解春
　　　　秋類彙編》第2冊），卷1，頁1。
〔註77〕《春秋左傳補注》，卷1，頁16。
〔註78〕《春秋左傳補注》，卷2，頁11。
〔註79〕《春秋左傳補注》，卷28，頁26。
〔註80〕《春秋左傳補注》，卷3，頁23
〔註81〕《春秋左傳補注》，卷51，頁18。

語注》之訓解，以補杜《注》之疏略。

至於在地理方面，馬氏多採用京相璠、酈道元，以及《郡國志》的資料，以正杜失，如隱公八年《經》：「遇于垂。」馬氏云：

> 京相璠曰：「今濟陰句陽縣小城陽東五里有故垂亭。」酈元曰：「小陽城在句陽城東半里許。」杜《註》未詳。〔註82〕

又如莊公四年《經》：「享齊侯於祝邱。」馬氏曰：

> 司馬彪《郡國志》曰：「瑯琊即邱，春秋時曰『祝邱。』」酈元曰：「沭水又南逕東海郡，即邱縣，故春秋之祝邱。」〔註83〕

《春秋左傳補注》之所以採用杜預之前的漢儒舊注，乃因馬氏以「元凱《集解》於漢、晉諸儒解，未能揮善而從」，於地理又「未能揆度遠近，妄爲影附」〔註84〕，故於服膺惠棟《補注》之功，更以補正杜預《集解》之失爲其職志。

6、梁履繩（西元 1748～1793 年）

梁履繩的《左通補釋》全帙三十二卷，內容可謂宏富，而據其《自序》所言：「綜覽諸家，學采眾籍，以廣杜之所未備」，〔註85〕則是書採證眾家經說以成書，其中援用清儒之說亦復不少，例如在地理的考證方面，多用顧棟高《春秋大事表》、惠士奇《春秋地名考略》的意見。其用《大事表》者，如隱公三年《傳》：「取溫之麥。」《補釋》云：

> 溫在今河南懷慶府溫縣西南三十里。《大事表七之一》。〔註86〕

而用惠氏《地名考略》者，如莊公二十八年《傳》：「鄭人將奔桐丘。」梁氏於杜《注》：「許昌縣東北有桐丘城。」而考證之曰：

> 今扶溝縣西二十里有桐丘亭（河南陳州府治），即此哀二十七年：「晉荀瑤伐鄭，次于桐丘。」《春秋地名考略六》。〔註87〕

除了採用顧、惠二氏之說以考訂地理外，甚至也採用官修的《日講春秋解義》的看法，如桓公八年《傳》：「戰于速杞。」《補釋》云：

〔註82〕《春秋左傳補注》，卷 1，頁 2。

〔註83〕《春秋左傳補注》，卷 1，頁 6。

〔註84〕〈自序〉，《春秋左傳補注》，卷 1，頁 1。

〔註85〕【清】梁履繩：《左通補釋・序》（臺北：藝文印書館，1986 年《續經解春秋類彙編》第 2 冊），卷 1，頁 1。

〔註86〕《左通補釋》，卷 1，頁 11。

〔註87〕《左通補釋》，卷 3，頁 33。

速杞當在今湖廣（今湖北）應山縣境。《日講春秋解義六》。〔註88〕

在《左通補釋》中，梁氏於地理的考證，除了採用一般清儒所常運用的《漢書‧地理志》、《水經注》、《郡國志》等資料外，更運用《讀史方輿紀要》、《禹貢錐指》的說法，顯示梁氏於此，甚為重視近人的研究成果。

至於在經義方面，梁氏亦甚為注重清儒的研究成果，如僖公五年《傳》：「憂必讎焉。」《補釋》曰：

> 讎如《詩》：「無言不讎。」《史記‧封禪者注》常隱曰：「鄭德云：『相應為讎。』」顧氏《補正上》。〔註89〕

杜預於「讎」字，注曰：「讎猶對也。」〔註90〕而顧炎武則以《史記‧索隱》（按：顧炎武《補正》作《漢書‧律歷志》）引用鄭德之說，訓「讎」為「應」也。梁氏深以顧氏之說為然，故援引之。

又如僖公三十三年《傳》：「其為死君乎？」梁氏引用惠棟《左傳補注》的說法：曰：

> 猶言不為死君乎？君在殯，故稱死君，成十三年《傳》曰：「蔑我死君。」惠氏《補注‧二》。〔註91〕

惠棟認為君死在殯，故稱「死君」，而以成公十三年的傳文為證，認為「其為死君乎」，猶言「不為死君乎？」

梁氏撰作此書既以「綜覽諸家，旁采眾籍」為宗旨，因此雜取無論漢、宋學之古今眾說以成訓。而對於清儒所推崇之賈逵，服虔等東漢《左氏》舊注，梁氏則以符合《左傳》之義作為取捨的標準，他說：

> 案：服氏、賈氏注，吳江嚴蔚著《古注輯存》搜采最富，此惟取合於《傳》義者錄之，其已為杜所用者，亦不錄。〔註92〕

因知梁氏對於賈、服舊注的處理原則，凡已為杜預所用者率皆不錄，與清儒之輯存《左傳》舊注必欲證明杜預與舊注之關係，其態度上頗不相類。而這種惟以合《傳》義為取捨的搜采原則，使梁氏甚或參用《公羊》、《穀梁》經說資料以資佐證，正符合此書「綜覽諸家，旁采眾籍，以廣杜之所未備」的著書宗旨。

〔註88〕《左通補釋》，卷2，頁16。
〔註89〕《左通補釋》，卷5，頁19。
〔註90〕《左傳注疏》，卷12，頁20。
〔註91〕《左通補釋‧序》，卷8，頁28。
〔註92〕參隱公元年：〈無使滋蔓〉條，見《左通補釋》，卷1，頁5。

7、李貽德（西元 1783～1832 年）

　　李貽德的《左傳賈服注輯述》，凡二十卷，內容分為「輯」、「述」兩部份。「輯」的部份，乃李氏從古籍中如諸經傳疏、《春秋釋例》、《經典釋文》、《史記注》、《宋書》、《續漢書注》、《路史》、《通典》、《元和郡縣志》、《太平御覽》等書中，凡有賈逵、服虔舊注者，一一輯出，列於所釋經文之下。例如隱公元年《經》：「天王使宰咺來歸惠公、仲子之賵。」服虔注：「賵」云：「賵，覆也。天王所以覆被臣子。」李貽德則曰：

> 《公羊》隱元年傳：「車馬曰賵。」《小爾雅‧廣名》：「饋死者謂之賵。」《白虎通‧崩薨篇》：「賵者，覆也。」《古微書》是引《春秋說題辭》：「賵之為言覆也。」《廣雅‧釋詁三》：「賵、覆也。」《公羊（羊）》隱元年注亦曰：「賵猶覆。」《廣雅疏證》：「冒、賵、覆，古聲並相近。」《說文》無賵字，《新附》有之，鈕氏樹玉《新附考》曰：「賵疑作冒。」是服云：「覆」者，古義也。其云「天王所以覆被臣子」者，《漢書‧鄒陽傳‧注》：「覆，猶被也。」故覆被連文。服以賵來自天王，因以覆被之義申之。〔註93〕

李氏於「賵」作如此精闢的考證，乃因孔《疏》根據〈士喪既夕禮〉之文質疑服說，其言曰：

> 兄弟所知悉，皆致賵，非獨君之賵臣。以賵為覆，則可矣，其言覆被臣子則非也。〔註94〕

李氏為申服義，故舉《白虎通》、《春秋說題辭》、《廣雅》、《公羊注》、《廣雅疏證》中，以明賵有「覆」義。再從《漢書‧鄒陽傳‧注》中，證明覆有「被」義，因此服虔以「覆、被」連文釋經，並無不當。

　　再如隱公三年《傳》：「東宮得臣之妹」，李氏從《詩經‧碩人》疏輯得服虔之《注》曰：

> 服曰：「得臣，齊世子名，居東宮。」《詩‧碩人》疏。〔註95〕

李氏從古籍中大量鈎輯賈逵、服虔舊注，是為此書的主要內容。而此書另一

〔註93〕【清】李貽德：《春秋左氏傳賈服注輯述》（上海：上海古籍出版社，1995 年影印《續修四庫全書》第 125 冊），卷 1，頁 7。
〔註94〕見隱公元年《疏》：「秋七月，天王使宰咺來歸惠公、仲子之賵。」《左傳注疏》（臺北：藝文印書館，1993 年影印嘉慶二十年江西南昌府學刊本），卷 2，頁 11。
〔註95〕《春秋左氏傳賈服注輯述》，卷 1，頁 19。

特點，則是在於透過李氏精詳的考訂，以申述《春秋》經傳與賈、服注間的「述」，如上文所引「東宮得臣之妹」，李氏案語云：

> 案：《爾雅・釋宮》「宮謂之室，室謂之宮。」《禮記・內則》：「由命士以上，父子皆異宮。」《儀禮・喪服傳》：「子不私其父，則不成為子，故有東宮，有西宮，有南宮，有北宮，異居而財。」若然，則得臣時居東宮，故《傳》稱若此。《漢書・竇皇后傳》：「盡以東宮金錢財物賜長公主嫖。」師古曰：「東宮，太后所居，漢時，太后居東宮。」是古者東宮非世子定稱也。《正義》曰「四時：東為春，萬物生長在東；西為秋，萬物成就在西。以此，君在西宮，太子處東宮也。」非古義也〔註96〕。

據上所言，「東宮」二字，《正義》以四時之序，萬物生成之理，認為「東宮」乃世（大）子之定稱，而李氏卻不以為然，他以《爾雅》、《禮記》、《儀禮》、《漢書》所載，認為「東宮」為諸侯眾多宮室之一。時得臣正居於東宮，稱「東宮得臣」，而服虔注曰：「居東宮。」是以所居之地解釋，並非將「東宮」視為世子之定稱，以此而論服《注》較合古義。

大抵而言，此書的最大特點就在於「述」，誠如張素卿所言：

> 輯佚書以存古為主，鮮少說解，自不待言。與《左傳補註》相較，惠棟傾向於「述」舊注以解經，而李貽德之《輯述》則「輯」而加之以「述」，此時，「述」的內涵已不止於消極引述，而是申說舊注，闡明其意。〔註97〕

沈玉成更是以「述」的用心在於「有意識以賈服舊注建立新注新疏」〔註98〕。既不滿足於存古，又不止於消極引述，而是積極地申說舊注之意，而企圖建立全新的注疏體系。由此可知，李氏《輯述》的價值所在。

8、劉文淇（西元 1788～1854 年）

清人輯釋《左傳》舊注之大成者，莫過於劉文淇的《春秋左氏傳舊注疏證》一書。

劉氏一生致力於《左傳》，傾畢生之力，撰《左傳舊疏考正》與《春秋左

〔註96〕《春秋左氏傳賈服注輯述》，卷1，頁19。
〔註97〕《清代漢學與左傳學——從「古義」到「新疏」的脈絡》，頁240。
〔註98〕沈玉成、劉寧：《春秋左傳學史稿》（南京：江蘇古籍出版社，1992年），頁323。

氏傳舊注疏證》二書。《左傳舊疏考正》乃針對《左傳正義》而作，《春秋左氏傳舊注疏證》爲輯存漢魏舊說，針對杜預《春秋經傳集解》而爲。兩書皆爲劉氏傾力於《左傳》研究所得之成果，而關於《春秋左氏傳舊注疏證》的內容，其子劉毓崧說：

> （劉文淇）生平湛深經術，於《春秋左氏傳》致力尤勤。嘗謂《左氏》之義，爲杜《注》剝蝕已久，其稍有可觀覽者，皆係襲取舊說。爰輯《左傳舊注疏證》一書，先取賈、服、鄭三君之注，疏通證明。凡杜氏所排擊者糾正之，所剽襲者表明之，其沿用韋氏《國語注》者，亦一一疏記。他如《五經異義》所載《左氏》說，皆本《左氏》先師；《說文》所引《左傳》，亦是古文家說；《漢書‧五行志》所載劉子駿說，實《左氏》一家之學。又如經疏史注及《御覽》等書所引《左傳注》，不載姓名而與杜注異者，亦是賈、服舊說。凡若此者，皆稱爲舊注而加以疏證。其顧、惠補注，及洪稺存、焦里堂、沈小宛等人專釋《左氏》之書，以及錢、戴、段、王諸通人，說有可采，咸與登列。末始下以己意，定其從違。上稽先秦諸子，下考唐以前史書，旁及雜家筆記、文集，皆取爲證佐，期於實事求是，俾《左氏》之大義，炳然著明。〔註99〕

可知此書的內容，分「注」與「疏證」兩個部份。所謂的「注」，乃指賈逵、服虔，以及其他漢人經說；「疏證」則廣徵博引以疏通經傳與舊注之義理，以表明舊注之視杜《注》爲善。因此，此書凡遇杜注排擊、剽襲舊注者，必糾正表明之；遇杜《注》沿用韋昭《國語注》者，必一一記之。而杜氏排擊舊注者，如隱公四年《傳》：「夏，公及宋公遇于清。」劉氏《注》云：「劉、賈云：『遇者，用冬遇之禮，遇禮簡易。』」本疏。其《疏證》云：

> 杜《注》：「遇者，草次之期。二國各簡其禮，若道路相逢遇也。清，衛邑，濟北東阿縣有清亭。」《正義》云：「《曲禮》稱『未及期而相見』，指此類也。《周禮》：『冬見曰遇』，則與此別。劉、賈以遇者用冬遇之禮，故杜難之。」……劉、賈用冬遇之禮，亦謂偶遇也。杜以爲草次之期，轉爲無據。〔註100〕

〔註99〕【清】劉毓崧：《通義堂文集‧先考行略》，《求恕齋叢書》（臺北：藝文印書館，1970年），第33冊，卷6，頁67～68。

〔註100〕【清】劉文淇：《春秋左氏傳舊注疏證》（臺北：明倫出版社，1970年），〈隱

此釋「遇」字，杜預以為草次之期，劉歆、賈逵則以為多遇之禮，故杜預排擊劉、賈二氏之說。劉氏經過考證，以為杜《注》反較無據。而杜《注》之剿襲舊注者，如《左傳》莊公二十五年：「晉士蔿使群公子盡殺游氏之族，乃城聚而處之。」劉氏注此《傳》云：「賈云：『聚，晉邑。』《晉世家集解》」其《疏證》直接說：「杜用賈說。」〔註101〕按：杜《注》：「聚，晉邑。」與賈說字句分毫不差，惟賈說久佚，劉氏從〈晉世家〉裴駰《史記集解》輯得賈逵說法，證明杜預剿襲舊注，遂使舊注佚失。又杜《注》之沿用韋昭注者，如《左傳》莊公三十二年：「秋，七月，有神降于莘。」劉氏《疏證》云：

> 韋昭〈周語注〉：「降，下也。下者，言自上而下，有聲象以接人。莘，虢地。」杜《注》：「有神聲以接人。莘，虢地。」蓋用韋說。
> 〔註102〕

劉氏以降神之釋與虢地之解，杜預均與韋昭之說吻合，而韋在前，杜在後，故劉氏認為杜預沿用韋說。

《續修四庫全書總目提要》給予此書「疏證精湛」之評〔註103〕，蓋因此書積劉氏四十年之力，歷祖、父、孫三代續寫，猶未能完成，乃至襄公五年而止，殊是可惜。而曾聖益認為該書內容雖極力批判杜《注》孔《疏》，且企圖以漢注取代杜《注》，然而卻突顯杜《注》的不可取代性，他說：

> 劉文淇企圖以漢注及新疏取代杜注孔疏，其結果只是將漢注清疏之地位與杜注孔疏並列，《左傳舊注疏證》實是一部結合漢注與杜注、孔疏與清人論述之《左傳》新疏。〔註104〕

據曾先生的統計，劉氏所稱杜《注》用前人之說者，約有六百餘條，僅及全書五千四百餘條注文的九分之一，而與劉氏的預期顯有落差。〔註105〕但不可否認地是，藉由劉氏精詳的考證，使舊注與杜《注》的關係更進一步地釐清，而透過這樣的比對而撰寫的新疏，也使得《左傳》的詮釋更加豐富。

《左傳舊疏考正》之作，乃緣自於劉氏對於《五經正義》的懷疑，尤其

　　　　公卷〉，頁24。
〔註101〕《春秋左氏傳舊注疏證》，〈莊公卷〉，頁198。
〔註102〕《春秋左氏傳舊注疏證》，〈莊公卷〉，頁214。
〔註103〕中國科學院圖書館：《續修四庫全書總目提要・經部》（北京：中華書，1993年），下冊，頁702。
〔註104〕《儀徵劉氏春秋左傳學研究》，頁423。
〔註105〕《儀徵劉氏春秋左傳學研究》，頁423。

懷疑《左傳正義》乃蹈襲劉炫之說，他說：

> 文淇質性駑鈍，年二十，始從友人所，借得《毛詩疏》，手自繕寫，
> 後乃得《十三經注疏》，依次校勘，朝夕研究，竊見上下割裂，前後
> 矛盾，心實疑之久矣。近讀《左傳疏》，反覆根尋，乃知唐人所刪定
> 者，僅駁劉炫說百餘條，餘皆光伯《述議》也。〔註106〕

在唐朝完成政治的統一後，也亟思經學的統一，因而有一連串刊正經書的舉動。太宗貞觀四年（西元 629 年），詔令顏師古考定「文字多謬」的五經文字，貞觀七年（西元 633 年），顏氏完成「正經文」的工作。貞觀十二年（西元 638 年），孔穎達奉敕統一「儒學多門，章句繁雜」的現象。其後，《五經正義》因諸多問題，歷經諸儒多次的修訂，至高宗永徽四年（西元 653 年）完成，始得頒布於天下，而「正經義」的工作也宣告完成。

《五經正義》一則由於雜出眾手，一則由於增刪損益，產生許多爲人詬病的問題，而劉氏認爲其中最嚴重者，莫若「上下割裂」與「前後矛盾」兩項。劉氏將焦點放在《左傳正義》上，發現其乃根據劉炫之說而增損之，故有上述兩項缺點，也因此有《左傳舊疏考正》之作。

《左傳舊疏考正》與其說是研究《左傳正義》的著作，倒不如說是對《左傳正義》作追本溯源的還原工作，而所謂的「還原」，則是在釐清《左傳正義》對於劉炫《左傳》學以及南北朝義疏的承襲情形，例如昭公十七年《傳》：「夫子將有異志，不君君矣。」劉氏引《正義》之語曰：

> 《正義》曰：「平子不肯救日食，是不君事其君也。」劉炫云：「乃
> 是不以君爲君矣。」〔註107〕

劉氏案語云：

> 文淇案：此光伯《述議》語，前則舊疏原文，劉與舊說小異。劉說
> 與前《疏》一氣承接，其爲舊《疏》無疑。〔註108〕

劉氏以爲此乃《正義》直接引述劉炫《左氏述議》之說。而「劉炫云」之前的《疏》文雖與劉炫說法小異，但並無矛盾，兩相銜接，一氣呵成，所以「正義曰」之語，當爲承襲自舊疏原文，而非唐人所自作。

〔註106〕【清】劉文淇：〈左傳舊疏考正自序〉，《左傳舊疏考正》（臺北：復興書局，1972 年影印《皇清經解續編》第 12 冊），卷前，頁 1。
〔註107〕《左傳舊疏考正》，卷 7，頁 12。
〔註108〕《左傳舊疏考正》，卷前，頁 1。

又如昭公十二年《傳》：「克己復禮，仁也。」劉氏引《正義》之文

> 劉炫云：「克訓勝也，己謂身也；身有嗜慾，當以禮義齊之，嗜慾與
> 禮義交戰，使禮義勝嗜慾，身得歸復于禮。如是，乃爲仁也。復，
> 反也。言情爲嗜慾所逼，己離禮而更蹄復之。」今刊定云：「克訓勝
> 也，己謂身也。謂身能勝去嗜慾，反復于禮也。」〔註109〕

對於《正義》之文，劉氏案語云：

> 文淇按：此光伯《述議》語。「今刊定」以下乃唐人語，〈序〉所謂
> 特申短見者也。俱訓克爲勝，己謂身，而屬意不同；劉謂身有嗜慾，
> 當以禮義齊之；孔謂身能勝去嗜慾。引劉說在前，而申己見於後，
> 乃一定之例。據此知《疏》中凡引劉說在後，而與前《疏》不同者，
> 皆爲光伯駁正舊疏，非唐人之說也。〔註110〕

在此案語，「今刊定」是個關鍵，劉氏以爲「今刊定」以前爲劉炫之說（劉炫
云），以下爲唐人特申其見之語，以知《正義》有引劉說在前，申己見在後之
例，從而判斷其疏文歸屬。而根據此例，劉氏又推展疏文歸屬的另一例，即
凡劉說在後，而與之前疏文相異者，則前疏爲舊疏，而後文爲劉炫之駁正，
因而推知此疏文非唐人所作。

關於這些疏文中的「例」，林師慶彰在〈劉文淇《左傳舊疏考正》研究〉
一文中，曾作歸納〔註111〕，認爲劉氏從《左傳正義》的疏文中發現「例」，而
藉由這些「例」的歸納，將疏文進行切割分離，從而判定其歸屬，此不失爲
一個便捷的方式。而劉氏在前無古人的基礎上，致力於《左傳正義》的研究，
在學術史上有不可抹滅的實質貢獻

三、以考訂《左氏》經、傳文字爲主

自漢武帝成立經學之後，歷朝歷代無論是官方學術或私人學者，都在從
事儒家典籍的整理工作，而這種工作，通常表現在兩個方面：一、「正經文」；
二、「正經義」。而文字是一切學問的基礎，因此「正經文」又爲「正經義」
的前置工作。因爲經書的流傳，無論在口授階段，或者是成書時期，均會使

〔註109〕《左傳舊疏考正》，卷7，頁7。
〔註110〕《左傳舊疏考正》，卷7，頁7。
〔註111〕有關歸納要點，請參見林師慶彰：《清代經學研究論集》（臺北：中央研究院
中國文哲研究所，2002年），頁463～488。

書籍產生文字上的訛誤。前者因口授筆書而導致錯誤，後者則在傳鈔或板本流傳過程中所造成；兩者皆對經書更造成莫大的傷害。而其於經書文字的破壞，進而影響到經義解讀的正確性。因此，「正經文」是整理經典的首要工作。

《春秋》雖祇一經，卻有三種不同的傳說；三《傳》來源不同，或出自孔壁，或由於口授，因而導致在文字上互有岐異，也衍生出一些經義解釋上的困擾。而清代學術既爲傳統學的總結，其所累積的研究材料、經驗與方法等，爲歷朝歷代所不及；更透過其所專精的小學知識，對於《春秋》經傳文字進行還原性的工作，也就是從事於經傳文字的校理。

（一）段玉裁（西元 1735～1815 年）

段玉裁撰有《春秋左氏古經》十二卷，而所謂的古經，乃指《左傳》經文。此書乃段氏七十六歲時，因「深痛先子鄭重授《春秋左傳》，而未能盡心此經；又憫今之學者，但知稍稍讀《左傳》，於經文少有能成誦者」〔註112〕而作。全書以《左傳》經文爲主，遇有與《公羊》、《穀梁》異文時，則附注於《左氏》各篇之下。例如桓公十二年，「夏，六月，壬寅，公會紀侯、莒子，盟于曲池。」條下注云：「曲池，《公羊》作毆蛇。」〔註113〕《左傳》作「曲池」，《公羊》作歐蛇，兩傳經文互異。

從這段經文比勘的結果來看，兩傳文字上的差異，乃在於字形相近而產生謬誤，讀者一望即知，因此段氏於此類差異，則不細加辨析，僅於「每條時出訂正之語，不敢蔓衍其辭」。〔註114〕不過，若有需辨析者，段氏則予考證以釐清其是非，如隱公五年《經》：「春，公矢魚于棠」，注云：

> 矢，《公》、《穀》皆作觀。按《左氏》以陳魚釋矢魚，則言矢而觀在
> 其中矣。魚同漁，《左氏》以漁者觀魚，《正義》引《說文》：「漁，
> 捕魚也。」可證。〔註115〕

「矢魚」，《公羊》、《穀梁》二傳皆作「觀魚」。在此，段氏透過《左傳》經傳作此對，再參酌孔穎達《正義》所引的《說文》資料，證明《左氏》經文作「矢魚」，並無訛誤，而「矢」是陳列之意，可以兼括「觀」的行爲，所以其

〔註112〕【清】段玉裁：《春秋左氏古經‧題辭》（上海：上海古籍出版社，1995 年《續修四庫全書》第 123 冊），頁 1。

〔註113〕《春秋左氏古經‧桓公第二》，頁 11。

〔註114〕《春秋左氏古經‧隱公第一》，頁 2。

〔註115〕《春秋左氏古經‧隱公第一》，頁 3。

義與《公羊》、《穀梁》之作「觀魚」並不衝突。

此書內容雖以《左氏》經文爲主，但《左氏》若遇有訛誤處，段氏也考訂之。如桓公二年《經》：「秋，七月，杞侯來朝」，注云：

> 杞，《公》、《穀》皆作紀。《公羊》注「天子將娶於紀。」知其經必
> 是紀。〔註116〕

杞侯，《公》、《穀》兩傳皆作「紀」。段氏透過《公羊》經文與其注解的比勘對照，知《公羊》作「紀侯」並無矛盾，認爲其作「紀侯」必定無疑，如此則《左傳》經文作「杞侯」的正確性就頗令人懷疑。因而在桓公三年《經》：「六月，公會杞侯于郕」條，段注云：

> 杞，《公》作紀；郕，《公》作盛〔註117〕。

段氏在此亦不多作說明，只是呈現兩者在文獻上的差異。最後在桓公六年《經》：「夏，四月，公會紀侯于成」，段氏說：

> 按《左氏》曰：「夏，會于成。紀來，諮謀齊難也。冬，紀侯來朝，
> 請王命以求成于齊。」然則《左》之作紀明矣。《公》、《穀》皆作紀。
>
> 《穀梁音義》云：「《左》作杞，誤也。成，《穀梁》作郕。」〔註118〕」

段氏於「杞」、「紀」之勘定，採用呈現文獻差異的方法，而透過《公羊》經、注的相互對照，使其資料的可靠性加強。最後在「公會杞侯于郕」的例子中，段氏利用《左氏》經作「杞」，傳作「紀」的自相矛盾，使其正確性產生動搖，進而證成其訛誤。

（二）臧壽恭（西元 1788～1846 年）

臧壽恭的《春秋左氏古義》雖是一部以輯存《左氏》古義爲主，同時也是比勘三《傳》經文異同的典籍。臧氏在其書中說明經書文字所以產生訛謬的原因：

> 凡三《傳》經文字異者，其故有四：一、傳說不同；二、古音通假；
> 三、隸變體別；四、傳寫訛奪。前二條本師讀不同，後二條乃傳抄
> 之誤。〔註119〕

臧氏透過此四項原則，對三《傳》經文互異的情形作了一番比勘的工作，凡遇

〔註116〕《春秋左氏古經‧桓公第二》，頁 7。
〔註117〕《春秋左氏古經‧桓公第二》，頁 8。
〔註118〕《春秋左氏古經‧桓公第二》，頁 9。
〔註119〕參隱公元年：〈三月，公及邾儀父盟于蔑〉條，見《春秋左氏古經》，卷 1，頁 3。

有三《傳》經文互異，則臚列《公羊》、《穀梁》異文，並考釋之，如桓公十五年《左傳》經文：「公會齊侯於艾。」《公羊》作鄗，《穀梁》作蒿，臧氏說：

> 案：蒿、艾同屬喉音，鄗、蒿同屬高聲。地名無定字，二家經由口授，蓋齊人謂艾爲蒿。〔註120〕

此條，臧氏以聲音相同，地名無定字兩項理由，認爲三《傳》經文差異，乃在傳說來源不同所造成的差異。又如隱公二年《經》：「無駭帥師入極」，曰：

> 無駭，《穀梁》曰：「無侅。」〔註121〕

臧氏在此作了案語說：

> 案：《說文》：「駭、侅，俱从亥聲，同音相假。」〔註122〕

案：《說文》：「駭，驚也。从馬、亥聲。」「侅，奇侅，非常也。从人，亥聲。」駭、侅二字同从亥聲，故臧氏以爲此乃因同音通假，而造成兩傳在文字上的差異。又如隱公三年《經》：「夏四月，辛卯，君氏卒」條云：

> 君氏。《公羊》、《穀梁》曰「尹氏」。案：《說文》：君，古文作𠺾；
> 尹，古文作𡰥，形近易亂，傳說因之各異。〔註123〕

在此，臧氏利用《說文》裡的古文資料作比勘，認爲乃形近而誤。全書大抵以《左氏》經文爲主，附《公羊》、《穀梁》異文於其下，透過其所謂的四項原則，對於三傳經文的差異，作了一番整理勘對的工夫。

（三）李富孫（西元 1764～1843 年）

除了《春秋》經文的校理外，乾嘉學者在《左傳》文字的校理方面，亦有成就者，有李富孫的《春秋左傳異文釋》十卷。

李富孫，字既汸，字薌沚，浙江嘉興人。據《清史列傳》載，李氏曾向盧文弨、錢大昕、王昶、孫星衍等知名學者，質疑問難，故頗長於校勘考證之學。〔註124〕李氏著述甚勤，著有《七經異文釋》五十卷，而《春秋左傳異文釋》即爲其中之一種。

此書凡十卷，蒐羅經史傳注，諸子百家所引，以及漢、唐、宋石經、宋之槧本所刊，以參校《左傳》文字之異同。例如隱公三年《傳》：「葬宋穆公」，

〔註120〕《春秋左氏古義》，卷 1，頁 15。
〔註121〕《春秋左氏古義》，卷 1，頁 4。
〔註122〕《春秋左氏古義》，卷 1，頁 4。
〔註123〕《春秋左氏古義》，卷 1，頁 5。
〔註124〕《清史列傳》：「長遊四方，就正於盧文弨、錢大昕、王昶、孫星衍飮聞緒論。」（臺北：臺灣中華書局，1964 年），第 9 冊，卷 69，頁 28。

李氏說：

> 《公》、《穀》作繆公。〈鄭世家〉、〈古今人表〉同。案：《禮記‧大
> 傳》：「序以昭繆。」注：「繆讀爲穆，聲之誤也。」〈魯世家〉：「大
> 公、召公乃作繆卜。」徐廣曰：「古書穆字多作繆。」故繆與穆古字
> 並通。《史記》凡謚穆，繆、穆二字亦錯見。梁氏玉繩曰：「繆與穆
> 同。」《史‧蒙恬傳》、《風俗通‧皇霸》以繆爲惡謚，惟《酉陽雜俎‧
> 續集》云：「《論衡》言：『秦穆爲繆。音謬，可笑也。』錢氏曰：『古
> 書昭穆之穆，與謚法之繆，二字相亂。』」〔註125〕

據此條所述，可知李氏透過眾多材料的比勘，說明穆、繆二字常在古書中交
互使用之情形。值得注意的是，除了搜羅前儒舊說外，李氏也相當重視當代
學者的研究成果。在此書中，時而引以證成己說。上述引用梁玉繩、錢大昕
之說，即爲一例，又如隱公元年《傳》：「若闕地及泉」，云：

> 〈鄭世家〉作「穿地。」《後漢書‧周舉傳注》引作「掘」。案：「穿」
> 與「闕」義同，惠氏《補注》云：「《山海經注》：『厥，掘也。』今
> 从門厥聲。闕又與屈通，故後世有掘字。」〔註126〕

闕、穿、掘，在古書中常交錯使用，而李氏引用惠棟說法，以釐清彼此的關
係，諸如此等引用清人成果之例，在此書中屢見不鮮。

（四）阮元（西元 1764～1849 年）

清儒在《左傳》文字校理方面的成績，莫過於阮元。阮氏在清代學術中，
居於極爲重要的地位。他一生身居顯要，所到之處必定以興學教士爲先，「在
浙江則立詁經精舍，在廣東則立學海堂，選諸生務實者肄業其中，得士極盛」
〔註127〕，而成爲清代經學最有力的倡導者。他又精通經史小學與金石詩文，
於此創獲頗多。

《春秋左傳注疏校勘記》爲阮元所著《十三經注疏校勘記》之一。據其
〈自序〉言，可知此書雖以阮氏題名，實由嚴杰負責校勘的工作。他說：

> 元更病今日各本之踳駁，思爲釐正。錢塘生嚴杰，嚴於經疏，因授

〔註125〕【清】李富孫：《春秋左傳異文釋》（臺北：藝文印書館，1986 年《續經解春
　　　　秋類彙編》第 3 冊），卷 1，頁 5。

〔註126〕《春秋左傳異文釋》，卷 1，頁 3。

〔註127〕支偉成：《清代樸學大師列傳》（長沙：岳麓書社，1998 年 8 月），〈提倡樸學
　　　　諸顯達列傳第二十五〉，頁 342。

之以舊日手校本，又慶元間所刻之本，并陳樹《考證》，及《唐石經》
以下各本，及《釋本》各本，精詳挏撼，共爲《校勘記》四十二卷。

〔註128〕

可知此書乃阮元將舊有之手校本及其他各本交付嚴杰共同完成。而所謂各
本，阮元〈引據各本目錄〉曰：

《唐石經春秋》三十卷、不全宋刻《春秋經傳集解》三冊、不全北
宋刻小字本《春秋經傳集解》二卷、淳熙小字本《春秋經傳集解》
三十卷、南宋相臺岳氏《春秋經傳集解》三十卷、宋纂圖本《春秋
經傳集解》三十卷、足利本《春秋經傳集解》、宋本《春秋正義》三
十六卷、附釋音《春秋左傳注疏》六十卷、閩本《春秋左傳注疏》
六十卷、監本《春秋左傳注疏》六十卷、重脩監本《春秋左傳注疏》
六十卷、毛本《春秋左傳注疏》六十卷。〔註129〕

以如此多本互校，其成績自是不言而喻。例如隱公三年，「百祿是荷」句：

《宋本》荷作何，注同。《釋文》亦作何，云：「本又作荷。」案：《詩》
作何字，作何字則與《說文》字上合。凡作荷者，皆字之假借也。

〔註130〕

「百祿是荷」之荷，阮元所用底本與宋本、杜《注》、《釋文》不同，《校勘記》
參酌《詩經》與《說文》皆作何，說明兩者之間爲通假的關係。除《左傳》
經文外，《校勘記》亦對杜《注》、孔《疏》的文字也予以勘定。例如同前面
傳文之《疏》有「今穆公示殤公，亦得其宜」句，《校勘記》根據傳文文意，
以宋本作「立」字爲正，故此句當爲「今穆公立殤公，亦得其宜。」〔註131〕
又如「爲宣公之禍」句，以宋本「禍」作「過」爲是，而據以訂正。〔註132〕
此皆可見其校勘成績之所在。

　　阮元除了校勘文字外，於前人訂正《左傳》文字的說法亦加以釐定，例
如昭公二十二年《傳》：「毀其西南。」顧炎武於此，即以《唐石經》於此下
有「子朝奔郊」四字，因而據以補之，而阮元對於顧氏的說法，則辨之云：

《石經》：「南」下有「子朝奔郊」四字，非唐刻也。顧炎武《九經

〔註128〕【清】阮元：〈春秋左傳校勘記序〉，《左傳注疏》，卷前，頁2。
〔註129〕《左傳注疏》，卷前，頁2～5。
〔註130〕《左傳注疏》，卷3，〈校勘記〉，頁5。
〔註131〕《左傳注疏》，卷3，〈校勘記〉，頁5。
〔註132〕《左傳注疏》，卷3，〈校勘記〉，頁5。

誤字》云：「四字，監本脫，當依《石經》。惠棟云：「四字，監本脫，
當依《石經》。惠棟云：「四字非初刻，當是晁公武據《蜀石經》增
入，非杜本也。案：下《傳》云：「二師圍郊，郊、鄩潰。」杜氏云
二邑皆子朝所得，是杜本無「奔郊」之文。……顧炎武說欠詳，審
惠棟指爲晁公武據《蜀石經》增入，亦非。……善乎陳樹華之言曰：
「四字書法與宣公卷相似，疑朱梁時人所爲。」〔註133〕

由此條的考訂中，可知阮氏於前人已考訂之成說，採取參酌而不妄從的審愼
態度，

《春秋左傳注疏校勘記》蒐羅浩繁，內容宏富，故阮元頗有自信地說：

雖班孟堅所謂多古字古言，許叔重所謂述《春秋傳》因古文者，內
代緜邈，不可究悉，亦庶幾網羅數傳，冀成注疏善本，用裨學者矣。
〔註134〕

阮元大規模地校勘《十三經注疏》文字異同的舉措，可謂前所未有，而《左
傳注疏校勘記》堪稱校勘《左傳》文字的代表作，惟自此書完成後，卽沒有
如此大規模校勘《左傳》經傳的工作了。

第三節　《左傳杜解補正》與清儒說解之異同

雖然在顧炎武撰作《左傳杜解補正》之前，卽有學者從事《左傳》注解
的考釋工作，但從段玉裁所說：「今之學者，但知稍讀《左傳》」的情形來看，
以段氏所處年代距顧炎武尚有一段時間，則在顧炎武之時，從事於《左傳》、
杜《注》研究的學者必定尚少。因此，可將顧炎武的《左傳杜解補正》視爲
《左傳》考證初興的產物。而既爲初興之作，其所考釋的內容與方法，必定
與後來的承繼者有所不同，以下就顧氏與清儒之不同，試分別而敘述之。

一、文字的考釋方面

（一）文公二年《傳》：「廢六關。」顧氏《補正》云：

《家語》作「置六關。」《注》謂「文仲置關以稅行者，故爲不仁。」
（卷中，頁二）

〔註133〕《左傳注疏》，卷50，〈校勘記〉，頁6。
〔註134〕〈左傳注疏校勘記序〉，《左傳注疏》，卷前，頁2。

而惠棟於此，則考釋之曰：

> 《家語》云「置六關。」王肅曰：「六關，關名。魯本無此關，文仲
> 置之以稅行者，故云不仁。」棟案：廢與置古字通。《公羊傳》曰：
> 「去其有聲者，廢其無聲者。」鄭志答張逸曰：「廢，置也。」（何
> 休曰：「廢，置也。置者，不去也。齊人語」）以廢爲置，尤以亂爲
> 治，狙爲存，故爲今。郭璞所謂訓詁義有反覆旁通，美惡不嫌同名
> 也。杜氏云：「六關，所以禁絕未遊而廢之。」《周禮》：「建國有門
> 關。」關安可廢？況後《傳》：「塞關」、「陽關」皆有明文，豈旋廢
> 之而旋復之與？杜氏此說昧於義矣。〔註135〕

杜預於此，並未單就「廢」字作解，而是從「廢六關」之句作完整的疏釋：「塞
關、陽關之屬。凡六關，所以禁絕未遊而絕之。」〔註136〕蓋其所釋，則以廢
爲「廢棄」之義。顧炎武以杜預如此作解，與《傳》文引述孔子之言：「臧文
仲其不仁者三」有所不合，因此舉以王肅《孔子家語》作「置六關」的文獻
差異爲證，又以其所注，言此句之義爲文仲置關而征稅於民，故孔子謂其不
仁。如此，於《傳》義乃合。顧氏於此，僅列出文獻證明「廢」猶「置」之
義，而不參以己見，因爲所列舉之文獻，已足以疏釋此句文意，故而無需斷
以己意。

惠棟亦對杜《注》之說不以爲然，他先列出王肅之說，以證明杜《注》
而外，尚有他說可以採用，其後，再斷以己身之案語。在案語中，惠氏亦採
用臚舉其他文獻作爲旁證，而指出「廢」訓解爲「置」乃是「訓詁義有反覆
旁通」的反訓之理。最後，更以《周禮》所載，於事理上作觸類旁通的推理，
而指出杜預所釋，乃「昧於義矣」。

（二）文公六年《傳》：「難必抒矣。」《補正》云：「抒，服虔作紓。」（卷
中，頁三）焦循《春秋左傳補疏》則曰：

> 循按：《楚辭·九章·惜誦》云：「發憤以抒情。」王逸注云：「抒，
> 渫也。」易井渫不食，荀爽曰：「渫，去穢濁，清潔之義也。」《史
> 記集解》引向秀曰：「渫者，浚治，去泥濁也。」渫與除相近矣。莊三
> 十年《傳》：「鬭穀於菟爲令尹，自毀其家，以紓楚國之難。」注云：
> 「紓，緩也。」成二年《傳》：「我亦得地而紓於難。」注云：「齊服

〔註135〕《春秋左傳補註》，卷2，頁9。
〔註136〕《左傳注疏》，卷18，頁14。

則難緩。」此《正義》引服虔作「紓，緩也。」紓、抒，古通借耳。

　　抒之爲除，亦由舒之爲徐。〔註137〕

抒，杜預注爲「除也。」顧炎武則以服虔作「紓」解，蓋認爲服氏所言可備爲一說，卻未做進一步的說明。焦氏則舉王逸注《楚辭・九章、惜誦》之「抒」爲「渫」義，再以荀爽、向秀所釋，認爲渫與除於義相近。而又以莊公三十年、成公二年的《傳》注，將「紓」釋爲「緩」義。在旁證與本證的相互參照下，焦循認爲紓、抒兩字爲假借關係，而可以兼用。

二、詞語的解釋方面

　　（一）隱公元年：「莊公寤生，驚姜氏。」《補正》云：

　　《解》：「寐寤而莊公已生。」恐無此事，應劭《風俗通》曰：「兒墮地能開目視者爲寤生。」（卷上，頁一）

洪亮吉於「寤生」一詞，則曰：

　　按：應劭《風俗通》不舉寤生于俗說：「兒墮地，未可開目便視者謂寤生。」是寤生始生即開目者。又《南涼錄・慕容德傳》：「德母晝寢而生德，父皝曰：『此兒易生，如鄭莊公。』」又以易生爲寤生。今考杜《注》，以莊公因寐寤而生，則與慕容德同，故《注》義亦與德父皝之言相似。〔註138〕

梁履繩於此，且云：

　　《史記》曰：「武姜生太子寤生，生之難，夫人弗愛，後生少子叔段。段生易，夫人愛之。」予謂如《左氏》說，莊公之生蓋易矣，特以怪異惡之耳。」王若虛《史記辨惑二》臣照案：《十六國春秋》：西燕慕容皝妻晝寢而生子，左右以告，方寤而起。其夫曰：「此兒易生，似鄭莊公。」據此，則生之易也。又見《晉書》及《魏史記考證》。〔註139〕

顧氏於「寤生」一詞，認爲杜《注》：「寐寤而莊公已生」的說法，於情理而言，似無可能。因此以《風俗通》所載的資料爲據，認爲「寤生」當爲兒墮地能張目視者。

　　洪亮吉以《風俗通》所記爲怪異之俗說，梁履繩則以《左氏》所記，蓋

〔註137〕《春秋左傳補疏》，卷2，頁10。

〔註138〕《春秋左傳詁》，卷5，頁3。

〔註139〕《左通補釋》，卷1，頁2～3。

謂莊公出生之易，夫人以為怪異而惡之，否定《史記》「生之難」的說法。二人均以慕容皝之妻晝寢生子之事，比附鄭莊公之出生，因此認為「寤生」乃謂「生之易」。

在洪、梁二氏的辨證下，「寤生」看似可訓解為「生之易」，然而沈欽韓又別有一番考釋，他說：

> 《史記集解》：徐廣曰：「《年表》云：十四生寤生，十七生太叔段。」按《史記》：「生之難。」此寤生之解明矣。又《風俗通》云：「俗說：兒墮地未可開目便能視者謂之。」寤生子妨父母，鄭武公終老天年，姜氏亦然，豈有妨父母乎？應劭說亦近是。如杜《解》，則寤寐中已生子，較后稷之先生如達，文王之溲于少牢，殆又易之，姜氏當鍾愛，何者惡之乎？「寤」與「牾」同，《呂覽‧明理篇》：「頡牾百疾。」注：「牾，逆也。」《說文》：「牾，逆也，亦通作悟。」《韓非子‧說難》：「大意無所拂忤。」《史記‧韓非傳》作「大忠無所拂悟。」司馬貞《索隱》云：「不拂牾于君。」張守節《正義》：「拂悟當為咈忤。」古假借耳。顧廣圻《韓非子識誤》云：「《列女傳》：『不拂不寤』，亦用寤字。《呂覽‧蕩兵篇》：『百姓之悟相侵也』，竝見《新序‧雜事篇》：『衛靈公蹴然易容，寤然失位』，皆牾字之義。」《禮記‧哀公問》：「午其眾。」注：「逆其眾。」王肅本作「迕」，是午、悟、寤，皆通牾也。凡從此聲者，其義並通。〈士喪禮‧下篇〉：「無器則捂受之。」《疏》云：「捂即逆也。」劉熙《釋名‧女青》：「徐州曰：『姆，姆忤也。始生時，人意不喜忤忤然也。』」此其證也。今生子有足先出者，妨產婦，即謂之逆生也。〔註140〕

沈氏一開始即認為《史記》「生之難」之訓，已足可解釋「寤生」一詞，然而如此說解，實難以令人信服，因此舉以許多資料為證，認為午、悟、寤、牾，其義可互通。而根據「凡從某聲，必有某義」的原則，認為「寤」亦可通「忤」，又忤為「忤逆」之義，因此「寤生」即為「逆生」，亦即所謂的難產，故以《史記》「生之難」的說法為確。

　　（二）僖公五年《傳》：「輔車相依，脣亡齒寒」，《補正》云：

> 此二句一意乃是諺語。《呂氏春秋》：「宮之奇諫曰：『虞之有虢也，若車之有輔也。車依輔，輔亦依車，虞、虢之勢是也。』」注：「車，

〔註140〕《春秋左氏傳補注》，卷1，頁1～2。

牙也；輔，頰也。」與杜氏同。牙車字出〈素問〉。（卷上，頁十一）
而同樣的文句，李富孫釋之曰：

> 《玉篇・面部》輔引作酺，云：「亦作輔。」《呂覽・權勤》、《淮南・
> 說林》竝引作「脣竭。」《莊子・胠篋》、《漢・五行志》同。案：《說
> 文》云：「輔，人頰車也。酺，頰也。」《易・咸》：「其輔頰舌。」
> 《釋文》：虞作酺，是酺正字輔通。〔註141〕

顧炎武於「輔」之一字，僅以《呂氏春秋注》的資料，說明杜《注》：「輔、
頰；車，牙車。」並非無據。而李富孫則以《玉篇》、《說文》、《易經・咸卦》、
《釋文》等資料，認為輔之本字當作「酺」，其義為頰。透過李氏的考證，輔
之為頰，更有理有據。

　　（三）莊公二十二年《傳》：「翹翹車乘。」《補正》云：

> 《解》曰：「翹翹，遠貌。」傅氏曰：「高貌。」按：《詩》：「翹翹錯
> 薪。」錢氏曰：「翹翹，高竦貌。」此於車乘，亦當訓高。（卷上，
> 頁七）

同此，焦循《補疏》云：

> 循按：「翹翹」，見於《毛詩》者：「〈豳風〉為危」也。〈周南〉為薪
> 貌，《正義》以為高，《廣雅》以為眾。此注本服虔，以為遠貌者《爾
> 雅・釋草》：「連異翹。」《注》：「一名連苕。」張仲景《傷寒論》作
> 「連軺。」《釋名》：「軺，遙也。遙，遠也。」陸璣《毛詩疏》云：
> 「苕，饒也。幽州人謂之翹饒。」《本草拾遺》謂之「翹搖」。搖通
> 遙，軺通迢，杜蓋讀翹翹為迢迢、遙遙也。〔註142〕

顧氏採用傅遜、錢氏的說法，而根據用於車乘的事理判斷，以杜《注》訓「遠」
為非，認為當訓為「高」義。焦循則以傳、注所見，甚至及於《傷寒論》、《本
草拾遺》等醫書，認為「翹翹」當讀為「迢迢」、「遙遙」。焦氏雖未直接說明
杜《注》為確，但已證成當從杜《注》而訓為「遠」貌。

三、考訂地理方面

　　由於杜預注解《春秋》經傳的地理時，即承認「闕疑無注」的情形甚多。
更甚者，在地名當繫於何國何地時，亦頗多謬解。因此，從顧炎武乃至於以

〔註141〕《春秋左傳異文釋》，卷3，頁7。
〔註142〕《春秋左傳補疏》，卷2，頁2。

降之清儒，對於杜《注》地理的謬誤，時多規正之語，例如隱公七年《傳》：「戎伐凡伯于楚丘，以歸。」顧炎武說：

> 此非僖二年所城之楚丘。《解》曰：「衛地」，非也。其曰：「在濟陰成武縣」，則是也。（卷上，頁三）

顧氏認為杜預注解「楚丘」一地，正誤參半，以繫於衛國為非，而以在濟陰成武縣為是，然未有更進一步的說明。顧棟高在其《春秋大事表》中，也專門為此撰寫〈春秋兩楚邱辨〉以釐析之，其說亦同於亭林之說，而考訂尤詳〔註143〕。江永《春秋地理考實》於此則說：

> 《彙纂》：「今袞州府曹縣東楚丘亭是也。」今按：曹縣，今屬曹州府。《一統志》：「楚丘城在曹縣東南五十里，春秋時戎州己氏之邑，漢改為己氏縣，隨改曰楚丘，明省入曹州。」又考二年，戎城亦在曹縣，則此楚丘為戎邑。凡伯經其地，戎遂伐之以歸，非衛邑也。因此楚丘與滑縣楚丘，衛文公所居者同名，杜遂以為衛地。〔註144〕

沈欽韓《春秋左傳地名補注》也說：

> 杜預云：「楚丘，衛地。」非也，此為曹楚丘。《水經注》亦誤以戎城之楚丘為衛文公所居。……楚丘在河南，宜為周、魯往來之地，以其逼近宋都，故漢、晉屬梁國。按：漢，己氏縣屬梁國；後漢改屬濟陰郡；晉屬濟陽郡。杜預誤以此即為僖二年衛所城之邑。……《方輿紀要》：「楚丘城，在曹州曹縣東南四十里，衛之楚丘在衛輝府滑縣東六十里。」〔註145〕

與顧炎武的簡單說明不同，江、沈二氏均利用文獻資料，如《水經注》、《彙纂》、《大清一統志》、《讀史方輿紀要》考訂楚丘的位置；一以楚丘在春秋時為衛國之地，一以此戎邑地處於曹，為周、魯往來之地。而根據《左傳》：「冬，天王使凡伯來聘。還，戎伐之于楚丘」的記載，是凡伯奉天子之命聘魯，而於返途之際，于楚丘遇戎而遭伐劫，可知此楚丘為曹、宋間的楚丘，而非衛文公所徙居之楚丘，因此知曉杜預的誤注。

另外，在桓公二年《傳》：「其弟以千畝之戰生。」顧炎武於「千畝」一

〔註143〕《春秋大事表》，卷7之4，頁38～39。

〔註144〕【清】江永：《春秋地理考實》（臺北：藝文印書館，1986年《皇清經解春秋類彙編》第1冊），卷1，頁7。

〔註145〕【清】沈欽韓：《春秋左傳地名補注》（臺北：藝文印書館，1986年《續經解春秋類彙編》第3冊），卷1，頁6。

地而考訂之日：

> 《解》：「西河界休縣南有地名千畝。」非也。穆侯時，晉境不得至界
> 休。按：《史記・趙世家》：「周宣王伐戎，及千畝，戰。」《正義》曰：
> 「《括地志》云：『千畝原在晉州岳陽縣北九十里。』」（卷上，頁四）

顧炎武對於杜預以千畝位於西河界休縣南方爲非，而認爲當晉穆侯之時，晉
國國境尚不得至於界休。因此考釋之，而以千畝在晉州岳陽縣北爲確。

而同此，江永則考訂日：

> 《彙纂》：「今平陽介休縣有千畝原。今按：介休，今屬汾州府。」
> 《國語》云：「宣王三十九年，戰于千畝，王師敗績於姜氏之戎。」
> 《史記・年表》：「千畝戰在晉穆侯十年己亥，當宣王之二十六年。」
> 若以共和之年爲宣王之年，從共和元年庚申數之，則是宣王之四十
> 年，僅差一年。然則此千畝戰，從宣王而戰也。〔註146〕

馬宗璉則說：

> 顧亭林曰：「千畝當依〈趙世家〉：『周宣王伐戎，及千畝。』《括地
> 志》所謂『在晉州岳陽縣北九十里』是也。」閻百詩辨之曰：「千畝
> 乃周之藉田，離鎬京應不甚遠。《括地志》所言太遠。」璉案：《郡
> 國志》：「太原而休有千畝聚。」劉昭言：「晉爲千畝之戰在縣南。」
> 《括地志》謂「晉千畝在岳陽」，甚當。是戰乃晉勝敵，非若周宣之
> 戰，乃敵勝周。百詩誤以爲周宣千畝之戰，證其宜在藉田，非是。
> 〔註147〕

江氏除了以史志所載考辨「千畝」所在位置外，更從戰役發生的時間，來考
察千畝究竟是爲何地。江永以《國語》與《史記・趙世家》所載不同，則千
畝之戰似有兩次。而江氏又據《史記・年表》，再以共和之年爲宣王元年推算，
與《國語》所謂宣王三十九年僅有一年之差，則千畝戰役實則一也，而此戰
當爲晉穆侯之十年，從宣王而戰也。

　　與諸家不同，馬宗璉認爲千畝之戰有二，千畝之地亦有二。他以閻若璩
所言，謂千畝乃周之藉田，是此戰爲周宣王所起的千畝之戰，而千畝是爲周
地。又，此周宣千畝之戰，其結果乃敵勝周，故馬氏以其與《傳》文晉勝敵
的情形不符，因此認爲閻氏所言甚誤。經此考辨，馬氏則認爲此千畝之戰，

〔註146〕《春秋地理考實》，卷1，頁11。
〔註147〕《春秋左傳補注》，卷1，頁4。

乃是晉穆侯所爲，而千畝似爲晉地（太原介休之千畝聚），也與亭林所言不同。

四、考訂禮制方面

（一）桓公六年《傳》：「接以太牢。」《補正》云：

> 《解》：「以禮接夫人。」傅氏曰：「以太牢之禮接見太子。」（卷上，頁四）

杜預於「接以太牢」，注之曰：「太牢，牛、羊、豬也。以禮接夫人，重適也。」〔註148〕顧氏以爲杜預此注不然，逕引傅遜之說，簡略地規正杜氏，而不多作辨證。

同樣於此，張聰咸則謂：

> 此與〈內則〉文同，鄭氏註：「接讀爲捷。捷，勝也。謂食其母，使補虛強氣也。」案：《記》云：「接子擇日。」蓋爲子接母，與傳義正同，杜解非是。〔註149〕

杜預認爲「接以太牢」乃重適之義，張氏卻根據《禮記·內則》與鄭玄所注，認爲是爲子食母，使其強氣補虛，而乃接以太牢，因此在解釋上大相逕庭。

（二）隱公元年《傳》：「弔生不及哀。」《補正》云：

> 杜氏主短喪之說，每於解中見之，謂：「既葬除喪，諒闇三年」，非也。改云：「不當既封反哭之時。」（卷上，頁一）

一般而言，子爲父母當守三年之喪，而杜預於此，則注曰：「諸侯已上，既葬則縗麻除，無哭位，諒闇終喪。」〔註150〕僅見「既葬除縗麻」，則可知其所謂的短喪之說。顧氏則以爲不然，卻於此僅約略地說：「不當既封反哭之時。」而沈彤《春秋左傳小疏》則對杜預的短喪之說，予以詳細的辨證，說：

> 自始死及殯，自啓及反哭，皆主人所至哀。……弔葬之禮，凡有五節：一、啓殯而弔，……一、祖而弔，……一、柩車將行而弔，……一、哀次而弔，……一、反哭而弔，……今宰咺之來弔，踰葬期以（已）數月矣，故曰：「不及哀」。〔註151〕

沈氏認爲喪禮非若杜預所持的短喪之說，它是有一定的程序。自始死及殯，

〔註148〕《左傳注疏》，卷6，頁21。

〔註149〕【清】張聰咸：《左傳杜注辨證》（上海：上海古籍出版社，1995年《續修四庫全書》第125冊），卷1，頁20～21。

〔註150〕《左傳注疏》，卷2，頁23。

〔註151〕《春秋左傳小疏》，頁1～2。

自啓及反哭，乃是將葬停棺、移棺、葬後反哭於廟的過程。而《左傳》所謂的「弔生不及哀」，是弔葬之禮時間有五：啓殯而弔、祖而弔、柩車將行而弔、哀次而弔、反哭而弔。當時魯隱公已即位踰年，顯示惠公之死當在上年，而宰咺之來歸賵（助喪之物），已逾弔葬之期（宰咺至魯時，已隱公元年七月了），故《傳》文曰：「緩」，而所謂「弔生不及哀」，正是此理。

此外，沈氏以顧說「不當既封反哭之時」爲未盡之說，又爲文予以辨證，可見其深於禮制，能使學者避免杜預的誤導，進而瞭解傳義之所在。

五、推論文義方面

（一）隱公元年《傳》：「不如早爲之所。」顧氏云：

> 《解》：「使得其所宜。」改云：「言及今制之。」（卷上，頁一）

顧氏以杜《注》所謂「使得其所宜」未能盡符《傳》義，乃根據下文：「無使滋蔓，蔓，難圖也」，而改云：「及今制之」，謂及早制衡之。

同此，俞樾《群經平議》則說：

> 樾謹按：杜未解「所」字之義，故增「宜」字以足成之。《尚書·無逸篇》：「君子所其無逸。」《詩·殷武篇》：「有截其所。」鄭《注》、鄭《箋》竝曰：「所猶處也。」然則早爲之所，猶云「早爲之處矣。」
> 《國語·晉語》：「蚤處之。」與此傳文異而義同。〔註152〕

相較於顧炎武採用尋繹上下文義而得其解的方式，俞樾則採用資料以博證的方法。他針對杜預未解之處：「所」字著手，以《尚書》、《詩經》所載，鄭玄箋注皆以「處」爲「所」作解。因此，「早爲之所」猶「早爲之處」，謂「及早處置」之意。衡諸上下傳文，較杜《注》爲可通。

（二）僖公二十二年《傳》：「金鼓以聲氣也。」《補正》曰：

> 聲如「金聲而玉振之」之聲。劉用熙曰：「聲，宣也，宣倡士卒之勇氣。」（卷上，頁十六）

俞樾於此，則曰：

> 樾謹按：《傳》文止言「以聲氣」，不言「以佐聲氣」，杜《解》非也。
> 顧炎武《補正》曰：「聲如『金聲而玉振之』之聲，劉用熙曰：『聲，宣也，宣倡士卒之勇氣。』」今按：《孟子》言：「金聲而玉振之。」

〔註152〕【清】俞樾：《群經平議·春秋左傳一》（臺北：藝文印書館，1986年《續經解春秋類彙編》第2冊），卷25，頁1。

又曰：「金聲也者。」金聲下皆無「之」字，與「玉振之」不同。金聲而玉振之，謂金聲始洪，終殺必以玉聲振起之也，說詳《孟子》。顧氏習于時解，遂若金聲與玉振一律因取以解此傳「聲」字，失之矣！且如其解，謂宣倡士氣，則此句當以「氣」字爲主。下文曰：「聲盛致志」，乃言聲不言氣，何也？然則顧解亦非也。〔註153〕

俞樾首先根據《傳》文字句對於杜預增字解經的作法表達不能苟同。又以顧炎武採用劉用熙的解釋，而予以駁斥。在此，俞氏採取字句文義的對照方式，將《孟子》類似的文句與此「傳」文句進行比對，認爲「金聲」與「玉振」並非如顧炎武所說的平行關係，而將兩者合併以解釋傳義，他認爲兩者爲相互連屬的前後關係，因謂之「金聲始洪，終殺必以玉聲振起之也。」故而俞氏認爲亭林之說，乃習於時解，而不明瞭文義的從屬關係所致。

六、考訂氏族人名方面

（一）昭公九年《傳》：「膳宰屠蒯。」顧氏《補正》曰：「《記》作杜蕢。」（卷下，頁七）馬宗璉則釋之曰：

《禮記・檀弓》作「杜蕢」。屠、杜音同，《史記》：「晉大夫有屠岸賈。」《左傳》：「晉有屠黍。」是屠乃晉大夫之氏。〔註154〕

顧、馬二氏均以《禮記》與《左傳》不同，而亭林僅作文獻上的提示，表明《禮記》之杜蕢與《左傳》之屠蒯同爲一人。馬氏除提示《禮記》所載之不同外，更由聲音的考察，認爲屠、杜二字乃通假關係。其後，更以《史記》、《左傳》所記屠氏人物，認爲屠乃晉國大夫之氏。

（二）襄公二十四年《傳》：「在周爲唐杜氏。」《補正》云：

《竹書紀年》：「成王八年，冬十月，王師滅唐，遷其民於杜。」（卷中，頁二十三）

同此，范照藜《春秋左傳釋人》說：

殷末，豕韋氏國於唐。周成王八年，滅唐，遷其居於杜爲伯。杜伯之子名隰叔者，適晉，四世至士會，食邑於范，因稱范氏。〔註155〕

〔註153〕《群經平議・春秋左傳一》，頁15。

〔註154〕《春秋左傳補注》，卷3，頁10。

〔註155〕【清】范照藜：《春秋左傳釋人》（上海：上海古籍出版社，1995年《續修四庫全書》第124冊），卷12，頁9。

顧、范兩人所不同者，乃在於顧氏僅對於唐杜氏的由來作交待，而范氏則歷敘唐之由來，其後爲周成王所滅，遷其居民於杜，因併爲唐杜氏。而後，其君之子隰叔適晉，四世而衍爲范氏一族，成爲晉國六卿之一，則照藜所釋，更及於其後代之發展。

值得一提的是，范照藜的《春秋左傳釋人》乃博采漢、晉、唐、宋、近代以來之註釋圖考，以「參其同異，斷其是非」〔註156〕，將《春秋》二百四十二年間所列載的一千九百餘人逐一覈定。是書體例大部份採取先敘述該人物的名字、世系，再繼之以此人之生平行事，最後予以評斷，而歸本於《春秋》大義，例如釋衛莊公，范氏說：

> 名蒯聵，靈公子，母南子。定十四年，以弒母不克奔晉。靈公卒，晉趙鞅之，其子不受，入於戚。哀十五年，其姊孔姬使家臣渾良夫迎以入，迫子孔悝立之。十六年，告於周。夏，逐孔悝，又逐大叔遺。十七年，大子疾譖殺良夫。冬，晉趙鞅伐衛，爲國人所逐，入於戎州，被弒，在位二年。案：此公種種悖亂，並無人君之度，乃謚之曰「莊」，且犯其先君，殊不可解。〔註157〕

又如季桓子，范氏考訂云：

> 名斯，平子子。定五年爲家臣陽虎所囚。六年如晉，獻鄭俘。八年，陽虎作亂，謀殺之，不克。……案：桓子能用聖人，三月大治，較之鄭子皮授子產，尤爲得人。使不受女樂之餽，則文武周公之道，可復興於宗邦，而春秋之局，不至變爲戰國也，嗚乎悲哉！〔註158〕

可知此書撰作的方法，乃「因人以論事，即事以徵義」，使其言有所本，不至流於空疏浮滑之談，以達成其「默會乎左公之微言，以折衷《春秋》之大旨」的目的。

此書體例嚴正，因此林德昌認爲此書考核精詳，能掃除前人支離附會之說，而使二百四十二年之人物燦然若列，而給予「《左氏傳》之功臣」的評價。〔註159〕

綜合上面所舉的例子，可以發現顧炎武在《左傳杜解補正》中，無論在

〔註156〕【清】錢椒：〈春秋左傳釋人序〉，同前註，卷前，頁3。
〔註157〕《春秋左傳釋人》，卷1，頁24。
〔註158〕《春秋左傳釋人》，卷5，頁20。
〔註159〕【清】林德昌：〈春秋左傳釋人序〉，《春秋左傳釋人》，卷前，頁3。

資料的舉證上，或是論證方法的推衍上，似乎皆未若其後的學者，尤其是乾嘉學者之既博且專。例如在「接以太牢」這一條，亭林僅用傅遜的說法，即直接否定杜預的注解，而張聰咸則舉以《禮記‧內則》，以及鄭玄《注》的資料，說明杜《注》爲何致誤。又如「廢六關」一條，顧炎武與惠棟均採用王肅《孔子家語》及其注釋作爲佐證資料，然而惠棟卻用訓詁的反訓原理，說明「廢」爲何爲「置」，故而在方法的推衍上更進一步。再如「寤生」一詞，顧氏只以「恐無此事」，便否定杜《注》所釋，而在資料的舉證上，也只以應劭《風俗通》的說法替代，卻沒有細加明析其合理與否。沈欽韓於此則不然，除了辨證再說外，他更備列諸說，而透過文字聲音的假借，證成「寤生」即爲「忤生」、「逆生」，亦即所謂的難產。這些例子均呈現顧氏在論證上看似有所不足之處。因此，戴維在總論亭林的《春秋》學即說道：

　　顧炎武在《春秋》學上的造詣並不如他在音韻等其他學問上的造詣。
　　他在音韻學上那種引證廣博、議論精微的方式在《春秋》學上甚少
　　見，所以他在《春秋》學成就並不如其他學問高。〔註160〕

以此評述之語，衡諸筆者所舉之例，似乎是頗具幾分事實的陳述。然而，顧炎武曾經說道：

　　天下之事，有言在一時，而其效見於數十百年之後者。〔註161〕

顧氏此言，蓋謂著書立說不必急於求一時之效，必待見效於後世。以此而論其在《左傳杜解補正》中一些疏釋《傳》文的內容，如僖公十九年：「得死爲幸。」顧氏云：「得死猶云考終。」（卷上，頁十五）又如成公四年：「且民從教。」《補正》云：「言馴習於上之教令。」（卷中，頁十三）再如襄公二十九年：「美哉！猶有憾。」云：「猶未治於天下。」（卷中，頁二十六）如此簡單的解釋內容，而與後來的焦循《春秋左傳補疏》、沈欽韓《春秋左傳補注》相較，顧書在內容上反而較像《補注》性質，而焦、沈二氏則似是《補正》性質的考證著作。

　　再者，顧氏在《左傳杜解補正》中采輯邵寶、陸粲、傅遜三人之說甚多，在其補正杜《注》近六百條（約 580 餘條）的內容，其中有標明引述三人之說者，約有一百七十八條，幾佔全書三分之一，且尚不論及實則鈔述三人之說，而未予標出者。因此，就著書立說的角度而言，其心態上並非以之揚名

〔註160〕戴維：《春秋學史》（長沙：湖南教育出版社，2004 年），頁 427。

〔註161〕【清】顧炎武：〈立言不爲一時〉，《原抄本日知錄》（臺南市：平平出版社，1975 年），卷 21，頁 550。

立萬,或是在學術上與人爭勝爲務。他的目的是企圖扭轉空疏學風之弊,示人以從讀傳、注(《左傳》、杜《注》)爲作學問之始。而由於杜《注》紕繆甚多,邵、陸、傅三人又已有成說,顧氏自認無須畫蛇添足,遂取三人之成說,再附以己身之所得,令人不致爲杜《注》所誤導,而錯解《傳》義。更由於以杜《注》爲補正對象,因此除了辨證需要外,其體例上可能儘量比照杜預的注解形式(尤其是在補杜預未注之處)。而其最終目標,乃在於人人盡通《左傳》,以通《春秋》經義,因而撰作此一尙不嫌艱深繁瑣的著作。

因此,若將《左傳杜解補正》置於《春秋》學史中而予以觀照,則會發現清儒並未以此而看輕其價值,例如《四庫全書總目》說:

> ……博極群書,精於考證,國初稱學有根柢者,以炎武爲最。……是書以杜預《左傳集解》時有闕失,賈逵、服虔之注,樂遜之《春秋序義》,今又不傳,於是博稽載籍,作爲此書。……凡此之類,皆有根據。其他推求文義、研究訓詁,亦多得《左氏》之意。昔隋劉炫作《杜解規過》,其書不傳,惟散見孔穎達《正義》中。然孔《疏》之例,務主一家,故凡炫所規,皆遭排斥,一字一句,無不劉曲而杜直,未協至公。至炎武甚重杜《解》,而又能彌縫其闕失,可謂掃除門户,能持是非之平矣。〔註162〕

從四庫館臣此評,可知此書採取「博稽載籍」的方法,使其補正「皆有根據」。至其目的,乃在於「甚重杜《解》」,而又能「彌縫其闕失」,故能「多得《左氏》之意」。由此可見,顧氏撰作此書的目的,就是希望透過杜預的《集解》而通讀《左傳》,乃就其闕失之處有所彌縫。

所以,清儒在論亭林之《左傳杜解補正》時,多就其於《左傳》學史,乃至於《春秋》學史的定位而論。雖然,亭林尙未爲後儒指引明確的解經方向〔註163〕,但也不可否認地,自《左傳杜解補正》而後,學者們多投入《左傳》的研究,並且在其基礎之上,逐漸演變成爲更專門、精細的《左傳》漢學,最後迫使《春秋》宋學退出其《春秋》詮釋的主導地位,則亭林之功,自不容忽視。

〔註162〕 〈左傳杜解補正提要〉,《四庫全書總目》,卷26,頁5~6。

〔註163〕 張素卿說:「〔……〕由此觀之,顧氏顯然還沒有爲後儒指引出明確的解經方向。那麼,在規正杜《注》的學術脈絡裡,顧氏上承明人,下啓清儒考據之風,誠有先驅之功;然而若就清代『漢學』,或者就《左傳》學扶翼賈、服的主流趨勢而言,則顧氏猶一間未達。」見《清代漢學與左傳學──從「古義」到「新疏」的脈絡》,頁51。

第七章 結 論

綜合各章的論述,可以得到關於《左傳杜解補正》的結論:

其一、經學有漢、宋學之分,而《春秋》學猶爲如此。兩種學術系統各自以其說解的方法,配合著官方的支持,皆得獨領風騷於一時。然而在長期發展之下,一則由於經學本身的封閉性質,一則由於科舉導致的人爲弊端,因而逐漸產生各自不同的問題。在《春秋》漢學而言,自杜預《春秋經傳集解》一出,即拋卻前人膚引他傳說經的方法,而強調專門的《左傳》之學。雖然,杜預這種作法可掃除其所謂「適足自亂」的弊病;但是,過於強調堅守專門,使得學術變得無從討論。而由於《左傳》本身在解釋經典上並非毫無瑕疵,在無從討論的情況之下,杜預也惟有「強經以就傳」了。也因此前人有謂杜預誠爲「《左氏》之忠臣」,而「如《經》何」之說。再者,就《左傳》的內部討論而言,杜預注解《左傳》也並非毫無缺陷。在其學說風行天下之時,即有一些學者採納他說(如賈逵、服虔),以攻難其學之弊。只是在《五經正義》的曲徇迴護之下,這些學說難以與之抗衡,更因此而走向衰絕之路。因此,《春秋》宋學者在攻擊杜預之學時,往往只針對其「強經以就傳」的部份進行批判,卻忽視他在《左傳》內部詮釋上的缺陷。這個問題,要等待學者重新檢視《左傳》、杜《注》之後,才開始注意且有進一步解決的舉措。

而在《春秋》宋學而言,其興起的原因,一則導源於杜預以傳壓經的弊端,再則由於政治情勢而衍生的「尊王思想」。在這種思想上的內在因素與形勢上的外在因素交互結合之下,形成了在思想內容上強調「尊王攘夷」,在研究方法上主張「棄傳從經」的《春秋》宋學。這種詮釋內容、方法與漢學迥

異的《春秋》宋學，在歷經學者們的研究、討論，最後形成一個官方共識——即胡安國《春秋傳》的產生。而在《五經大全》纂修完成後，科舉獨用胡《傳》之下，使得原本「棄傳從經」的主張更為徹底，於是棄傳、注而不觀，甚而乃有「以胡《傳》當一經」的狀況，而形成蹈虛的八股應制之學了。

其二、明代《左傳》之學的再興，則由於在科舉考試上對胡《傳》的反動，進而對於整個《春秋》宋學研究方法上的檢討。因此，某些學者開始重拾《左氏》傳、注。而當他們審視《左氏》傳、注時，即發現宋代學者所未重視的問題——杜預詮釋《左傳》的缺陷。這個問題引發他們投入以《傳》為準，檢視杜《注》解釋是否正確的研究工作，而邵寶、陸粲、傅遜即為此中之代表。

顧炎武遭逢亡國之痛，故深疾因科舉、心學所導致的蹈虛學風。為了挽救此弊，他提出「經學即理學」的概念，而落實其著述之中，則是要學者從根本的傳、注讀起。由閱讀經典的基礎學問，去絜下堅實的學術涵養，而後才去做真正的經學研究，《左傳杜解補正》即為落實這個概念之下的產物。因此，《補正》反映出亭林亟欲擺脫宋學與科舉結合的空疏弊端，而在「甚重杜《解》」的情況下，又能「彌縫闕失」，以避免學者因杜《注》之訛而誤解《左傳》，則是此作的最大特點，亦是亭林的企圖與願望。

其三、由於杜預注解《左傳》錯誤甚多，因而在《左傳杜解補正》中，採取有誤則正，遇缺則補的體制，對於杜《注》進行修補的工作。而因為杜《注》缺失的範圍牽涉極廣，也因此亭林對於杜《注》的補正工作更是全面，舉凡文字語詞的校釋、地理人名的考訂、名物訓詁的斟酌、《左傳》差失的糾駁、《春秋》大義的闡述，甚至是杜預注解體制上的重出、晚注等情形，均著意留心，而這些內容皆是從事經典研究的基礎之學，亟需作一通盤全面的整理，方能使學者有所適從。因此，四庫館臣謂亭林「甚重杜《解》，而又能彌縫闕失」之言，殆非虛美之辭。

至於其所採用的方法，則是呈現漢、宋之學相互交融之情形。一方面僅就《左傳》文本上的解讀，甚至是文字的句讀之間仔細琢磨，以推敲文義。一方面則是參稽載籍，講求的是言有所本，學有根柢的考據。其目的即為了避免重蹈明人空疏蹈虛之弊，且示後人治學之法，講究的是實事求是的治學精神。

其四、顧炎武在《左傳杜解補正》於前人之承襲，主要以邵寶、陸粲、

傳遜三人爲主，此其在〈序〉中即已明言之。至於其承襲三人經說的方式，
則有「全文引述」、「迻引結論」、「刪改成說」、「採用佐證」之分；亭林將採
輯而來的說法，行之於《補正》之中，則有「主述」與「引證」之用，而無
論是「主述」或「引證」，要而言之，實則是「鈔述」之體。這種「鈔述」而
來的他說，牽涉的問題甚大，其中又以採輯三人成說而不標著其名，顯然與
亭林所主張的著書原則相互違背，這種理論與實踐互相衝突的矛盾，不免令
人疑惑且產生質疑。然而，在亭林「著書不如鈔書」的觀念下，再對照朱鶴
齡的《讀左日鈔》的內容，顯然亭林有「著書不以鈔書爲嫌」的態度。再者，
由亭林「立言不爲一時」的觀念，或可推測《補正》之作，其目的在於期望
於數十百年之後。因此，不必圖立即成就一家之言，反以「述而不作」爲宗
旨，寄望藉由自己的傳述，使《左氏》傳、注之學得以傳播，而透過全文引
述邵寶之說作爲其補正的主述內容，則可確信亭林的學術胸懷：即只要能於
杜《注》有所補正，而能讀通《左傳》，進而明瞭《春秋》大義。因此，只要
對於學術有益，一己之見並不重要，而其令人質疑的理論與實踐的自我矛盾，
乃可杜矣。

　　其五、《左傳杜解補正》在內容上有不少部份是祖述前人之說，甚且從邵
寶、陸粲、傅遜鈔述而來，這是不可爲其諱言的。至於經由亭林考證的所得
的己說，亦未若日後的乾嘉學者討論精細，則《左傳杜解補正》的價值看似
未與亭林的學術地位等齊。不過，亭林雖沒有在《補正》中，將自己的說法
闡述而成爲一個完整的經說體系，也沒有使自身的考證形成一個更爲專門的
研究，更沒有爲日後學者確立《左傳》學的研究方向。但是，亭林以後的學
者們從《左傳杜解補正》的基礎上摸索出一個治理《左傳》的道路，更在亭
林考辨的基礎，加以更爲精細的考證方法，以豐富的資料驗證自身的經說，
並使之更爲深化完備，這不能不說是從《左傳杜解補正》沾丐甚多。

　　因此，誠如劉師培所言，顧炎武《左傳杜解補正》的最大貢獻，在於亭
林首開有清一代研究《左傳》之風氣，故而自《左傳杜解補正》一出，清儒
大多以《左傳》作爲研究標的，從而使《春秋》學的研究重心從經典移轉到
傳注，更因此迫使胡安國《春秋傳》讓出其長期壟斷《春秋》詮釋的主導地
位，則《春秋》學又一變矣！而此一變直到清末《公羊》之學再興方才稍歇，
其影響力之大，不可不謂之深遠。

　　要而言之，《左傳杜解補正》在內容上的價值雖不若它在《春秋》學史上

的價值，然亭林於《春秋》學史的地位，在於居於漢、宋學交替的過渡時期，憑藉著自身的治學態度、方法，對於《左傳》、杜《注》作一個初步的補正工作，開啟後儒研究的端緒。雖則在內容上或有鈔述前人之說，又其說未及日後的學者既博且專，然而亭林居於學術史的樞紐地位，掌握《春秋》宋學轉向而為《春秋》漢學的關鍵，上承明人研究《左傳》之緒，下啟清儒治理《左傳》之端，而卒使《左傳》居於《春秋》研究的領導地位；以區區三卷之卷帙，而憑藉著自身的學術影響力，引導《春秋》學史的流變，更使杜預從「《左氏》之忠臣」漸次而成為「《左氏》之巨蠹」，則其貢獻與地位，已不言可喻了。

參考書目

一、專書

（一）經　部

1. 《左傳杜解補正》，〔清〕顧炎武撰，亭林遺書，清康熙間吳江潘氏遂初堂刻本，四庫禁燬書叢刊，集部第 118 冊，北京，北京出版社，2000 年。

2. 《左傳杜解補正》，〔清〕顧炎武撰，清蓬瀛閣刊本，亭林遺書十種，第 1 冊，臺北，古亭書屋，1969 年。

3. 《左傳杜解補正》，〔清〕顧炎武撰，皇清經解春秋類彙編，第 1 冊，臺北，藝文印書館，1986 年 9 月。

4. 《春秋左傳注疏》，〔晉〕杜預注，〔唐〕孔穎達疏，影印清嘉慶 20 年江西南昌府學刊本，臺北，藝文印書館，1997 年 6 月。

5. 《公羊注疏》，〔漢〕公羊壽傳，何休解詁，〔唐〕徐彥疏，影印清嘉慶 20 年江西南昌府學刊本，臺北，藝文印書館，1997 年 6 月。

6. 《穀梁傳注疏》，〔晉〕范甯集解，〔唐〕楊士勛疏，影印清嘉慶 20 年江西南昌府學刊本，臺北，藝文印書館，1997 年 6 月。

7. 《孟子注疏》，〔漢〕趙岐注，〔宋〕孫奭疏，影印清嘉慶 20 年江西南昌府學刊本，臺北，藝文印書館，1997 年 6 月。

8. 《五經同異》，〔清〕顧炎武撰，清光緒二十四年朱氏校經山房刊本。

9. 《春秋釋例》，〔晉〕杜預，叢書集成初編本，北京，中華書局，1985 年。

10. 《春秋集傳纂例》，〔唐〕陸淳撰，經苑，第 5 冊，臺北，大通書局，1970 年。

11. 《春秋微旨》，〔唐〕陸淳撰，經苑，第 5 冊，臺北，大通書局，1970年。

12. 《春秋權衡》，〔宋〕劉敞撰，影印清康熙 19 年通志堂經解本，第 19 冊，臺北，大通書局，1970 年。

13. 《春秋皇綱論》，〔宋〕劉敞撰，影印清康熙 19 年通志堂經解本，第 19 冊，臺北，大通書局，1970 年。

14. 《春秋意林》，〔宋〕劉敞撰，影印清康熙 19 年通志堂經解本，第 19 冊，臺北，大通書局，1970 年。

15. 《春秋名號歸一圖》，〔宋〕馮繼先撰，影印清康熙 19 年通志堂經解本，第 19 冊，臺北，大通書局，1970 年。

16. 《春秋列國臣傳》，〔宋〕王當撰，影印清康熙 19 年通志堂經解本，第 20 冊，臺北，大通書局，1970 年。

17. 《春秋本例》，〔宋〕崔子方撰，影印清康熙 19 年通志堂經解本，第 20 冊，臺北，大通書局，1970 年。

18 《春秋經筌》，〔宋〕趙鵬飛撰，影印清康熙 19 年通志堂經解本，第 20 冊，臺北，大通書局，1970 年。

19. 《春秋集解》，〔宋〕呂祖謙撰，影印清康熙 19 年通志堂經解本，第 21 冊，臺北，大通書局，1970 年。

20. 《春秋左氏傳說》，〔宋〕呂祖謙撰，影印清康熙 19 年通志堂經解本，第 22 冊，臺北，大通書局，1970 年。

21. 《左氏博議》，〔宋〕呂祖謙撰，清乾隆間寫文淵閣四庫全書本，第 152 冊，臺北，臺灣商務印書館，1983 年 6 月。

22. 《春秋後傳》，〔宋〕陳傅良撰，影印清康熙 19 年通志堂經解本，第 21 冊，臺北，大通書局，1970 年。

23. 《春秋集註》，〔宋〕張洽撰，影印清康熙 19 年通志堂經解本，第 23 冊，臺北，大通書局，1970 年。

24. 《春秋胡氏傳》，〔宋〕胡安國撰，上海涵芬樓借常熟瞿氏鐵琴銅劍樓藏宋刊本影印，四部叢刊續編，第 5 冊，臺北，臺灣商務印書館，1976 年 6 月。

25. 《春秋集傳》，〔元〕趙汸撰，影印清康熙 19 年通志堂經解本，第 25 冊，臺北，大通書局，1970 年。

26. 《春秋屬辭》，〔元〕趙汸撰，影印清康熙 19 年通志堂經解本，第 26 冊，臺北，大通書局，1970 年。

27. 《春秋師說》，〔元〕趙汸撰，影印清康熙 19 年通志堂經解本，第 26 冊，臺北，大通書局，1970 年。

28. 《春秋左氏補注》，〔元〕趙汸撰，影印清康熙 19 年通志堂經解本，第

26 冊，臺北，大通書局，1970 年。

29. 《春秋諸傳會通》，〔元〕李廉撰，影印清康熙 19 年通志堂經解本，第 26 冊，臺北，大通書局，1970 年。

30. 《春秋集傳釋義大成》，〔元〕俞皋撰，影印清康熙 19 年通志堂經解本，第 27 冊，臺北，大通書局，1970 年。

31. 《春秋纂言總例》，〔元〕吳澄撰，清乾隆間寫文淵閣四庫全書本，第 159 冊，臺北，臺灣商務印書館，1983 年 6 月。

32. 《春秋纂言》，〔元〕吳澄撰，清乾隆間寫文淵閣四庫全書本，第 159 冊，臺北，臺灣商務印書館，1983 年 6 月。

33. 《春秋胡氏傳纂疏》，〔元〕汪克寬撰，清乾隆間寫文淵閣四庫全書本，第 165 冊，臺北，臺灣商務印書館，1983 年 6 月。

34. 《春王正月考》，〔明〕張以寧撰，清乾隆間寫文淵閣四庫全書本，第 165 冊，臺北，臺灣商務印書館，1986 年 3 月。

35. 《春秋集傳大全》，〔明〕胡廣等撰，清乾隆間寫文淵閣四庫全書本，第 166 冊，臺北，臺灣商務印書館，1983 年 6 月。

36. 《左觿》，〔明〕邵寶撰，四庫全書存目叢書，經部，春秋類，第 117 冊，臺南縣，莊嚴出版社，1997 年。

37. 《春秋胡氏傳辨疑》，〔明〕陸粲撰，清乾隆間寫文淵閣四庫全書本，第 167 冊，臺北，臺灣商務印書館，1986 年 3 月。

38. 《左傳附注》，〔明〕陸粲撰，清乾隆間寫文淵閣四庫全書本，第 167 冊，臺北，臺灣商務印書館，1986 年 3 月。

39. 《左氏春秋鐫》，〔明〕陸粲撰，四庫全書存目叢書，經部，春秋類，第 119 冊，臺南縣，莊嚴出版社，1997 年。

40. 《春秋凡例》，〔明〕王樵撰，清乾隆間寫文淵閣四庫全書本，第 168 冊，臺北，臺灣商務印書館，1986 年 3 月。

41. 《春秋胡傳考誤》，〔明〕袁仁撰，清乾隆間寫文淵閣四庫全書本，第 169 冊，臺北，臺灣商務印書館，1983 年 6 月。

42. 《春秋左傳屬事》，〔明〕傅遜撰，清乾隆間寫文淵閣四庫全書本，第 169 冊，臺北，臺灣商務印書館，1983 年 6 月。

43. 《左傳注解辨誤》，〔明〕傅遜撰，續修四庫全書，經部，春秋類，第 119 冊，上海，上海古籍出版社，1995 年。

44. 《日講春秋解義》，〔清〕庫勒納奉敕撰，清乾隆間寫文淵閣四庫全書本，第 172 冊，臺北，臺灣商務印書館，1983 年 6 月。

45. 《欽定春秋傳說彙纂》，〔清〕王掞、張廷玉等奉敕撰，清乾隆間寫文淵閣四庫全書本，第 173 冊，臺北，臺灣商務印書館，1983 年 6 月。

46. 《御纂春秋直解》，〔清〕傅恆等奉敕撰，清乾隆間寫文淵閣四庫全書本，第 174 冊，臺北，臺灣商務印書館，1983 年 6 月。

47. 《春秋平義》，〔清〕俞汝言撰，清乾隆間寫文淵閣四庫全書本，第 174 冊，臺北，臺灣商務印書館，1983 年 6 月。

48. 《春秋四傳糾正》，〔清〕俞汝言撰，清乾隆間寫文淵閣四庫全書本，第 174 冊，臺北，臺灣商務印書館，1983 年 6 月。

49. 《讀左日鈔》，〔清〕朱鶴齡撰，清乾隆間寫文淵閣四庫全書本，第 175 冊，臺北，臺灣商務印書館，1983 年 6 月。

50. 《春秋毛氏傳》，〔清〕毛奇齡撰，皇清經解春秋類彙編，第 1 冊，臺北，藝文印書館，1986 年 9 月。

51. 《春秋簡書刊誤》，〔清〕毛奇齡撰，皇清經解春秋類彙編，第 1 冊，臺北，藝文印書館，1986 年 9 月。

52. 《春秋屬辭比事記》，〔清〕毛奇齡撰，皇清經解春秋類彙編，第 1 冊，臺北，藝文印書館，1986 年 9 月。

53. 《春秋通論》，〔清〕姚際恆撰，張曉生點校，林師慶彰編，姚際恆著作集，第 4 冊，臺北，中央研究院中國文哲研究所籌備處，1994 年 6 月。

54. 《春秋地理考實》，〔清〕江永撰，皇清經解，第六冊，臺北，復興書局，1972 年。

55. 《春秋地理考實》，〔清〕江永撰，皇清經解春秋類彙編，第 1 冊，臺北，藝文印書館，1986 年 9 月。

56. 《春秋左傳小疏》，〔清〕沈彤撰，皇清經解春秋類彙編，第 1 冊，臺北，藝文印書館，1986 年 9 月。

57. 《春秋左傳補注》，〔清〕惠棟撰，皇清經解春秋類彙編，第 2 冊，臺北，藝文印書館，1986 年 9 月。

58. 《春秋左傳補疏》，〔清〕焦循撰，皇清經解春秋類彙編，第 2 冊，臺北，藝文印書館，1986 年 9 月。

59. 《春秋左傳補注》，〔清〕馬宗璉撰，皇清經解春秋類彙編，第 2 冊，臺北，藝文印書館，1986 年 9 月。

60. 《春秋左傳考證》，〔清〕劉逢祿撰，皇清經解春秋類彙編，第 2 冊，臺北，藝文印書館，1986 年 9 月。

61. 《春秋長歷》，〔清〕陳厚耀撰，續經解春秋類彙編，第 1 冊，臺北，藝文印書館，1986 年 9 月。

62. 《春秋大事表》，〔清〕顧棟高撰，續經解春秋類彙編，第 1 冊，臺北，藝文印書館，1986 年 9 月。

63. 《春秋內傳古注輯存》，〔清〕嚴蔚撰，續修四庫全書，經部，春秋類，第 122 冊，上海，上海古籍出版社，1995 年。

64. 《春秋左氏古經》，〔清〕段玉裁撰，續修四庫全書，經部，春秋類，第，123 冊，上海，上海古籍出版社，1995 年。

65. 《春秋名字解詁補義》，〔清〕俞樾撰，續經解春秋類彙編，第 2 冊，臺北，藝文印書館，1986 年 9 月。

66. 《春秋左傳詁》，〔清〕洪亮吉撰，續經解春秋類彙編，第 2 冊，臺北，藝文印書館，1986 年 9 月。

67. 《春秋左傳詁》，〔清〕洪亮吉撰，續修四庫全書，經部，春秋類，第 124 冊，上海，上海古籍出版社，1995 年。

68. 《左通補釋》，〔清〕梁履繩撰，續經解春秋類彙編，第 2 冊，臺北，藝文印書館，1986 年 9 月。

69. 《春秋左傳平議》，〔清〕俞樾撰，續經解春秋類彙編，第 2 冊，臺北，藝文印書館，1986 年 9 月。

70. 《春秋左傳異文釋》，〔清〕李富孫撰，續經解春秋類彙編，第 3 冊，臺北，藝文印書館，1986 年 9 月。

71. 《春秋左氏古義》，〔清〕臧壽恭撰，續經解春秋類彙編，第 3 冊，臺北，藝文印書館，1986 年 9 月。

72. 《春秋左傳釋人》，〔清〕范照藜撰，續修四庫全書，經部，春秋類，第 124 冊，上海，上海古籍出版社，1995 年。

73. 《春秋左氏傳補注》，〔清〕沈欽韓撰，續經解春秋類彙編，第 3 冊，臺北，藝文印書館，1986 年 9 月。

74. 《春秋左傳地名補注》，〔清〕沈欽韓撰，續經解春秋類彙編，第 3 冊，臺北，藝文印書館，1986 年 9 月。

75. 《春秋左氏傳補注》，〔清〕沈欽韓撰，續修四庫全書，經部，春秋類，第 125 冊，上海，上海古籍出版社，1995 年。

76. 《左傳杜注辨證》，〔清〕張聰咸撰，續修四庫全書，經部，春秋類，第 125 冊，上海，上海古籍出版社，1995 年。

77. 《左傳舊疏考證》，〔清〕劉文淇撰，續經解春秋類彙編，第 3 冊，臺北，藝文印書館，1986 年 9 月。

78. 《春秋左傳賈服注輯述》，〔清〕李貽德撰，續經解春秋類彙編，第 3 冊，臺北，藝文印書館，1986 年 9 月。

79. 《春秋左氏傳舊注疏證》，〔清〕劉文淇撰，臺北，明倫出版社，1970 年。

80. 《春秋左傳注》，楊伯峻編撰，北京，中華書局，1995 年 10 月。

81. 《左傳會箋》，〔晉〕杜預集解，〔日〕竹添光鴻會箋，臺北，明達出版社，1986 年 10 月。

82. 《經學通論》，〔清〕皮錫瑞撰，臺北，臺灣商務印書館，1989 年 10 月。

83. 《經學歷史》，〔清〕皮錫瑞撰，周予同注釋，北京，中華書局，2004，年 7 月。

84. 《經學教科書》，劉師培撰，劉申叔先生遺書，臺北，華世出版社，1975 年 4 月。

85. 《中國經學史》，〔日〕本田成之撰，臺北，廣文書局，1990 年 7 月。

86. 《中國經學史》，馬宗霍撰，臺北，臺灣商務印書館，1992 年 11 月。

87. 《中國經學發展史論》（上），李威熊撰，臺北，文史哲出版社，1988 年 12 月。

88. 《中國經學史論文選集》（上），林師慶彰編，臺北，文史哲出版社，1992 年 10 月。

89. 《中國經學史論文選集》（下），林師慶彰編，臺北，文史哲出版社，1993 年 3 月。

90. 《周予同經學史論著選集》，朱維錚編，上海，上海人民出版社，1997 年 7 月。

91. 《中國經學史》，吳雁南等主編，北京，人民出版社，2010 年 1 月。

92. 《經今古文學問題新論》，黃彰健撰，臺北，中央研究院歷史語言研究所，1982 年 11 月。

93. 《兩漢經學史》，章權才撰，臺北，萬卷樓圖書有限公司，1995 年 5 月。

94. 《魏晉南北朝隋唐經學史》，章權才撰，廣州，廣東人民出版社，1996 年 8 月。

95. 《唐代後期儒學》，張躍撰，上海，上海人民出版社，1994 年 12 月。

96. 《宋人疑經改經考》，葉國良撰，國立臺灣大學文史叢刊，第 55 冊，臺北，國立臺灣大學，1980 年。

97. 《宋代經學之研究》，汪惠敏撰，臺北，師大書苑有限公司，1998 年 4 月。

98. 《宋明經學史》，章權才撰，廣州，廣東人民出版社，1999 年 9 月。

99. 《宋初經學發展述論》，馮曉庭撰，臺北，萬卷樓圖書有限公司，2001 年 8 月。

100. 《隋唐五代經學國際研討會論文集》，蔡長林主編，臺北，中央研究院中國文哲研究所，2009 年 16 月。

101. 《宋代經學國際研討會論文集》，蔣師秋華、馮曉庭主編，臺北，中央研究院中國文哲研究所，2006 年 10 月。

102. 《元代經學國際研討會論文集》，楊晉龍主編，臺北，中央研究院中國文

哲研究所，2000 年 10 月。

103. 《明代考據學研究》，林師慶彰撰，臺北，臺灣學生書局，1986 年 10 月。

104. 《明代經學研究論集》，林師慶彰編，臺北，文史哲出版社，1994 年 5 月。

105. 《明代經學國際研討會論文集》，林師慶彰、蔣師秋華主編，臺北，中央研究院中國文哲研究所籌備處，1996 年 6 月。

106. 《清代經學國際研討會論文集》，中研院文哲所編委會主編，臺北，中央研究院中國文哲研究所籌備處，1994 年 6 月。

107. 《中國近三百年學術史》，梁啓超撰，臺北，臺灣中華書局，1987 年 2 月。

108. 《中國近三百年學術史》，錢穆撰，北京，商務印書館，1997 年。

109. 《清代學術概論》，梁啓超撰，臺北，臺灣中華書局，1989 年 6 月。

110. 《清代學術史研究》，胡師楚生撰，臺北，臺灣學生書局，1988 年。

111. 《從理學到樸學——中華帝國晚期思想與社會變化面面觀》，〔美〕艾爾曼撰，趙剛譯，南京，江蘇人民出版社，1997 年 3 月。

112. 《經學‧科舉‧文化史》，〔美〕艾爾曼撰，北京，中華書局，2010 年 4 月。

113. 《清初的群經辨偽學》，林師慶彰撰，臺北，文津出版社，1990 年 3 月。

114. 《清代經學史通論》，吳雁南主編，昆明，雲南大學出版社，1993 年 12 月。

115. 《清代學術探研錄》，王俊義撰，北京，中國社會科學出版社，2002 年 8 月。

116. 《清代考據學研究》，郭康松撰，武漢，崇文書局，2003 年 5 月。

117. 《乾嘉考據學研究》，漆永祥撰，北京，中國社會科學出版社，1998 年 12 月。

118. 《顧炎武與清初經世學風》，黃秀政撰，岫盧文庫，053，臺北，臺灣商務印書館，1987 年 7 月。

119. 《顧炎武經學之研究》，孫師劍秋撰，臺北私立東吳大學中國學術著作獎助委員會，1992 年 7 月。

120. 《四庫全書纂修考》，郭伯恭撰，臺北，臺灣商務印書館，1972 年 3 月。

121. 《四庫全書纂修研究》，黃愛平撰，北京，中國人民出版社，1989 年 1 月。

122. 《四庫全書纂修之研究》，吳哲夫撰，臺北，國立故宮博物院，1990 年 6 月。

123. 《春秋左傳學史稿》，沈玉成、劉寧撰，南京，江蘇古籍出版社，1992 年 6 月。

124. 《春秋學史》，戴維撰，長沙，湖南教育出版社，2004 年。

125. 《春秋學史》，趙伯雄撰，濟南，山東教育出版社，2004 年 4 月。

126. 《春秋三傳研究論集》，戴君仁等撰，臺北，黎明文化事業股份有限公司，1982 年 10 月。

127. 《春秋三傳及國語之綜合研究》，顧頡剛講授，劉起釪筆記，香港，中華書局香港分局，1988 年 6 月。

128. 《春秋三傳綜合研究》，浦衛忠撰，1990 年，中國社科學院博士論文，臺北，文津出版社，1995 年 4 月，楊向奎指導。

129. 《春秋要領》，程發軔編著，臺北，三民書局，1991 年 10 月。

130. 《《春秋》經傳研究》，趙生群撰，上海，上海古籍出版社，2000 年 5 月。

131. 《漢代春秋學研究》，馬勇撰，成都，四川人民出版社，1992 年 9 月。

132. 《杜預及其春秋左氏學》，葉政欣撰，臺北，文津出版社，1989 年 10 月。

133. 《三國兩晉南北朝《春秋左傳學》佚書考》，沈秋雄撰，臺北，國立編譯，館，2000 年 12 月。

134. 《春秋胡氏學》，宋鼎宗撰，臺南，友寧出版公司，1979 年 6 月。

135. 《春秋宋學發微》，宋鼎宗撰，臺北，文史哲出版社，1986 年 9 月。

136. 《宋代《春秋》學與宋型文化》，李建軍撰，北京中國社會科學出版社，2008 年 6 月。

137. 《清代漢學與左傳學——從「古義」到「新疏」的脈絡》，張素卿撰，臺北，里仁書局，2007 年 3 月。

138. 《清代春秋左傳學研究》，羅軍鳳撰，北京，人民出版社，2010 年 5 月。

139. 《春秋辨例》，戴君仁撰，臺北，國立編譯館中華叢書編審委員會，1978 年 12 月。

140. 《左氏春秋義例辨》，陳槃撰，國立中央研究院歷史語言研究所專刊之十七，臺北，中央研究院史語言研究所，1993 年 5 月。

141. 《春秋書法與左傳學史》，張高評撰，臺北，五南圖書出版有限公司，2002 年 1 月。

142. 《春秋》三傳書法義例研究》，趙友林撰，北京，人民出版社，2010 年 8 月。

143. 《春秋左氏傳地名圖考》，程發軔撰，臺北，廣文書局，1967 年 11 月。

144. 《春秋人譜》，程發軔撰，臺北，教育部大學聯合出版委員會出版，臺灣商務印書館印行，1990 年 12 月。

145. 《春秋左氏經傳集解序疏證》，程元敏撰，臺北，臺灣學生書局，1991，年 8 月。

146. 《左傳學論集》，單周堯撰，臺北，文史哲出版社，2000 年 2 月。

147. 《敘事與解釋：《左傳》與經解研究》，張素卿撰，臺北，花木蘭文化出

版社，2008 年 3 月。

（二）史　部

1. 《史記》，〔漢〕司馬遷撰，〔南朝宋〕裴駰集解，〔唐〕司馬貞索隱，〔唐〕張守節正義，北京，中華書局，1982 年 11 月。

2. 《漢書》，〔漢〕班固撰，〔唐〕顏師古注，北京，中華書局，1995 年 3 月。

3. 《後漢書》，〔南朝宋〕范曄撰，〔唐〕李賢注，北京，中華書局，1995 年 3 月。

4. 《晉書》，〔唐〕房玄齡等撰，北京，中華書局，1996 年 4 月。

5. 《南史》，〔唐〕李延壽撰，北京，中華書局，1995 年 3 月。

6. 《北史》，〔唐〕李延壽撰，北京，中華書局，1995 年 3 月。

7. 《隋書》，〔唐〕魏徵、令狐德棻撰，北京，中華書局，1994 年 10 月。

8. 《舊唐書》，〔後晉〕劉昫等撰，北京，中華書局，1995 年 3 月。

9. 《新唐書》，〔宋〕歐陽修、宋祁撰，北京，中華書局，1995 年 3 月。

10. 《宋史》，〔元〕脫脫等撰，北京，中華書局，1995 年 3 月。

11. 《元史》，〔明〕宋濂撰，北京，中華書局，1995 年 8 月。

12. 《明史》，〔清〕張廷玉等撰，北京，中華書局，1995 年 3 月。

13. 《清史稿》，趙爾巽等撰，北京，中華書局，1986 年 8 月。

14. 《史通》，〔唐〕劉知幾撰，上海涵芬樓影印明萬曆刊本，四部叢刊正編，第 16 冊，臺北，臺灣商務印書館，1979 年。

15. 《通典》，〔唐〕杜佑撰，北京，中華書局，1992 年 6 月。

16. 《通志》，〔宋〕鄭樵撰，北京，中華書局，1995 年。

17. 《文獻通考》，〔元〕馬端臨撰，臺北，新興書局，1963 年。

18. 《郡齋讀書志》，〔宋〕晁公武撰，〔清〕王先謙校補，景印清王先謙校刊本，京都，中文出版社，1978 年 7 月。

19. 《直齋書錄解題》，〔宋〕陳振孫撰，景印清武英殿輯永樂大典本，京都，中文出版社，1978 年 7 月。

20. 《四庫全書總目》，〔清〕永瑢、紀昀等撰，影印武英殿聚珍本，臺北，臺灣商務印書館，1997 年 9 月。

21. 《續修四庫全書總目提要經部》，中國科學院圖書館整理，北京，中華書局，1993 年 7 月。

22. 《經義考》，〔清〕朱彝尊撰，影印四部備要本，臺北，臺灣中華書局，1979 年 2 月。

23. 《國立中央圖書館善本提跋真跡》，國立中央圖書館特藏組編，臺北，國

立中央圖書館，1982 年。

24. 《明儒學案》，〔清〕黃宗羲撰，沈芝盈點校，北京，中華書局，1985年。

25. 《清儒學案》，徐世昌等編，沈芝盈、梁運華點校，北京，中華書局，2008年。

26. 《清史列傳》，中華書局編委會，臺北，臺灣中華書局，1964 年。

27. 《清代樸學大師列傳》，支偉成撰，湖南，岳麓書社，1998 年 8 月。

28. 《國朝漢學師承記》，〔清〕江藩撰，北京，中華書局，1998 年 12 月。

29. 《顧寧人學譜》，謝國楨撰，臺北，臺灣商務印書館，1967 年 9 月。

30. 《顧亭林先生年譜》，〔清〕張穆撰，臺北，臺灣商務印書館，1987 年。

31. 《顧炎武年譜》，周可真撰，蘇州，蘇州大學出版社，1998 年 12 月。

32. 《顧炎武》，張豈之撰，北京，中華書局，1982 年 12 月。

33. 《顧亭林學記》，張舜徽撰，香港，崇文書店，1971 年 5 月。

34. 《顧炎武學術思想彙編》，存萃學社編，香港，大東圖書公司，1980 年，10 月。

（三）子　部

1. 《韓非子集解》，〔清〕王先慎撰，北京，中華書局，1998 年。

2. 《冊府元龜》，〔宋〕王欽若、楊億等撰，臺北，清華書局，1967 年。

3. 《翁注困學紀聞》，〔宋〕王應麟撰，〔清〕翁元圻注，臺北，臺灣商務印書館，1965 年 5 月。

4. 《朱子語類》，〔宋〕黎靖德編、王星賢點校，北京，中華書局，1994 年 3月。

5. 《筆乘》，〔明〕焦竑撰，人人文庫，第 120 冊，臺北，臺灣商務印書館，1971 年。

6. 《原抄本日知錄》，〔清〕顧炎武撰，臺南市，平平出版社，1975 年 4月。

7. 《中國儒學思想史》，張豈之主編，西安，陝西人民出版社，1990 年 4月。

8. 《中國儒學史》，趙吉惠等主編，鄭州，中州古籍出版社，1991 年 6 月。

9. 《宋明理學史》，侯外廬、邱漢生、張豈之主編，北京，人民出版社，1993年 4 月。

10. 《明代思想史》，容肇祖撰，臺北，臺灣開明書店，1978 年 10 月。

11. 《八股文概說》，王凱符撰，北京，中國和平出版社，1991 年 8 月。

12. 《中國考試制度》，鄧嗣禹撰，臺北，臺灣學生書局，1967 年 5 月。

13. 《中國科舉制度研究》，王炳照、徐勇主編，石家莊，河北人民出版社，2002 年 6 月。

　　（四）集　部

1. 《全唐詩》，〔清〕清聖祖敕編，北京，中華書局，1960 年。

2. 《二程集》，〔宋〕程顥、程頤撰，北京，中華書局，2004 年。

3. 《臨川集》，〔宋〕王安石撰，影印四部備要本，臺北，臺灣中華書局，1981 年。

4. 《升庵外集》，〔明〕楊慎撰，臺北，臺灣學生書局，1971 年。

5. 《焦氏澹園集》，〔明〕焦竑撰，臺北，偉文圖書公司，1977 年。

6. 《愚菴小集》，〔清〕朱鶴齡撰，臺北，臺灣商務印書館，清乾隆年間寫文淵閣四庫全書本，第 1319 冊，1983 年 6 月。

7. 《顧亭林先生遺書》，〔清〕顧炎武撰，影印清蓬瀛閣刊本，臺北，古亭書屋，1969 年。

8. 《亭林文集》，〔清〕顧炎武撰，四庫禁燬書叢刊，集部，第 118 冊，北京，北京出版社，2000 年。

9. 《全祖望集彙校集注》，謝國楨、朱鑄禹等彙注，上海，上海古籍出版社，2000 年。

10. 《戴震文集》，〔清〕戴震撰，北京，中華書局，1980 年。

11. 《揅經室集・二集》，〔清〕阮元撰，續修四庫全書，第 1479 冊，上海，上海古籍出版社 1995 年。

12. 《通義堂文集》，〔清〕劉毓崧撰，求恕齋叢書，臺北，藝文印書館，1970 年。

二、論　文

（一）期刊論文

1. 〈春秋三傳的差異及其影響〉，浦偉忠撰，《文獻季刊》，1992 年第 2 期，總第 52 期，頁 141～152。

2. 〈略論《春秋》《左傳》的褒貶書法〉，王天順撰，《南開學報》，1982 年第 1 期，頁 67～70。

3. 〈唐代經學思想變遷之趨勢〉，汪惠敏撰，《輔仁國文學報》，第 1 期，1984 年 6 月，頁 257～287。

4. 〈隋唐經籍及義疏之學的探討〉，李威熊撰，《孔孟學報》，第 48 期，1984 年 9 月，頁 27～45。

5. 〈唐代科舉制度的意義及流弊〉，楊蔭樓撰，《齊魯學刊》（曲阜師院學報），

1986 年第 1 期（總第 70 期），頁 13～20。

6. 〈唐代學風的頹壞與科舉制度的演變〉，任爽、賈連琦撰，《求是月刊》，1990 年第 1 期，頁 80～85。

7. 〈唐代經學中的新思潮——評陸淳春秋學〉，劉光裕撰，《南京大學學報》（哲學社會科學版），1990 年第 1 期，頁 85～93。

8. 〈試論唐代儒學的復興〉，楊蔭樓撰，《齊魯學刊》（曲阜師院學報）1990 年第 3 期（總第 96 期），頁 40～45。

9. 〈唐代經學論略〉，楊蔭樓撰，《求是學刊》，1992 年第 4 期（總第 89 期），頁 99～104。

10. 〈中唐解經別派與儒學的新變〉，查屏球撰，《孔孟月刊》，第 33 卷第 6 期，頁 16～25，1995 年 2 月。

11. 〈五代十國的經學〉，馮曉庭撰，收入《經學研究論叢》第五輯，臺北，聖環圖書公司，1998 年 8 月，頁 1～32。

12. 〈宋人疑經的風氣〉，屈萬里撰，收入《書傭論學集》，臺北，聯經出版事業公司，1984 年 7 月，頁 23～244。

13. 〈兩宋治經取向及其特色〉，李威熊撰，《中華學苑》，第 30 期，1984 年 12 月，頁 49～85。

14. 〈漢宋春秋學〉，宋鼎宗撰，慶祝無錫施之勉先生九秩誕辰論文集，臺北，文史哲出版社，1986 年 3 月，頁 215～239。

15. 〈復古、疑古與變革〉，陶懋炳撰，《湖南師範大學社會科學學報》，1988 年第 3 期（總第 65 期），1988 年 5 月，頁 107～111。

16. 〈經學更新運動中的一個轉折點——論慶曆之際的社會思潮〉，徐洪興撰《復旦學報》（社會科學版）1988 年第 6 期，1988 年 11 月，頁 102～108。

17. 〈兩宋春秋學之主流〉，牟潤孫撰，收入《注史齋叢稿》，臺北，臺灣商務印書館，1959 年 8 月，頁 140～161。

18. 〈元代的經學〉，蔡信發撰，《孔孟月刊》，第 27 卷 7 期，1989 年 3 月，頁 12～18。

19. 〈元代春秋學撰著分類考述〉，劉明宗撰，《書目季刊》，第 27 卷 1 期，1993 年 6 月，頁 28～56。

20. 〈明代的經學〉，蔡信發撰，《孔孟月刊》，第 27 卷 12 期，1989 年 8 月，頁 24～27。

21. 〈從清儒的臧否中看《左傳》杜注〉，劉家和撰，《北京師範大學學報》（人文社會科學版），2001 年第 5 期（總第 167 期），頁 30～43。

22. 〈顧炎武對《春秋》及《左傳》的詮釋〉，古偉瀛撰，《臺大歷史學報》，第 28 期，2001 年 12 月，頁 69～91。

23. 〈《左傳杜解補正》的版本及特色〉，郭翠麗、吳明松合撰，《歷史文獻研究》，總第 29 輯，2010 年 9 月，頁 262～267。

24. 〈顧亭林的經學〉，何佑森撰，《文史哲學報》，第 16 期，1967 年 10 月，頁 183～205。

25. 〈顧炎武與清代學風〉，陳祖武撰，《清史論叢》，第 4 輯，1982 年 12 月，頁 256～269。

26. 〈顧亭林著述考〉，傅榮珂撰，《中國書目季刊》，第 21 卷第 1 期，1987 年 6 月，頁 52～63。

27. 〈顧亭林著述考〉，王蘧常撰，《紀念顧頡剛學術論文集》（下），成都，巴蜀書社，1990 年 4 月，頁 967～978。

28. 〈顧寧人學術之淵源——考據學之興起及其方法之由來〉，牟潤孫撰，《注史齋叢稿》，臺北，臺灣商務印書館，1959 年 8 月，頁 163～178。

29. 〈乾嘉考據學的一些線索——兼論顧炎武、錢大昕學術思想的發展關係〉，黃啓華撰，《故宮學術月刊》，第 8 卷第 3 期，1991 年春，頁 105～124。

30. 〈顧炎武的學術思想〉，詹海雲撰，《清初學術論文集》，臺北，文津出版社，1992 年 3 月，頁 107～122。

31. 〈論顧炎武「經學即理學」〉，陳成文撰，《孔孟月刊》，第 30 卷第 8 期，1992 年 4 月，頁 9～15。

32. 〈試論顧炎武「經學即理學」〉，劉浩洋撰，《中華學苑》，第 46 期，1995 年 10 月，頁 79～106。

33. 〈「文須有益於天下」——顧炎武論文章之道發微〉，徐松巍撰，文史知識，1997 年第 1 期，1997 年 1 月，頁 16～22。

34. 〈略談顧炎武在歷史文獻學方面的貢獻〉，崔文印撰，《史學史研究》，1997 年第 3 期（總第 87 期），1997 年 9 月，頁 52～59。

（二）學位論文

1. 《左傳人物名號研究》，方炫琛撰，臺北，國立政治大學中國文學研究所博士論文，1983 年 7 月，周何、李威熊指導。

2. 《春秋軍制研究》，劉瑞爭撰，臺北，國立師範大學國文研究所碩士論文，1988 年 5 月，劉正浩指導。

3. 《春秋三傳性質之研究及其義例方法之商榷》，陳銘煌撰，臺北，國立臺灣大學中國文學研究所碩士論文，1991 年 6 月，張以仁指導。

4. 《東漢時代之春秋左氏學》，程南洲撰，臺北，國立政治大學中國文學研究所博士論文，高明、熊公哲指導，1978 年 6 月。

5. 《唐代學制與經學之關係研究》，金洪仲撰，中國文化大學中國文學研究

所碩論文，1991 年 6 月，許師錟輝指導。

6. 《五經正義研究》，張寶三撰，臺北，臺灣大學中國文學研究所博士論文，1992 年 6 月，張以仁指導。

7. 《啖、趙、陸三家之《春秋》學研究》，張穩蘋撰，臺北，私立東吳大學中國文學研究所碩士論文，2000 年 6 月，林師慶彰指導。

8. 《宋儒春秋尊王思想研究》，倪天蕙撰，臺北，國立政治大學中國文學研究所碩士論文，1982 年 6 月，周何指導。

9. 《宋人劉敞的經學述論》，馮曉庭撰，臺北，私立東吳大學中國文學研究所博士論文，2000 年 7 月，林師慶彰指導。

10. 《胡安國《春秋傳》研究》，汪嘉玲撰，臺北，私立東吳大學中國文學研究所碩士論文，1998 年 5 月，林師慶彰指導。

11. 《元人疑經改經考》，徐玉梅撰，臺北，私立東吳大學中國文學研究所碩士論文，1988 年 5 月，許師錟輝指導。

12. 《元代春秋學研究》，簡福興撰，高雄，國立高雄師範大學國文研究所博士論文，1997 年 1 月，蔡崇名指導。

13. 《明人疑經改經考》，陳恆嵩撰，臺北，私立東吳大學中國文學研究所碩士論文，賴明德指導，1988 年 5 月。

14. 《《五經大全》纂修研究》，陳恆嵩撰，臺北，私立東吳大學中國文學研究所博士論文，1998 年 6 月，劉師兆祐指導。

15. 《惠棟《春秋左傳補註》研究》，蔡孝惲撰，高雄，國立高雄師範大學國文研究所碩士論文，1998 年 5 月，周虎林指導。

16. 《清儒規正杜預《春秋經傳集解》研究》，蕭淑惠撰，臺南，國立成功大學中國文學研究所碩士論文，1998 年 6 月，宋鼎宗指導。

17. 《儀徵劉氏春秋左傳學研究》，曾聖益撰，臺北，國立臺灣大學中國文學研究所博士論文，2005 年 7 月，葉國良指導。

18. 《《左傳杜解補正》研究》，陳颯颯撰，上海，華東師範大學人文學院古籍研究所碩士論文，2010 年 5 月，徐德明指導。